案解民法典——群众身边的
法律顾问系列读本 | 总主编／徐向春

案解民法典

群众身边的法律顾问·总则编

王广军／主编

中国检察出版社

图书在版编目（CIP）数据

案解民法典：群众身边的法律顾问. 总则编 / 王广军主编. —北京：中国检察出版社，2021.2

ISBN 978-7-5102-2484-3

Ⅰ. ①案… Ⅱ. ①王… Ⅲ. ①民法-法典-案例-中国②民法-总则-案例-中国　Ⅳ. ①D923.05

中国版本图书馆CIP数据核字（2020）第166495号

案解民法典——群众身边的法律顾问·总则编

王广军　主编

出版发行：	中国检察出版社
社　　址：	北京市石景山区香山南路109号（100144）
网　　址：	中国检察出版社（www.zgjccbs.com）
编辑电话：	（010）86423707
发行电话：	（010）86423726　86423727　86423728
	（010）86423730　86423732
经　　销：	新华书店
印　　刷：	北京宝昌彩色印刷有限公司
开　　本：	710 mm×960 mm　16开
印　　张：	25.25
字　　数：	309千字
版　　次：	2021年2月第一版　2021年2月第一次印刷
书　　号：	ISBN 978-7-5102-2484-3
定　　价：	76.00元

检察版图书，版权所有，侵权必究
如遇图书印装质量问题本社负责调换

《案解民法典——群众身边的法律顾问》系列读本
编委会

总 主 编 徐向春
副总主编 那艳芳　杜亚起　陈鹜成
执行主编 马　滔
策　　划 徐向春　马　滔　郭志安
　　　　　　彭赞清　孔　亮　段慧娟
　　　　　　余结兵　左袁婧　于　倩
　　　　　　秦子轶　李兰云　杜　雪

《案解民法典——群众身边的法律顾问·总则编》编委会

主　编　王广军
副主编　高保军
撰稿人　陈　光　林　琳　张丽杰
　　　　段慧娟　李永军　张　辉
　　　　杜文东
审　稿　郭志安

《案解民法典——群众身边的法律顾问》系列读本编写说明

这是写给广大群众的民法典学习用书。

2020年5月28日,十三届全国人大三次会议审议并表决通过了《中华人民共和国民法典》,于2021年1月1日起正式施行。这是新中国第一部以法典命名的法律,具有里程碑意义。民法典既有价值引领,也是行为规范。《中华人民共和国民法典》第1条开宗明义地把"弘扬社会主义核心价值观"写入其中,引导人们向上、向善;引导人们诚实守信,友好交往;引导人们坚守公平正义,弘扬社会正能量;引导人们厉行节约,保护环境;引导人们正确行使权利,有效防范风险,充分履行责任。除了价值和理念层面的引导,民法典以七编的版块结构、洋洋大观的1260个具体条文,围绕着每个人从呱呱坠地到结婚生子、死亡,从柴米油盐到衣食住行徐徐铺陈开来,与每一个人的生老病死息息相关,是名副其实的"社会生活百科全书"。可以说,民法典是最接地气的法律,是每一个人须臾不可离开的法律。

这是以案例阐释法律的通俗读物。

社会生活纷繁复杂,民法精神养成和制度演进历史悠长,民法理论博大精深，民法学学术研究成果卷帙浩繁，学习、运用民法典绝非易事。对于普通读者来说，通过案例学习法律，是最佳途径。案例是社会生活的实例，是法律实施的场景化、具体化。结合案例阐释法律，能够使静态的法条、抽象的理论变得动态、立体、鲜活、易懂，广大普通读者也能结合相关、近似案例学习民法典、运用民法典，在自己关心的民法问题、涉及自身的民事案件中，找到更直接、更真切的参照系。以案例为载体，是丛书编写最基本的考虑。

这是结构完整、编排科学的准法律工具书。

本丛书的编写，是通过常见问题、典型案例、相关法律相结合的形式，采取以案说法、以案释法的方式进行普法宣传，为群众提供法律咨询服务。丛书各分编各篇目均统一体例，以问题为导向，以问题查找案例、以案例引出法条，具有速查功能。每一个问题的展开过程为：问题＋基本案情＋问题描述＋裁判情况＋释法析理＋相关法条的模式。各要素的具体内涵是：

（一）问题：即各篇之篇名。以该问题作为具体篇目的名称，全部篇目完成后，以问题生成目录，方便检索查找。

（二）基本案情：简要概述具体案件的基本情况。案件的选取力求具有典型性、代表性，是实践中的常见问题，总体法律关系明确、案情典型。

（三）问题描述：综合案件具体情况，明确该案的核心法律争点，是对题目的具体描述和界定。

（四）裁判情况：重点梳理法院审理的过程及生效的裁判结论。

（五）释法析理：综合案件具体情况，根据裁判结论，对针对此类问题的民法典的相关规定进行解释说明。解释说明力求简明扼要、通俗易懂，不照搬法条，不作学理性阐释。

（六）相关法条：列出该问题及案例涉及的主要法律法规及司法解释，并按照民法典的条文在前，其他法律法规及司法解释在后的顺序排列。

这是特色鲜明、易用好用的大众读物。

第一，重点突出。以满足群众社会生活中常见法律需求为目标，针对实践中普遍存在的矛盾纠纷类型，立足于普通群众、日常生活、常见问题的视角，突出日常生活和社会生活中常见纠纷类型和典型法律问题，选取民法典的重点条文进行解读和宣传，不求面面俱到、逐条涉及，亦不作全面解读。

第二，问题典型。一是选常见问题，源于生活的实际问题，避免生僻问题或生造问题；精准提炼问题，以小切口讲述民生大问题，避免空泛和专业，凸显具体化和生活化。二是选实际问题，根据实际案例提炼问题，尽量选取公开的案例，以权威的裁判为基础。三是选成熟问题，在同一个问题有多个案例的情况下，优选更为典型、效果更好、裁判文书说理更为充分者。四是选有解释价值的问题，不选普遍不存在疑惑的问题，比如"老张借给老李一笔钱可以要回来吗？"这样的问题其答案是不言自明、人尽皆知的。但"老张借给老李一笔钱，没有约定还款日期，老张什么时候可以要回来？"就是有价值的问题。

第三，语言通俗。语言是表达和理解的工具。本丛书的编写立足群众需求，文字表达力求准确精练、通俗易懂，以法律人讲生活语言、社会语言的方式，将法言法语转换为易为群众理解的语言。

策划、编写《案解民法典——群众身边的法律顾问》系列读本，是我们控告申诉检察干警学习、贯彻民法典的具体举措；是我们在建设社会主义法治国家的伟大征程中，以自己的绵薄之力助力民法典的普法宣传，满足广大人民群众学习、运用民法典的重要方式。期待本丛书的编写和出版发行能发挥助推形成全社会主动学法、办事依法、遇事找法的习惯，以防范民事交往的挫折和风险，减少社会治理成本，形成良法善治的有效治理态势。

最高人民检察院第十检察厅
2021 年 1 月

目 录
CONTENTS

- 商业管理局与下属商场买卖合同纠纷是否属于民法调整范围（第2条）/1

- 民事主体的合法权益受法律保护有例外情形吗（第3条）/4

- 寡妇改嫁就得"净身出户"吗（第4条）/7

- 受胁迫签订的民事合同有效吗（第5条）/10

- 能向格式合同中的霸王条款说不吗（第6条）/12

- 签合同时对方故意隐瞒真相事后发现怎么办（第7条）/15

- 丈夫将遗产赠与第三者并经公证的遗嘱有效吗（第8条）/18

- 损害环境公共利益合作开发协议是否有效
  （第9条）/21

- 出售房屋隐瞒曾发生非正常死亡事件买房人
  该如何维权（第10条）/24

- 胎儿娩出时即为死体医院是否应当承担
  死亡赔偿责任（第13条）/26

- 没有准生证还能参与分配土地补偿费吗
  （第14条）/29

- 发生交通事故后被害方主张胎儿抚养费
  能否得到支持（第16条）/33

- 未成年人与保险公司签订的保险合同是否有效
  （第17条）/38

- 未成年人造成他人损害必然由其监护人
  承担赔偿责任吗（第18条）/41

- "熊孩子"花费巨款打游戏该由谁买单
  （第19条）/44

- 父母代理学龄前儿童与幼儿园签订合同
  是否合法有效（第20条）/48

目 录

- 植物人的诉讼权利应当如何行使
  （第21条）/51

- 存在精神障碍的成年人独立实施民事行为有效吗
  （第22条）/54

- 爷爷奶奶能不能和孩子的母亲争抚养权
  （第23条）/57

- 谁可以向人民法院申请认定成年人的民事行为能力
  （第24条）/60

- 住所就是实际经常居住的地方吗
  （第25条）/63

- 承包地交由大儿子耕种小儿子不支付赡养费为哪般
  （第26条）/66

- 未成年人的监护人应当如何确定
  （第27条）/68

- 父亲丧失民事行为能力子女可以作监护人吗
  （第28条）/70

- 父母去世前遗嘱指定的未成年子女监护人有效吗
  （第29条）/73

- 子女协商一致变更母亲的监护人是否有效
  （第30条）/76

- 承担养育职责的"母亲"能否获得代孕子女的监护权（第31条）/79

- 婴儿被母亲遗弃且生父不明应当如何确定监护人
  （第32条）/82

- 成年人可以为自己确定监护人吗
  （第33条）/85

- 监护人都有哪些职责
  （第34条）/87

- 被监护人生前所欠医疗费应当由谁清偿
  （第35条）/90

- 父母长期虐待子女应该怎么办
  （第36条）/93

- 监护人不履行监护职责被撤销监护资格还需承担抚养费吗（第37条）/96

- 监护人丧失监护能力后怎么办
  （第39条）/99

目 录

◆ 女儿要申请宣告母亲失踪如何走法律程序

（第40条）/102

◆ 自然人下落不明的时间从何时起算

（第41条）/105

◆ 失踪人的财产代管人应当如何确定

（第42条）/107

◆ 失踪人的财产代管人有何职责

（第43条）/110

◆ 失踪人的财产代管人是否可以变更

（第44条）/112

◆ 被宣告失踪的人重新出现应该怎么办

（第45条）/116

◆ 用人单位是否可以申请宣告职工死亡

（第46条）/119

◆ "亡者"归来原婚姻关系还有效吗

（第51条）/122

◆ "亡者"归来本人原有财产怎么办

（第53条）/124

个体工商户到底是单位还是自然人
（第54条）/126

家庭承包经营户对外债务应如何承担
（第56条）/128

法人、法定代表人、法人代表是同一人吗
（第61条）/131

法定代表人因执行职务造成他人损害
责任应由谁承担（第62条）/134

法人的住所应如何认定
（第63条）/137

股东变更尚未登记原股东还需对外承担
股东责任吗（第65条）/140

法人合并后其权利义务应如何确定
（第67条）/143

什么情况下公司可以依法解散
（第69条）/146

公司清算时未实际参加经营管理的股东
有义务配合清算吗（第70条）/151

目 录

- 为设立法人从事的民事活动法律后果
  应由谁承受（第75条）/155

- 民办学校股东的权责和公司股东的一样吗
  （第76条）/158

- 个人独资企业变更经营者后所欠货款
  应当由谁负责偿还（第102条）/161

- 个人独资企业出资人可否不承担企业债务
  （第104条）/164

- 谁能代表非法人组织从事民事活动
  （第105条）/167

- 合伙企业有人退伙怎么办
  （第106条）/169

- 非法人组织解散后如何清算
  （第107条）/173

- 机组人员维护机舱秩序属于侵犯人格尊严吗
  （第109条）/175

- 朋友圈中发表侮辱他人言论构成侵权吗
  （第110条）/177

- 购买机票信息被泄露应当由谁承担责任
  （第111条）/179

- 法院生效裁判能否直接作为房屋产权变动的依据
  （第114条）/182

- 融资租赁合同中出租人能否对其所有的租赁物
  设立抵押权（第116条）/184

- 外卖小哥送餐途中发生车祸外卖公司应承担责任吗
  （第118条）/187

- 购买学区房后发现学位被原房主占用
  能拒绝支付剩余房款吗（第119条）/189

- 游泳发生意外经营者应当承担责任吗
  （第120条）/192

- 见义勇为受伤谁来赔偿损失
  （第121条）/195

- 因误操作向他人多汇款还能要回来吗
  （第122条）/197

- 商家"傍名牌"是否构成侵权
  （第123条）/199

- 养女对养父所遗留房产有继承权吗
  （第124条）/203

目 录

- 错误操作导致数据丢失需要赔偿吗
  （第127条）/206

- 出卖方不履行变更过户登记义务买受方可以解除合同吗（第131条）/208

- 一房二卖两份合同都有效吗
  （第133条）/211

- 发出悬赏广告后能后悔不付酬金吗
  （第134条）/215

- 口头订立的保证合同有效吗
  （第135条）/218

- 订立合同可以采取传真的方式吗
  （第137条）/220

- 单方面作出承诺会产生什么法律后果
  （第138条）/224

- 发出竞猜悬赏海报会产生什么法律后果
  （第139条）/227

- "默不作声"就可以否认有意思表示吗
  （第140条）/230

- 签订协议后想反悔怎么办
  （第141条）/233

- 合同部分条款约定不明时怎么处理
  （第142条）/235

- 严重精神病人签订的买卖合同有效吗
  （第144条）/238

- 精神病人签订的买卖合同有效吗
  （第145条）/240

- 为借款签订的房产转让协议有效吗
  （第146条）/243

- 商家以工作人员失误导致重大误解
  要求撤销促销合同可行吗（第147条）/246

- 受对方欺诈签订的买卖合同有效吗
  （第148条）/249

- 受第三人欺诈签订的合同有效吗
  （第149条）/253

- 为筹措医疗费签订不公平赔偿协议
  可以申请撤销吗（第151条）/256

- 可撤销的合同随时都可以申请撤销吗
  （第152条）/259

- 他人恶意串通损害我方利益签订的合同有效吗
  （第154条）/262

目 录

- 合同部分无效时其他部分还有效吗
  （第156条）/267

- 合同被认定为无效受到的损失怎么办
  （第157条）/270

- 附条件民事法律行为的效力如何判断
  （第158条）/274

- 对方故意阻止合同所附条件成就
  如何认定合同效力（第159条）/277

- 附期限民事法律行为的效力如何判断
  （第160条）/279

- 可以委托他人代理实施民事法律行为吗
  （第161条）/282

- 代理人实施的民事法律行为对被代理人发生
  效力吗（第162条）/285

- 委托代理授权采用书面形式应当符合什么
  具体要求（第165条）/288

- 代理人能否以被代理人名义和自己签订合同
  （第168条）/291

- 履行职务中实施的民事法律行为其效力
  如何认定（第170条）/294

- 谁应当为超越代理权限的代理行为买单
  （第 171 条）/296

- 无代理权人签订的合同就一定无效吗
  （第 172 条）/299

- 委托代理在什么情形下终止
  （第 173 条）/302

- 被代理人死亡后的代理行为还有效吗
  （第 174 条）/304

- 律师因自身工作失误造成当事人损失
  需要承担赔偿责任吗（第 176 条）/307

- 多人造成他人损害赔偿责任如何确定
  （第 177 条）/310

- 儿子儿媳共同借婆婆的钱离婚后儿媳还应当偿还吗
  （第 178 条）/314

- 承担民事责任的方式有哪些
  （第 179 条）/316

- 因政策变化导致合同不能履行需要承担违约责任吗
  （第 180 条）/320

- 正当防卫造成他人损害是否承担民事赔偿责任
  （第181条）/323

- 紧急避险造成损害民事责任由谁承担
  （第182条）/325

- 因保护他人权益而使自己受到损害民事责任
  由谁承担（第183条）/327

- 侵害英雄烈士等名誉需要承担民事责任吗
  （第185条）/330

- 因对方违约行为造成自身权益受损害能否同时
  请求违约责任和侵权责任（第186条）/333

- 借条未约定还款期限诉讼时效如何计算
  （第188条）/336

- 分期履行的债务应当如何计算诉讼时效
  （第189条）/338

- 父母损害未成年子女合法权益诉讼时效期间
  从何时起算（第190条）/341

- 未成年人遭受性侵成年后请求损害赔偿晚不晚
  （第191条）/344

- 诉讼时效届满还可以向法院起诉吗
  （第192条）/347

- 法院可以主动适用诉讼时效规定吗
  （第193条）/349

- 遗产继承人能否以诉讼时效为由抗辩债权人追债
  （第194条）/351

- 微信催债是否可以构成诉讼时效中断
  （第195条）/355

- 所有权人要求返还原物对方能否以诉讼时效抗辩
  （第196条）/358

- 双方对诉讼时效起止时间的约定有效吗
  （第197条）/361

- 与单位产生劳动争议申请仲裁时效如何计算
  （第198条）/363

- 对业主委员会的决定有异议应当何时主张权利
  （第199条）/366

- 民法中期间的具体起算时间如何计算
  （第201条）/369

- 期间的最后一日是法定休假日期间的
  最后一日应如何确定（第203条）/372

- 当事人可以自行约定期间的计算方法吗
  （第204条）/375

商业管理局与下属商场买卖合同纠纷是否属于民法调整范围

◆（第 2 条）◆

基本案情

某县商场是1994年成立的集体所有制商业单位，隶属于该县商业管理局。1998年11月，商业管理局举行全局职工先进个人表彰会，从商场购买石英钟、手表、电熨斗、毛巾被等日用品作为奖品，价款共计18000元，商业管理局经办此事的办公室主任对商场经理说，因商业管理局最近开支较大，所以此项货款要到明年3月才能支付给商场，商场经理表示同意；但到了1999年4月，商业管理局仍未付款，且从未提起此事。1999年5月初，商场派会计索要几次均未果。1999年7月，商业管理局作出决定并通知商场：奖品货款18000元由商场自行消化，双方不再结算。此事在商场职工中反响强烈。1999年9月，商场向县人民法院提出诉讼，要求法院责令商业管理局付款，而商业管理局则以该纠纷系其与下级单位内部纠纷，且商业管理局已对此事作出处理为由拒绝应诉。

问题描述

本案中，商业管理局与某商场之间具有隶属关系，系领导与被领导的关系。中华人民共和国民法典明确规定，民法调整平等主体的自然人、法人和非法人组织之间的人身关系和财产关系。本案的争议焦点是，相互具有隶属关系的商场与县商业管理局地位并不平等，他们之间的买卖合同纠纷是否属于民法调整的范围。

裁判情况

本案经过一审、二审。法院经审理认为，虽然商业管理局与商场之间具有隶属关系，系领导与被领导的关系，但二者只是在行政管理上具有领导与被领导的关系。在民事活动中，商场具有独立的民事主体地位，与商业管理局在民事活动中的地位是平等的。对商业管理局提出的，其与商场之间的纠纷系上下级单位内部的纠纷，不应由法院审理的抗辩理由，不予支持。因此，本案纠纷系买卖合同纠纷，即平等主体之间的财产纠纷，属于民法调整的范围，法院遂依法作出了判决。

裁判结论：商业管理局向商场支付所欠货款18000元，并支付自1999年4月1日起到判决生效之日止的相应利息。

释法析理

民法调整的对象是平等主体的自然人、法人和非法人组织之间的人身关系和财产关系。平等主体，是指参与民事活动的当事人在民法上具有平等的地位和身份，即进入民事领域的任何个人和组织在民事法律地位上完全平等。平等主体之间的人身关系，是指平等主体之间与人身不可分离而无直接财产内容的社会关系。一般认为，人身中的"人"是指人格，"身"是指身份；而财产关系是指平等主体在物的生产、分配、交换和消费过程中形成的具有财产内容、经济价值的社会关系。

本案中，虽然商业管理局与商场之间具有隶属关系，是领导与被领导的关系，但二者只是在行政管理上具有领导与被领导的关系。在民事活动中，商场和商业管理局作为两个不同的法人，均具有独立的民事主体地位，有着各自独立的民事权利和义务，在民事活动中地位是平等的，不能与行政管理上的领导与被领导地位混为一谈。双方基于买卖这一民事活动产生了各自的民事权利与义务，属于民法的调整范围。

相关法条

1. 《中华人民共和国民法典》第二条　民法调整平等主体的自然人、法人和非法人组织之间的人身关系和财产关系。

2. 《中华人民共和国民法典》第五百九十五条　买卖合同是出卖人转移标的物的所有权于买受人，买受人支付价款的合同。

民事主体的合法权益受法律保护有例外情形吗

◆（第 3 条）◆

基本案情

某房产开发公司（以下简称开发公司）因拖欠某建筑公司（以下简称建筑公司）工程款，于 2000 年将一处由开发公司开发并由建筑公司承建的商业用房抵押给建筑公司（抵押权未经登记），并由建筑公司一直占用涉诉房屋。2002 年，开发公司与建筑公司建设工程款纠纷经仲裁委员会裁决，开发公司总计应支付建筑公司工程款 285 万余元，裁决生效后，建筑公司向人民法院申请强制执行，但直到起诉时仍未执行到位。2010 年，双方达成协议，在结清工程款后，建筑公司将涉诉房屋归还开发公司。后因开发公司要求建筑公司交还房屋并赔偿涉诉房屋被占用期间给其造成的损失 475 万余元，建筑公司不同意，遂产生纠纷。另查明，建筑公司占用涉诉房屋期间曾租赁给他人使用，共计收入 188 万余元。

问题描述

开发公司认为，涉诉房屋产权归其所有，建筑公司管理（占有）涉诉房屋期间所得租金收入远远超过其所欠工程款，主张建筑公司应归还涉诉房屋。建筑公司认为，因开发公司欠其工程款，其基于双方合同约定合法占有涉诉房屋，双方合同并非租赁合同，双方也非租赁关系，其占有期间不应支付相应费用；因开发公司尚未支付其工程款，其不应归还涉诉房屋。本案的争议焦点有二：一是建筑公司是否应该返还开发公司涉诉房屋；二是建筑公司占有涉诉房屋期间是否应该向开发公司支付相应费用。

裁判情况

本案经过一审、二审、中级人民法院再审和高级人民法院提审。提审法院经审理认为，对于第一个争议焦点，公民、法人的合法权益受法律保护，任何组织和个人不得侵犯。本案涉诉房屋系开发公司合法建造，该房屋属于开发公司所有，开发公司对房屋的所有权受法律保护。开发公司拖欠建筑公司工程款的情况属实，但该工程款纠纷经仲裁机构仲裁，已经由生效的法律文书裁决并进入执行阶段，建筑公司无权再继续占有开发公司房屋，建筑公司应将涉诉房屋归还开发公司。对于第二个争议焦点，开发公司与建筑公司签订的协议书约定涉案房屋由建筑公司占有，协议书中未明确约定建筑公司可以无偿使用涉案房屋，但未作约定并不意味着可以无偿使用，根据民事活动应当遵循自愿、公平、等价有偿的原则，故建筑公司无偿占有该房屋既无法律上的依据，也无合同上的约定。因涉案房屋是商业用房，具有较大的商业价值，开发公司作为房屋所有权人，对该房屋享有收益的权利。因此，建筑公司长期占有涉案房屋，必然影响开发公司的收益权，建筑公司应向开发公司支付占有使用费用。

裁判结论：建筑公司将占有的涉诉房屋交还开发公司，并支付开发公司租金损失188万元。

释法析理

《中华人民共和国民法典》第3条规定,"民事主体的人身权利、财产权利以及其他合法权益受法律保护,任何组织或者个人不得侵犯"。该规定体现了民法典对私权利的保护。民事权利受到法律保护,任何个人、组织均不得侵犯,并且非经过正当的司法程序,不得限制、不被剥夺。民事权利受到法律保护是民法的基本精神。本案中,建筑公司占有、使用开发公司房屋基于合同约定时属合法占有,但是在2002年仲裁委员会作出裁决书,裁决开发公司应向建筑公司支付285万余元工程款并需承担逾期付款违约金利息等损失时,该裁决对建筑公司债权已经作出了保障和补偿,此后建筑公司就失去了继续占有涉诉房屋的合法性。法院判决建筑公司交还占有的开发公司房屋,并给付仲裁裁决生效后的相应租金损失,充分体现了对民事主体合法权益的保护。

相关法条

1.《中华人民共和国民法典》第三条　民事主体的人身权利、财产权利以及其他合法权益受法律保护,任何组织或者个人不得侵犯。

2.《中华人民共和国民法典》第五百一十一条第一款第二项　价款或者报酬不明确的,按照订立合同时履行地的市场价格履行;依法应当执行政府定价或者政府指导价的,依照规定履行。

寡妇改嫁就得"净身出户"吗

◆（第 4 条）◆

基本案情

1993年，山西省晋中市某县女青年金某与男青年钟某结婚，婚后育有一女。1998年钟某因病去世，金某一人持家带孩子，日子过得较为辛苦，就萌发了改嫁的念头。2002年5月，金某结识了新的男友并准备结婚，她想把自己之前与钟某居住的三间祖屋卖掉，然后带着女儿和家里的财产到男方家落户。但金某的打算遭到了两个小叔子钟某良、钟某毅的强烈反对。钟某良、钟某毅两兄弟对她说："你不改嫁，还是我们的嫂子，还是钟家的人，可以继续占有、使用钟家的祖房和其他财产；如果改嫁，就不再是钟家的人，就只能净身出户，祖上的房产和其他财产一概都不能动，既不能卖，也不能再继续占有、使用。"因金某的两个小叔子不让她卖掉祖屋，也不让她带走其他财产，双方发生纠纷，金某遂诉至县人民法院，要求确认自己对钟某的那三间祖房以及其他财产的权利。

问题描述

受传统封建思想的影响，个别人对寡妇改嫁所引发的问题，与上述案例中的两个小叔子的看法一致。但法律规定是这样的吗？寡妇的权益必须依附于亡夫吗？本案的争议焦点是，寡妇是否有平等的法律地位；如果改嫁，是否就得丧失继承权，是否必须净身出户。

裁判情况

本案经一审法院审理后，双方在法定期限内均未上诉，判决已发生法律效力。一审法院经审理认为，原告金某要求确权的她和女儿居住的三间房屋是原告的亡夫钟某的祖上房产，原告的公婆去世后由钟某分得居住；该房屋内其他财产为原告与其亡夫生前的共同财产。因该继承发生在原告与钟某婚姻关系存续期间，故该房产应属于其夫妻双方共同所有。

裁判结论：原告金某要求确权的祖屋及房屋内的其他财产为原告与其亡夫钟某的共同财产。钟某死亡后其财产按照法定继承，属于原告女儿所有的财产由原告代管。原告对属于其所有的财产和代管女儿的财产享有处分权。

释法析理

民法平等原则，是指民事主体在法律地位上是平等的，其合法权益应当受到法律的平等保护。我国在对婚姻、继承、物权、合同、侵权责任等民事法律关系保护过程中，无不以维护平等原则为己任。平等原则包括人格平等、民事主体资格平等、内容平等以及平等保护等。

本案中，原告金某要求确认权利的祖屋是其亡夫继承其父母的财产，因该继承发生在夫妻婚姻关系存续期间，故该房产应属于其夫妻共有，房屋内的其他财产也是夫妻的共有财产，钟某的兄弟无权处分支配，钟某死亡后，属于他的一半房产及其他财产由金某和其女儿继承。因此，三间祖屋和其他财产的四分之三份额归金某所有，其余的四分之一份额归其女儿所有。因金某的女儿尚未成年，财产由金某代管，金某对涉案的财产依法享有处分权。

📖 相关法条

1. 《中华人民共和国民法典》第四条 民事主体在民事活动中的法律地位一律平等。

2. 《中华人民共和国民法典》第一千零六十一条 夫妻有相互继承遗产的权利。

3. 《中华人民共和国民法典》第一千零六十二条 夫妻在婚姻关系存续期间所得的下列财产，为夫妻的共同财产，归夫妻共同所有：

（一）工资、奖金、劳务报酬；

（二）生产、经营、投资的收益；

（三）知识产权的收益；

（四）继承或者受赠的财产，但是本法第一千零六十三条第三项规定的除外；

（五）其他应当归共同所有的财产。

夫妻对共同财产，有平等的处理权。

4. 《中华人民共和国民法典》第一千一百二十七条 遗产按照下列顺序继承：

（一）第一顺序：配偶、子女、父母；

（二）第二顺序：兄弟姐妹、祖父母、外祖父母。

继承开始后，由第一顺序继承人继承，第二顺序继承人不继承；没有第一顺序继承人继承的，由第二顺序继承人继承。

本编所称子女，包括婚生子女、非婚生子女、养子女和有扶养关系的继子女。

本编所称父母，包括生父母、养父母和有扶养关系的继父母。

本编所称兄弟姐妹，包括同父母的兄弟姐妹、同父异母或者同母异父的兄弟姐妹、养兄弟姐妹、有扶养关系的继兄弟姐妹。

受胁迫签订的民事合同有效吗

（第 5 条）

基本案情

甲批发公司是乙商店经营的某类商品的主要来源，甲、乙订有长期的供货合同。2020 年 2 月 15 日，因受新冠肺炎疫情影响，该类商品货源紧缺，行情看涨，甲批发公司趁机提出将该类商品批发价提高 80%，否则停止供货，乙商店迫于无奈接受了这一过高的价格条件，并签订了新的供货合同。但后期该类商品的消费市场低迷，商品未如期销售完毕，甲批发公司向乙商店索要货款，乙商店无力支付，甲批发公司遂诉至人民法院，要求乙商店依据最新的供货合同支付货款。

问题描述

本案的争议焦点是，甲批发公司的行为是否可以认定为胁迫，甲乙之间的供货合同是否因违反了自愿原则而无效。

裁判情况

当事人依法享有自愿订立合同的权利，任何单位和个人不得非法干预，这一一般原则性规定要求，签订合同时，合同当事人必须贯彻自愿、意思真实的精神。合同是平等协商的产物，其意思表示必须真实、自愿，采取欺诈、胁迫等手段签订的合同无效。民事法律关系应由民事主体在法定范围内依自己的意志产生,所以这份合同是无效的。法院经审理认为,甲批发公司以停止供货相胁迫要求提高供货价格,乙商店迫于无奈,才同意签订最新的供货合同,此合同应认定为无效。

裁判结论:最新的供货合同无效,乙商店按照之前的合同价格支付甲批发公司相应的货款。

 **释法析理**

自愿原则,是指民事主体在民事活动中,充分表达自己的真实意志,根据自己的意愿设立、变更和终止民事法律关系。我国民法的自愿原则,是商品经济的内在要求在法律上的表现。商品交换本质上要求交换者对其交换的商品享有占有、使用和处分的自由,并且要求商品交换者之间意思表示一致,这种意志自由就表现为民法的自愿原则。自愿原则本质上就是给予商品生产者和经营者以充分的自主,鼓励和保证民事主体自由地从事商品生产和经营活动。

本案中,甲批发公司以停止供货为胁迫要提高供货价格,乙商店迫于无奈,才同意变更合同,并非出于自愿,有失公平。凡违背真实意愿所为的民事行为不受法律保护,在民事活动中任何人不得将自己的意愿强加给对方当事人。因此,乙商店在受甲批发公司胁迫、乘人之危情况下所为的民事行为无效,对双方当事人没有法律拘束力。

相关法条

《中华人民共和国民法典》第五条　民事主体从事民事活动,应当遵循自愿原则,按照自己的意思设立、变更、终止民事法律关系。

能向格式合同中的霸王条款说不吗

◆（第 6 条）◆

基本案情

2012年11月17日，原告陈某、于某与被告某房地产开发有限公司（以下简称房地产公司）签订《商品房买卖合同》，约定原告购买被告开发的坐落于某市高新园区礼贤街×号×单元×层×号（建筑面积为77.05平方米）的房屋一套，房屋总价款为909190元。该合同第8条、第9条约定，被告应当在2012年12月31日前向原告交付经验收合格的商品房。如被告未按该期限交付房屋且逾期不超过90日，被告自约定交付期限的第二日起至实际交付之日止按日向原告支付已交付房款万分之一的违约金。同时合同第15条、第16条约定，原告应当在2012年12月31日前将购房款及其他应交费用付清。如原告逾期付清的，被告可据实延期交房；且原告自约定付清房款期限的第二日起至实际付清房款之日止按日向被告支付房屋总价款万分之一的违约金。上述合同签订后，原告于2013年1月4日才付清全部房款，比合同约定的时间迟延了4天。后被告向原告发出入住通知并于2013年1月19日向原告交付房屋。双方因逾期交房等事宜产生纠纷，遂向法院提起诉讼。

问题描述

本案的争议焦点是，公平责任的界定。房屋买受人和出卖人约定，如果买受人逾期付款，出卖人可以请求对方支付逾期付款违约金，同时还可以获得延期交房的权利。然而，如果出卖人逾期交房，买受人仅可以请求对方支付逾期交房违约金，却没有获得相应的逾期付款的权利。

裁判情况

法院经审理认为，在合同继续履行的情况下，针对买受人逾期付款的行为，案涉《商品房买卖合同》中约定了买受人应按日支付逾期应付款万分之一的违约金，同时在合同和补充协议中又约定了买受人未付清房款及其他应交费用的，出卖人可据实延期交房。其实质是买受人在逾期付款的情况下，既要向出卖人支付逾期付款违约金，又要放弃向出卖人主张逾期交房违约金。而反观合同中关于出卖人逾期交房的违约责任，则并无此种加重违约责任的约定。在买受人逾期付款时，若同时适用上述两种违约责任，则有悖于合同的平等原则，对于买受人而言明显不公。鉴于房地产公司明确表示其仅向陈某、于某主张逾期交房时间据实顺延，不再要求其支付逾期付款的违约金，法院对房地产公司的该项主张予以照准。根据双方签订的合同约定，出卖人应当在2012年12月31日前将符合合同约定的商品房交付给买受人，但买受人未付清房款及其他应交费用的，出卖人可据实延期交房。现双方当事人均认可陈某、于某于2013年1月4日才付清全部房款，比合同约定的付清房款时间迟延了4天，故房地产公司逾期交房的起算时间应相应顺延至2013年1月4日，计算至实际交房时间2013年1月19日，共逾期15天，逾期交房的违约金应为1364元（909190元×0.0001×15天）。

裁判结论：房地产公司向陈某、于某支付逾期交房违约金1364元。

释法析理

公平原则首先是立法原则，民法条文的制定、规则的设定都应以公平原则为指导。公平原则也是解释原则，如果民法规定较为模糊或意思较难确定时，也应本着公平原则予以解释。公平原则还是适用原则，在适用民法条文时，也应遵从公平原则。

本案中，被告房地产公司主张因陈某、于某存在逾期付款的情况，故有权依据合同约定据实延期交房，而无须承担逾期交房违约金，这涉及"公平责任"的问题。公平是民法最根本的价值追求，它辐射民法的各领域，照耀着民法的每一个条款，在适用时应保持"谦抑"，不能"任性"。

相关法条

《中华人民共和国民法典》第六条　民事主体从事民事活动，应当遵循公平原则，合理确定各方的权利和义务。

签合同时对方故意隐瞒真相事后发现怎么办

◆（第7条）◆

基本案情

2013年12月1日，原告某物流公司（以下简称物流公司）分别与被告飞翔公司、被告彬彬公司签订《煤炭购销合同》《煤炭买卖合同》，同时三方还签订了《补充协议》。前述三份合同、协议约定：由飞翔公司销售煤炭给物流公司，物流公司再销售给彬彬公司，合同有效期为2013年12月1日起至2014年12月31日止。交货方式为水路运输，飞翔公司销售给物流公司的煤炭到港后直接销售给彬彬公司，物流公司委托彬彬公司对煤炭进行质量、数量验收。物流公司、飞翔公司及彬彬公司三方还约定，在物流公司未收到彬彬公司货款前，飞翔公司不向物流公司催收货款，如彬彬公司拒付或拖延支付货款，则飞翔公司放弃要求物流公司支付部分或全部货款。合同签订后，被告飞翔公司向原告物流公司出具了9份《水路货物运单》和32份增值税发票（总额为30942450元），被告彬彬公司亦向原告物流公司出具了《收货证明》5份。按照上述货物运单、发票和收条的记载，原告与两被告之间共计有48414.1吨煤炭交易发生，依据合同的约定，被告彬彬公司应向原告物流公司支付相应货款，物流公司也应向被告飞翔公司支付约定价款。

事实上，原、被告三方签订的煤炭买卖合同及补充协议并未实际履行，相关各方并无真实煤炭交易发生，也无相关货款的给付。在案证据证实，签订合同时，被告飞翔公司和被告彬彬公司的法定代表人均系邱某一人，而彬彬公司提交了法定代表人为陈某的营业执照，隐瞒了其公司和飞翔公司的法定代表人均为邱某的事实。尔后，邱某伪造了9份货物运单，并授意其工作人员虚开32份增值税发票和5份收货证明并交予物流公司，虚构了整个煤炭交易的事实。被告飞翔公司基于上述合同虚构煤炭交易，形成对原告30942450元的债权。原告以两被告恶意串通，以欺诈手段使原告在违背真实意思的情况下与其签订相关合同为由，诉至法院，请求判决撤销2013年12月1日原告与被告飞翔公司签订的《煤炭购销合同》、与被告彬彬公司签订的《煤炭买卖合同》以及与两被告签订的《补充协议》。

问题描述

本案的争议焦点是，如何认定卖方涉嫌合同欺诈、虚假交易，受害方是否有权请求撤销合同。

裁判情况

法院经审理认为，被告飞翔公司、彬彬公司故意隐瞒其法定代表人均为邱某的真实情况，使物流公司签订了前述合同和协议，并且通过伪造货物运单、收货证明，虚开增值税发票等手段，虚构了本不存在的煤炭交易事实。飞翔公司、彬彬公司的行为应认定为欺诈行为。物流公司关于撤销其于2013年12月1日与飞翔公司签订的《煤炭购销合同》、与彬彬公司签订的《煤炭买卖合同》以及三方签订的《补充协议》的诉请符合法律规定，应当予以支持。

裁判结论：撤销物流公司2013年12月1日与飞翔公司签订的《煤炭

购销合同》、与彬彬公司签订的《煤炭买卖合同》以及三方签订的《补充协议》。

释法析理

在市场经济活动中,市场主体在从事民事行为时不欺不诈,尊重他人利益,保证各方当事人都能得到自己的利益,并不得损害社会和第三人的利益,才能更好地促进市场经济健康发展。市场主体的诚实、恪守信用,为市场主体提供了一种普遍的信赖,这种信赖是市场交易所必须具备的资源之一。

本案中,被告飞翔公司、彬彬公司实为同一人控制的公司,但在与原告签订合同时故意隐瞒了这一真实情况,使原告与两公司签订了合同和补充协议,并且通过伪造货物运单、收货证明,虚开增值税发票等手段,虚构了本不存在的煤炭交易事实。被告飞翔公司基于上述合同虚构煤炭交易,形成了对原告 30942450 元的债权,从而到银行办理了保理业务,将此笔应收账款向银行转让进行融资,使得原告可能陷于被银行追索的风险,银行也可能陷于保理业务坏账的风险。两被告不讲诚实信用,其行为完全符合合同欺诈的认定,应当予以撤销。

相关法条

《中华人民共和国民法典》第七条　民事主体从事民事活动,应当遵循诚信原则,秉持诚实,恪守承诺。

丈夫将遗产赠与第三者并经公证的遗嘱有效吗

◆（第8条）◆

📋 基本案情

蒋某芳与黄某斌于1963年5月经恋爱登记结婚，二人婚后收养一子（黄某，31岁，已成家另过）以养儿防老。1990年7月，蒋某芳因继承父母遗产取得原泸州市某街67号房屋所有权。1995年，因城市建设需要，该房屋被拆迁，拆迁单位将位于泸州市某路6-2-8-2号的77.2平方米的住房一套作为安置房给了蒋某芳。1996年，黄某斌与比他小近30岁的张某英相识后，二人便一直在外非法同居。2000年9月，黄某斌与蒋某芳将蒋某芳继承所得的位于泸州市某路6-2-8-2号的房产，以8万元的价格出售给陈某。

2001年春节期间，黄某斌、蒋某芳夫妇将售房款中的3万元赠与其养子黄某在外购买商品房。后黄某斌因患肝癌住院治疗，其间，黄某斌于2001年4月18日立下书面遗嘱，将其所得住房补贴、公积金、抚恤金和售卖泸州市某路6-2-8-2号住房所获款的一半4万元、自己所用的手机一部及总额6万元的财产赠与张某英所有。泸州市某区公证处对该遗嘱出具了公证书。之后黄某斌因病去世，在黄某斌的遗体火化前，张某英当着蒋某芳的面宣布了黄某斌留下的遗嘱，蒋某芳对此不予认可，双方因此产生纠纷。张某英以蒋某芳侵害其财产权为由起诉至人民法院。

问题描述

黄某斌生前留有遗嘱,且该遗嘱经过了公证处的公证,该遗嘱形式上是黄某斌的真实意思表示,张某英据此认为自己享有获得黄某斌相应遗产的权利;蒋某芳认为,张某英明知黄某斌有配偶,仍然与黄某斌非法同居,破坏他人家庭,损害了社会道德,违反了公序良俗,案涉遗嘱应该被认定为无效。本案的争议焦点是,违反了公序良俗的公证遗嘱是否依然有效。

裁判情况

法院经审理认为,遗赠人黄某斌在肝癌晚期立下书面遗嘱,将其财产赠与原告张某英,并经公证处公证,该遗嘱形式上是遗赠人黄某斌的真实意思表示,但在实质赠与财产的内容上存在以下违法之处:(1)抚恤金不是个人财产,它是按照国家有关规定,死者单位对死者直系亲属的抚慰金,不属于遗赠财产的范围。(2)遗赠人黄某斌的住房补贴、公积金是黄某斌与蒋某芳夫妻关系存续期间所得,应为夫妻共同财产,遗嘱人生前在法律的允许范围内,只能按照法律规定的方式处分其个人财产。遗嘱人黄某斌在立遗嘱时未经共有人蒋某芳同意,单独对夫妻共同财产进行处理,其无权处分部分应属无效。(3)位于泸州市某路6-2-8-2号住房一套,应为夫妻共同财产。蒋某芳将该房以8万元的价格卖给陈某,该8万元售房款还应扣除房屋交易时蒋某芳承担的税费,实际售房款不足8万元。此外,在2001年春节,黄某斌、蒋某芳夫妇将售房款中的3万元赠与其养子黄某在外购买商品房。综上,公证处在未查明事实的情况下,便对其遗嘱进行了公证显属不当。同时,张某英明知黄某斌有配偶,仍然与黄某斌非法同居,破坏他人家庭,损害了社会道德,违反了公序良俗,黄某斌的遗赠行为违反了法律的原则和精神,亦违反了公序良俗。因此，黄某斌的遗赠行为，应属无效行为。

裁判结论：驳回原告张某英的诉讼请求。

释法析理

守法和公序良俗原则包含了守法原则和公序良俗原则两项内容，前者是指民事主体从事民事活动不得违反法律规定，后者则包括公共秩序和善良风俗。本案中，黄某斌与被告蒋某芳系结婚多年的夫妻，应相互扶助，互相忠实，互相尊重。但是遗赠人从1996年认识原告张某英后，长期与其非法同居，系一种违法行为。遗赠人黄某斌基于与原告张某英有非法同居关系而立下的遗嘱，是一种违反公共秩序和社会公德的行为。从另一个角度讲，本案被告蒋某芳在遗赠人黄某斌肝癌晚期住院直至去世期间，一直对其护理照顾，履行了夫妻扶助的义务，遗赠人黄某斌却无视法律规定，违反社会公德，漠视夫妻的忠实与扶助义务，将财产赠与其非法同居的原告张某英，实际上损害了被告蒋某芳合法的财产继承权，破坏了社会风气。

相关法条

《中华人民共和国民法典》第八条　民事主体从事民事活动，不得违反法律，不得违背公序良俗。

损害环境公共利益合作开发协议是否有效

基本案情

2011年10月10日,某投资公司(以下简称投资公司)与某金壳公司(以下简称金壳公司)签订《新疆塔什库尔干县乌如克铅多金属矿普查探矿权合作勘查开发协议》(以下简称《合作勘查开发协议》),双方约定,投资公司补偿金壳公司3500万元后,金壳公司愿意以本协议规定之对价及本协议所规定的其他条款和条件将其持有的新疆塔什库尔干县乌如克铅多金属矿普查探矿权(以下简称矿权)注入双方设立的项目公司。2011年10月25日,投资公司通过银行转账方式向金壳公司支付3500万元。2013年11月22日,投资公司以合作勘查作业区位于新疆塔什库尔干野生动物自然保护区为由通知解除合同,金壳公司回函拒绝。金壳公司提起诉讼,请求确认某投资公司解除合同行为无效;投资公司反诉请求解除《合作勘查开发协议》,金壳公司返还合作补偿款3500万元并赔偿损失。

问题描述

本案的争议焦点是,《合作勘查开发协议》效力如何,投资公司支付给金壳公司的3500万元是否应予返还。

裁判情况

本案经过一审、二审。二审法院经审理认为，案涉探矿权位于新疆塔什库尔干野生动物自然保护区范围内，该自然保护区设立在先，金壳公司的探矿权取得在后，基于《合作勘查开发协议》约定，双方当事人均知道或者应当知道在自然保护区内不允许进行矿产资源的勘探和开发。该协议违反了中华人民共和国自然保护区条例的禁止性规定，如果认定协议有效并继续履行，将对自然环境和生态造成严重破坏，损害环境公共利益。

裁判结论：《合作勘查开发协议》无效，金壳公司收取的3500万元合作补偿款应予返还。

释法析理

绿色原则作为民法典明文规定的基本原则之一，不仅应为民事活动所遵循，司法实践中进行法律适用、法律解释、法律漏洞填补以及利益冲突时的价值判断和选择时，也应充分考量。环境资源纠纷案件具有公益和私益交织的特点，绿色原则所体现的可持续发展理念，恰为将公法支配和公法义务纳入民事权利体系，在环境权益的公益性和民事权利的私益性之间寻求协调和沟通提供了路径和方法。

《中华人民共和国自然保护区条例》第26条规定，禁止在自然保护区内进行砍伐、放牧、狩猎、捕捞、采药、开垦、烧荒、开矿、采石、挖沙等活动。开矿属于《中华人民共和国自然保护区条例》第26条明令禁止的行为，显然不包含在该条例第18条所允许的活动范围内。本案中，双方签订的《合作勘查开发协议》违反了中华人民共和国自然保护区条例的禁止性规定，《合作勘查开发协议》应属无效。无效合同不存在解除问题，故对金壳公司要求确认投资公司解除《合作勘查开发协议》

的行为无效的本诉请求，以及投资公司要求判决解除《合作勘查开发协议》的反诉请求，人民法院均未予支持。

📖 相关法条

1. 《中华人民共和国民法典》第九条　民事主体从事民事活动，应当有利于节约资源、保护生态环境。

2. 《中华人民共和国自然保护区条例》第十八条　自然保护区可以分为核心区、缓冲区和实验区。

自然保护区内保存完好的天然状态的生态系统以及珍稀、濒危动植物的集中分布地，应当划为核心区，禁止任何单位和个人进入；除依照本条例第二十七条的规定经批准外，也不允许进入从事科学研究活动。

核心区外围可以划定一定面积的缓冲区，只准进入从事科学研究观测活动。

缓冲区外围划为实验区，可以进入从事科学试验、教学实习、参观考察、旅游以及驯化、繁殖珍稀、濒危野生动植物等活动。

原批准建立自然保护区的人民政府认为必要时，可以在自然保护区的外围划定一定面积的外围保护地带。

3. 《中华人民共和国自然保护区条例》第二十六条　禁止在自然保护区内进行砍伐、放牧、狩猎、捕捞、采药、开垦、烧荒、开矿、采石、挖沙等活动；但是，法律、行政法规另有规定的除外。

出售房屋隐瞒曾发生非正常死亡事件买房人该如何维权

◆（第 10 条）◆

基本案情

2019 年 10 月 9 日，原告张某通过房屋中介公司从被告林某、胡某处购买了一产权房，并按照约定支付了购房定金。履约前，原告张某从房屋邻居处得知，曾有人在被告林某、胡某所出卖的房屋内非正常死亡，于是张某要求退房。张某称，林某、胡某在出卖房产过程中故意隐瞒了曾有居住人非正常死亡这一事实，出于习惯的原因，张某如果知道该情形是绝不会购买该处房产的。林某、胡某则辩称自己没有义务将家庭隐私告诉外人，更没有法律规定房屋内有人死亡就不能再出售房产，被告对此没有过错，张某应当继续履约付款过户。在协商无果的情况下，张某将林某、胡某起诉至法院，请求法院确认其房屋买卖合同无效。

问题描述

本案的争议焦点是，张某可否基于习惯，主张该房屋买卖合同无效。

裁判情况

本案经过一审、二审。二审法院经审理认为，我国民间有死过人的房屋不宜后人居住的说法，它不一定科学但确实是民间流传的一种习俗，买房人多半不愿意购买此类房产。作为买受人有权利知道标的的主要情况，张某在知道标的房产曾有人非正常死亡的情况下，有权进行选择。

裁判结论：支持原告张某诉讼请求，合同无须履行。

释法析理

习惯，是指在某区域范围内，基于长期的生产生活实践而为社会公众所知悉并普遍遵守的生活和交易习惯。习惯是人们长期生活经验的总结，它既是人与人正常交往关系的规范，也是生产生活实践中的一种惯行。本案中，原告张某可按习惯取消合约，也可不按习惯进行对其而言无所谓的买卖，这种情况下，实际上是法院对当事人一定交易习惯的肯定。这种若知道标的房产曾有人非正常死亡从而取消交易的情形是知情权和选择权的体现，其并不违背公序良俗，从而给予肯定，使其成为判决中的习惯法依据。

判断是否构成民法法源的习惯，应当同时具备积极条件和消极条件。习惯的积极条件包括：一是具有长期性、恒定性、内心确信性；二是具有具体行为规则属性；三是具有可证明性。习惯的消极条件是不得违背公序良俗，那些与整个社会公认的伦理道德观念相冲突的习惯，是对法律秩序的破坏，比如，寡妇改嫁不得带走财产、禁止嫁出的女儿享有继承权、婚礼上闹伴娘等陈规陋习，应当严格禁止，不能成为法律规范。

相关法条

《中华人民共和国民法典》第十条　处理民事纠纷，应当依照法律；法律没有规定的，可以适用习惯，但是不得违背公序良俗。

胎儿娩出时即为死体医院是否应当承担死亡赔偿责任

◆（第 13 条）◆

📋 基本案情

孕妇梁某身怀双胞胎即将临产，某日到妇幼保健院治疗，医生对梁某进行了 B 超等一系列检查后建议梁某入院安胎，并对胎儿进行监护。隔天上午，梁某出现少量阴道流血，偶有下腹坠胀，当时监测到胎心音是规则的。中午梁某胎心监护提示一胎心音突然出现减速，属于不规则的状况，另一胎心音属规则状况。医生考虑胎儿窘迫，与梁某家属沟通后，当天下午施行剖宫产术，娩出一死男婴和一活男婴。梁某夫妇认为妇幼保健院对胎儿死亡负有责任，起诉至法院，请求妇幼保健院承担赔偿责任。

🔍 问题描述

近年来，由产妇生产过程中胎儿死亡所引发的医疗纠纷屡见不鲜，如果医院存在过错，应当承担相应的损害赔偿责任。本案的争议焦点是，胎儿娩出时即为死体，如果医院存在过错，医院是否应当承担死亡赔偿责任。

裁判情况

本案经过一审、二审和再审。再审法院认为,根据鉴定意见,并结合本案的手术记录、护理记录、分娩记录单等相关证据来看,胎儿娩出时即无呼吸、无心率,阿氏评分均为"0"分,经抢救后仍无生命体征。因此,认定梁某双胎之一的死婴是胎儿死亡,其自始无民事权利能力,对梁某夫妇主张的死亡赔偿金不予支持。但妇幼保健院的医疗过错参与度为50%,胎儿死亡对梁某夫妇造成一定的精神伤害,因此妇幼保健院应对梁某夫妇承担精神损害赔偿责任,精神损害抚慰金的计算应当根据医疗机构的过错程度、侵权行为所造成的后果,并结合当地平均生活水平等因素确定。

裁判结论:妇幼保健院在50%范围内赔偿梁某夫妇丧葬费、处理丧葬事宜误工费、精神抚慰金及鉴定费。

释法析理

在发生医疗纠纷时,如果医疗机构确有责任,那么胎儿出生时是活体还是死体,直接关系到医疗机构是否应当承担死亡赔偿责任。自然人的民事权利能力始于出生,终于死亡。《中华人民共和国民法典》第13条规定,"自然人从出生时起到死亡时止,具有民事权利能力,依法享有民事权利,承担民事义务"。第16条规定,"涉及遗产继承、接受赠与等胎儿利益保护的,胎儿视为具有民事权利能力。但是,胎儿娩出时为死体的,其民事权利能力自始不存在"。可见,出生是自然人脱离母体并生存的法律事实,自然人取得民事权利的前提条件是"出生",即生命孕育阶段的胎儿完全脱离母体,且出生时为活体,即具有生命能力。也就是说,胎儿只要与母体分离时保有生命,就获得民事权利能力,而不论其出生后生命延续的时间长短。本案中双胞胎之一死婴娩出时没有独立呼吸，亦无其他生命体征，即娩出时为死体，既无民事权利能力也不具有独立的民事主体资格。鉴于本案的损害后果是胎儿死亡，而非自然人死亡，因此，法院对死亡赔偿金不予支持。至于精神抚慰金的赔偿问题，本案医疗事故的直接受害者是梁某，梁某双胎之一胎死腹中，对其夫妇造成一定的精神伤害，梁某夫妇主张精神损害赔偿应予支持。

相关法条

1.《中华人民共和国民法典》第十三条　自然人从出生时起到死亡时止，具有民事权利能力，依法享有民事权利，承担民事义务。

2.《中华人民共和国民法典》第十六条　涉及遗产继承、接受赠与等胎儿利益保护的，胎儿视为具有民事权利能力。但是，胎儿娩出时为死体的，其民事权利能力自始不存在。

3.《中华人民共和国民法典》第一千一百七十九条　侵害他人造成人身损害的，应当赔偿医疗费、护理费、交通费、营养费、住院伙食补助费等为治疗和康复支出的合理费用，以及因误工减少的收入。造成残疾的，还应当赔偿辅助器具费和残疾赔偿金；造成死亡的，还应当赔偿丧葬费和死亡赔偿金。

4.《中华人民共和国民法典》第一千一百八十三条　侵害自然人人身权益造成严重精神损害的，被侵权人有权请求精神损害赔偿。

因故意或者重大过失侵害自然人具有人身意义的特定物造成严重精神损害的，被侵权人有权请求精神损害赔偿。

5.《中华人民共和国民法典》第一千二百一十八条　患者在诊疗活动中受到损害，医疗机构或者其医务人员有过错的，由医疗机构承担赔偿责任。

没有准生证还能参与分配土地补偿费吗

（第 14 条）

基本案情

黄某甲系某村村民，已取得被告某村 8 组集体土地的家庭联产承包经营权。黄某甲有一子黄某乙，黄某乙（2011 年 10 月 12 日生）出生时由于未取得准生证，没有及时办理户口登记。2013 年 12 月 6 日，黄某乙补报户口，登记在以黄某甲为户主的家庭户上。2011 年 12 月至 2018 年 2 月，某村 8 组共五次向拥有三证（准生证、出生证、身份证）村民每人分得土地补偿费、第三产业租金收入合计 13 万元，小孩每人分得 5 万元。被告某村 8 组以原告黄某乙没有准生证为由，不同意黄某乙参与上述分配；原告黄某乙认为被告某村 8 组的行为侵害了其合法权益，遂向法院提起诉讼，请求判令被告某村 8 组给付原告黄某乙征收土地补偿费和第三产业租金收入共计 5 万元。

问题描述

本案中，村民小组制定的征地补偿费分配方案约定，没有办理准生证、违反计划生育政策的，不能参加土地补偿费分配。本案的争议焦点是，黄某乙是否享有平等的分配权，某村 8 组制定的征地补偿费分配方案是否违反法律规定。

裁判情况

本案经过一审、二审。法院经审理认为，黄某乙的父母均系被告小组的成员，其父母双方均具有该集体经济组织成员资格且依法登记为该集体经济组织所在地常住户口，黄某乙自 2011 年 10 月 12 日出生时起就具有民事权利能力，取得该集体经济组织成员资格，户籍登记时间延迟及准生证办理的程序瑕疵并不影响黄某乙自出生时即享有的集体经济组织成员资格，且被告某村 8 组未提交证据证明黄某乙在此期间享有其他集体经济组织成员权，也未提交证据证明其丧失了本村的成员资格，故黄某乙与其他该村集体经济组织成员享有平等的成员权。公民的合法权益受法律保护。最高人民法院《关于审理涉及农村土地承包纠纷案件适用法律问题的解释》第 24 条[①]规定，"农村集体经济组织或者村民委员会、村民小组，可以依照法律规定的民主议定程序，决定在本集体经济组织内部分配已经收到的土地补偿费。征地补偿安置方案确定时已经具有本集体经济组织成员资格的人，请求支付相应份额的，应予支持。但已报全国人大常委会、国务院备案的地方性法规、自治条例和单行条例、地方政府规章对土地补偿费在农村集体经济组织内部的分配办法另有规定的除外"。《中华人民共和国村民委员会组织法》第 27 条第 2 款规定，"村民自治章程、村规民约以及村民会议或者村民代表会议的决定不得与宪法、法律、法规和国家的政策相抵触，不得有侵犯村民的人身权利、民主权利和合法财产权利的内容"。被告某村 8 组的集体土地被依法征收，所得的征地补偿款归集体经济组织全体成员共有，黄某乙与其他集体经济组织成员享有平等的分配权。被告某村 8 组经村民代表会议讨论后作出征地补偿款分配方案并以户为单位对该分配方案进行投票表决，

---

① 该解释已于 2020 年 12 月 29 日修正，现为第 22 条。——编者注

该分配方案的制定及投票表决虽在程序上不违反中华人民共和国村民委员会组织法的相关规定，也符合我国目前农村基层自治组织行使自治权的习惯做法，但该分配方案及投票表决结果排除了黄某乙对土地补偿费等集体收益的分配权，与国家现行法律、政策相违背，侵害了黄某乙的合法权益。

裁判结论：被告某村8组给付原告黄某乙征收土地补偿费和第三产业租金收入共计5万元。

释法析理

自然人的民事权利能力一律平等，是一种法律资格的平等，指自然人的民事权利能力不因民族、种族、性别、职业、家庭出身、宗教信仰等而有差别。《中华人民共和国民法典》第13条规定，"自然人从出生时起到死亡时止，具有民事权利能力，依法享有民事权利，承担民事义务"。第14条规定，"自然人的民事权利能力一律平等"。这两条规定确认了自然人的民事主体地位，自然人依法享有民事权利、承担民事义务。本案中，黄某乙与其他集体经济组织成员享有平等的分配权，法院遂作出上述判决。

相关法条

1.《中华人民共和国民法典》第十四条　自然人的民事权利能力一律平等。

2.《中华人民共和国村民委员会组织法》第二十七条　村民会议可以制定和修改村民自治章程、村规民约，并报乡、民族乡、镇的人民政府备案。

村民自治章程、村规民约以及村民会议或者村民代表会议的决定不得与宪法、法律、法规和国家的政策相抵触，不得有侵犯村民的人身权利、民主权利和合法财产权利的内容。

村民自治章程、村规民约以及村民会议或者村民代表会议的决定违反前款规定的，由乡、民族乡、镇的人民政府责令改正。

3. 最高人民法院《关于审理涉及农村土地承包纠纷案件适用法律问题的解释》第二十二条 农村集体经济组织或者村民委员会、村民小组，可以依照法律规定的民主议定程序，决定在本集体经济组织内部分配已经收到的土地补偿费。征地补偿安置方案确定时已经具有本集体经济组织成员资格的人，请求支付相应份额的，应予支持。但已报全国人大常委会、国务院备案的地方性法规、自治条例和单行条例、地方政府规章对土地补偿费在农村集体经济组织内部的分配办法另有规定的除外。

发生交通事故后被害方主张胎儿抚养费能否得到支持

(第 16 条)

基本案情

2017 年 4 月，张某驾驶厢式中型拖拉机与陈某甲驾驶的无牌普通二轮摩托车相撞，导致陈某甲抢救无效死亡、两车受损的道路交通事故。《交通事故认定书》认定双方负此次事故的同等责任。张某所驾驶厢式中型拖拉机在中国人寿财产保险股份有限公司投保交强险、商业第三者责任险，保险金额分别为 122000 元和 500000 元，事故发生时在保险期内。刘某系陈某甲之妻，在交通事故发生时已有身孕；陈某甲的母亲王某于事故发生时 65 周岁，其有四个子女；陈某甲未成年子女陈某乙于事故发生时 8 周岁。事故发生后，被害人家属刘某、王某、陈某乙以张某、中国人寿财产保险股份有限公司为被告向一审法院请求赔偿因被害人陈某甲死亡造成的各项损失共计 463073.03 元，其中，被抚养人生活费包括事故发生时为胎儿的陈某甲的子女陈某丙的抚养费。

问题描述

被害人家属依据《中华人民共和国民法总则》第 16 条①规定主张应

---

① 现《中华人民共和国民法典》第 16 条。——编者注

赔偿胎儿的抚养费；中国人寿财产保险股份有限公司认为，事故发生时被害人妻子刘某的胎儿并未出生，在此情况下确定抚养费于法无据。本案的争议焦点是，被抚养人生活费是否应包括事故发生时为胎儿的陈某丙的生活费。

裁判情况

本案经过一审、二审。二审法院经审理认为，根据《中华人民共和国侵权责任法》第16条①、最高人民法院《关于审理人身损害赔偿案件适用法律若干问题的解释》第28条②的规定，本次事故因陈某甲死亡所造成的损失总计为875941.02元。关于胎儿的抚养费，根据《中华人民共和国民法总则》第16条③"涉及遗产继承、接受赠与等胎儿利益保护的，胎儿视为具有民事权利能力。但是胎儿娩出时为死体的，其民事权利能力自始不存在"的规定，涉及胎儿利益保护的，应视胎儿具有民事权利能力，应对胎儿利益予以保护。故对于原告请求的胎儿抚养费的请求予以支持，胎儿抚养费按二分之一计算18年。

裁判结论：张某、中国人寿财产保险股份有限公司赔偿被害人家属498970.51元。

释法析理

《中华人民共和国民法典》第16条规定，"涉及遗产继承、接受赠与等胎儿利益保护的，胎儿视为具有民事权利能力。但是，胎儿娩出时为死体的，其民事权利能力自始不存在"。该条规定以法律的形式对胎儿是否具有

---

① 现《中华人民共和国民法典》第1179条。——编者注
② 该解释已于2020年12月29日修正，现为第17条。——编者注
③ 现《中华人民共和国民法典》第16条。——编者注

一定的民事权利能力予以确认,在胎儿的民事权利能力问题上,法律是否定的,只是在特定条件下,为了保护胎儿的利益,将没有出生的胎儿视为具有民事权利能力的个体。从法律条文本身看,遗产继承、接受赠与等行为都是让胎儿纯获利的行为,可以理解为,胎儿在作为纯获利的受益对象时,是具有民事权利能力的,随着时间的推移,当新形式的纯获利行为出现时,根据这一条规定作出扩大解释,最终胎儿的利益能够得到保护。该条规定强调胎儿必须是"活的",也就是娩出时必须是活体,如果娩出时是死体的,视其民事权利能力自始不存在,因胎儿利益保护所获得的利益应重新分配或返还。民事权利能力始于出生,止于死亡,也就是说,民事权利能力的存续时间是人从生到死的时间,所以,"活着"是民事权利能力存在的前提,如果连"活着"这个条件都不具备,民事权利能力根本就不存在。本案中涉及胎儿纯获利益的抚养费赔偿问题,虽非《中华人民共和国民法典》第16条所列举的具体情形,但依据法理,应包含在该条"等"利益中。胎儿出生后的生活有赖于父母对其抚养,因本案事故造成胎儿父亲死亡,其赖以生存的重要保障将会缺失,此时对其抚养费的保障,亦是保障其生存权益的一项根本利益,胎儿出生后对此依赖同样存在,故赋予胎儿对抚养费的赔偿请求权符合中华人民共和国民法典的上述规定,更有利于保障胎儿的合法民事权益。

相关法条

1. 《中华人民共和国民法典》第十六条　涉及遗产继承、接受赠与等胎儿利益保护的,胎儿视为具有民事权利能力。但是,胎儿娩出时为死体的,其民事权利能力自始不存在。

2. 《中华人民共和国民法典》第一千一百七十九条　侵害他人造成人身损害的,应当赔偿医疗费、护理费、交通费、营养费、住院伙食补助费等为治疗和康复支出的合理费用,以及因误工减少的收入。造成残疾的，还应当赔偿残疾生活辅助具费和残疾赔偿金；造成死亡的，还应当赔偿丧葬费和死亡赔偿金。

3.《中华人民共和国道路交通安全法》第七十六条第一款 机动车发生交通事故造成人身伤亡、财产损失的，由保险公司在机动车第三者责任强制保险责任限额范围内予以赔偿；不足的部分，按照下列规定承担赔偿责任。

（一）机动车之间发生交通事故的，由有过错的一方承担赔偿责任；双方都有过错的，按照各自过错的比例分担责任。

（二）机动车与非机动车驾驶人、行人之间发生交通事故，非机动车驾驶人、行人没有过错的，由机动车一方承担赔偿责任；有证据证明非机动车驾驶人、行人有过错的，根据过错程度适当减轻机动车一方的赔偿责任；机动车一方没有过错的，承担不超过百分之十的赔偿责任。

4. 最高人民法院《关于审理人身损害赔偿案件适用法律若干问题的解释》第十七条 被扶养人生活费根据扶养人丧失劳动能力程度，按照受诉法院所在地上一年度城镇居民人均消费性支出和农村居民人均年生活消费支出标准计算。被抚养人为未成年人的，计算至十八周岁；被抚养人无劳动能力又无其他生活来源的，计算二十年。但六十周岁以上的，年龄每增加一岁减少一年；七十五周岁以上的，按五年计算。

被扶养人是指受害人依法应当承担抚养义务的未成年人或者丧失劳动能力又无其他生活来源的成年近亲属。被扶养人还有其他扶养人的，赔偿义务人只赔偿受害人依法应当负担的部分。被扶养人有数人的，年赔偿总额累计不超过上一年度城镇居民人均消费性支出额或者农村居民人均年生活消费支出额。

5. 最高人民法院《关于审理道路交通事故损害赔偿案件适用法律若干问题的解释》第十三条 同时投保机动车第三者责任强制保险（以下

简称交强险）和第三者责任商业保险（以下简称商业三者险）的机动车发生交通事故造成损害，当事人同时起诉侵权人和保险公司的，人民法院应当依照民法典第一千二百一十三条的规定，确定赔偿责任。

被侵权人或者其近亲属请求承保交强险的保险公司优先赔偿精神损害的，人民法院应予支持。

未成年人与保险公司签订的保险合同是否有效

（第 17 条）

基本案情

陈某甲于 2000 年 9 月 1 日出生，2017 年 5 月 17 日，陈某甲在某汽车销售服务有限公司购买了轿车一台，并于当天向某保险公司投保了机动车商业保险和机动车交通事故责任强制保险。在签署上述保险合同时，年龄未满 18 周岁。陈某甲于 2017 年 6 月 20 日无证驾驶该轿车与对向未在右侧车道行驶的当事人李某驾驶的货车相撞，致使两车受损，后当事人陈某甲弃车逃离现场。公安局交通警察大队出具道路交通事故认定书认定：陈某甲与李某对此事故负同等责任。陈某甲认为其投保时年龄未满 18 周岁，不具有民事行为能力，其父陈某乙对其自行投保的行为并不知情，事后亦未予以追认，故诉至法院，请求确认保险合同无效，并判令保险公司向陈某甲全额退还保险费。

问题描述

本案的争议焦点是，未成年人购买机动车后，与保险公司签订的保险合同是否有效。

裁判情况

法院经审理后认为，陈某甲系未成年人，作为高中学生并无独立经济收入，无机动车驾驶证，而保险公司在陈某投保时，并未对陈某甲身份进行审核，该行为并非纯获利益的民事法律行为或者与其年龄、智力相适应的民事法律行为，且该行为未获得法定代理人同意或追认。根据《中华人民共和国民法总则》第17条①规定，"十八周岁以上的自然人为成年人。不满十八周岁的自然人为未成年人"；第19条②规定，"八周岁以上的未成年人为限制民事行为能力人，实施民事法律行为由其法定代理人代理或者经其法定代理人同意、追认，但是可以独立实施纯获利益的民事法律行为或者与其年龄、智力相适应的民事法律行为"；以及《中华人民共和国合同法》第47条第1款③规定，"限制民事行为能力人订立的合同，经法定代理人追认后，该合同有效，但纯获利益的合同或者与其年龄、智力、精神健康状况相适应而订立的合同，不必经法定代理人追认"。本案诉争的保险合同系无效合同。根据《中华人民共和国合同法》第58条④"合同无效或者被撤销后，因该合同取得的财产，应当予以返还；不能返还或者没有必要返还的，应当折价补偿。有过错的一方应当赔偿对方因此所受到的损失，双方都有过错的，应当各自承担相应的责任"的规定，对陈某甲要求保险公司返还保险费的诉讼请求应当予以支持。因陈某系无证驾驶并逃逸，违反了《中华人民共和国道路交通安全法》第19条、第86条的强制性规定，根据公安局交通警察大队出具的《道路交通事故认定书》，陈某甲对交通事故的发

---

① 现《中华人民共和国民法典》第17条。——编者注
② 现《中华人民共和国民法典》第19条。——编者注
③ 参见《中华人民共和国民法典》第一百四十五条。——编者注
④ 参见《中华人民共和国民法典》第一百五十七条。——编者注

生负同等责任。保险公司在陈某甲的交通事故中并无过错,保险公司不应承担相应保险赔偿责任。

裁判结论:案涉保险合同无效,保险公司向陈某甲全额退还保险费。

释法析理

成年不仅意味着其可以独立行使更多的权利,更意味着要独立承担更多的义务,拥有更大自主权的同时,也要对自己的行为后果独立负责。与成年概念相对的是未成年,不满18周岁的自然人为未成年人。未成年人的身体、心智发育还没有完全成熟,我国为保护未成年人的身心健康,保障未成年人的合法权益,促进未成年人全面发展,制定了一系列关于未成年人保护的法律法规。在民法中区分成年人与未成年人的法律意义之一,即判断民事法律行为的效力。成年人可以独立实施民事法律行为,未成年人只可以独立实施部分民事法律行为,实施其他民事法律行为要经过法定代理人的同意或者追认。

相关法条

1.《中华人民共和国民法典》第十七条 十八周岁以上的自然人为成年人。不满十八周岁的自然人为未成年人。

2.《中华人民共和国民法典》第十九条 八周岁以上的未成年人为限制民事行为能力人,实施民事法律行为由其法定代理人代理或者经其法定代理人同意、追认;但是,可以独立实施纯获利益的民事法律行为或者与其年龄、智力相适应的民事法律行为。

未成年人造成他人损害必然由其监护人承担赔偿责任吗

（第 18 条）

基本案情

2015 年 7 月 6 日，刘某在某保险公司为其所有的普通二轮摩托车投保了交强险。同年 9 月 4 日，刘某驾驶该车与行人郭某甲相撞，造成郭某甲经抢救无效死亡的交通事故。案发时，刘某尚未满 18 周岁，但已满 16 周岁且已工作，有稳定的收入来源。关于该事故引发的人身损害赔偿纠纷案件，人民法院经审理，于 2016 年 5 月 6 日判决保险公司支付郭某乙（郭某甲之子）各项赔偿费用 113505.24 元。判决生效后，保险公司向郭某乙支付了赔偿款。由于与肇事相关方不能就赔偿费用追偿达成一致，保险公司于 2017 年 6 月 20 日向法院提起诉讼，请求判令作为刘某监护人的杜某某、刘某某承担赔偿责任。

问题描述

侵权人因民事侵权行为造成他人损害的，应当承担相应的损害赔偿责任，侵权人为不完全民事行为能力人的，赔偿责任应由其监护人承担。本案中，刘某案发时尚未满 18 周岁，但已满 16 周岁且已工作，有稳定的收入来源。本案的争议焦点是，刘某是否为完全民事行为能力人，保险公司可否向其父母行使追偿权。

裁判情况

法院经审理认为，虽然事故发生时刘某系未成年人，但刘某已满16周岁，且以自己的劳动收入为主要生活来源，应视为完全民事行为能力人，其民事责任应当独立承担，而不应由其监护人承担，故保险公司要求杜某某、刘某某承担连带责任的诉讼请求，不予支持。

裁判结论：驳回保险公司的诉讼请求。

释法析理

民事行为能力是民事主体独立参与民事活动，以自己的行为取得民事权利或者承担民事义务的法律资格。完全民事行为能力，就是自然人能以自己的行为独立享有民事权利，承担民事义务的资格。16周岁以上的未成年人，视为完全民事行为能力人，需符合两个条件：一是有劳动收入；二是该劳动收入为其主要生活来源。需注意，劳动收入仅指因"劳动"而取得的收入，不等同于"财产"或"收入"，如通过接受赠与或继承取得的财产，即使再多，也无法因此而视为完全民事行为能力人。

《中华人民共和国民法典》第18条第2款规定，"十六周岁以上的未成年人，以自己的劳动收入为主要生活来源的，视为完全民事行为能力人"。本案中，刘某虽在事故发生时尚未满18周岁，但已满16周岁且已工作，有稳定的收入来源，应视其为完全民事行为能力人，且刘某在投保时虽未满18周岁，但保险公司仍然认可了其投保行为。因此，刘某作为完全民事行为能力人，其民事责任应独立承担，其监护人杜某某、刘某某不再承担连带赔偿责任。

相关法条

《中华人民共和国民法典》第十八条　成年人为完全民事行为能力人，可以独立实施民事法律行为。

十六周岁以上的未成年人，以自己的劳动收入为主要生活来源的，视为完全民事行为能力人。

"熊孩子"花费巨款打游戏该由谁买单

◆（第 19 条）◆

📄 基本案情

"某游"是某公司运营管理的游戏平台，用户可通过该平台进行游戏下载、获取游戏推荐信息和其他信息、与其他用户进行互动等。该平台以填写身份信息、上传有效身份证件照片等方式来进行注册账号的实名认证，系统自动调配认证。"U点"是某游虚拟货币，可用于某游平台上的游戏的支付充值、开通某游会员等，用户向某游平台充值人民币1元可获得10U点。

2018年，刘某甲用父亲刘某乙的身份证号码及手机号码注册ID为99×××的某游账户，注册时认证的姓名为刘某乙。2018年某日，刘某乙的支付宝账户通过花呗、储蓄卡、余额宝等付款方式分七次向某公司共支付20240元，用于购买会员服务和向账户99×××充值价值共计人民币20000元的U点。刘某以向某公司支付20240元是其儿子刘某甲误操作为由诉至法院，请求判令某公司退还会员服务费及游戏充值款20240元。

🔍 问题描述

随着互联网时代的高速发展，网络消费逐渐成为人们日常消费的重要方式。近年来不断有报道，有些未成年人擅自通过网络进行大额消费，内容涉及网络游戏、网络直播和网购等，由此引发了一系列网络消费纠纷。本案的争议焦点是，如何认定未成年人为充值行为的实施者；如果确为未成年人充值，那么未成年人大额消费是否有效；监护人是否可以要求平台退款。

裁判情况

本案经过一审、二审。法院经审理认为，涉案充值账号注册时间和充值时间相隔较长，且在 2018 年某日的 9 时 15 分至 19 时 51 分间，密集购买两次 12 个月的会员服务和大额充值 U 点，与正常成年人的消费习惯不符，加之该充值账户后续使用昵称更符合未成年人角色命名偏好，综合考虑双方的庭审陈述、出示的证据，案涉的充值账户为刘某甲使用刘某乙的个人信息注册登录，并使用刘某乙的支付宝账户进行支付充值的可能性较大，认定充值行为为刘某甲所为。关于某公司是否应当承担责任以及如何承担责任的问题，一方面，根据法律规定，8 周岁以上的未成年人为限制民事行为能力人，实施民事法律行为由其法定代理人代理或者经其法定代理人同意、追认。刘某甲为账户 99×××注册、充值消费时为 9 至 10 周岁，为限制民事行为能力人，刘某甲未经法定代理人刘某乙同意，向某公司支付 20240 元进行游戏充值，该大额支付行为与其年龄、智力以及受教育程度等明显不相符，在刘某甲的法定代理人刘某乙明确表示不予追认的情况下，该民事法律行为无效。另一方面，监护人应当对被监护人尽到有效监管责任，且对个人的身份信息和账户密码也应尽到谨慎管理的义务，在未成年人有高额消费等不当行为时，应当及时制止并进行教育。法院认为，本案中刘某乙作为刘某甲的监护人，没有进行有效监管，同时在发现刘某甲大额充值后没有及时采取合理措施，致使损失进一步扩大，刘某甲及其监护人刘某乙对此具有重大过错，应承担主要责任。从服务提供方而言，平台应尽可能采取有效的技术措施识别和阻拦未成年人使用成年人的身份信息、手机、银行卡进行账号注册和充值消费，并在发现未成年人有不当消费时，应当采取措施及时进行限制。因此，本案中某公司作为提供网络游戏相关服务的平台也存在一定的过错，应承担次要责任。

因此，综合考虑双方的庭审陈述、出示的证据，认定案涉的充值账户为刘某甲使用刘某乙的个人信息注册登录，并使用刘某乙的支付宝账户进行支付充值，对此原告、被告双方均无异议。关于某公司应如何承担责任的问题，综合考虑合同无效的原因、履行情况、双方的过错程度和损失情况，某公司应给予部分钱款的返还。

裁判结论：某公司向刘某甲返还案涉账户剩余U点的价值177元，另向刘某甲赔偿已消耗的充值款20063元的三分之一价值即6688元，共支付6865元，其余损失由刘某乙及其监护人承担。

释法析理

在未成年人充值游戏、直播平台争议中，对其行为的有效性需要结合未成年人的实际年龄和充值金额进行个案分析。如果未成年人对游戏、直播平台的充值金额较小，可以认定该行为与未成年人年龄、智力相适应，其行为符合法律规定，为有效的民事行为。但如果未成年人出现大额充值，则应认为该行为明显超出了未成年人的年龄、智力状况，如未经法定代理人同意或追认，该充值行为无效。但网络交易中双方当事人并不见面，未成年人为了规避防沉迷网络措施等经常会使用成年人的身份进行注册，网络游戏、直播经营者作为交易对方通常难以通过网络信息来认定消费者是否具有与其年龄、智力、精神健康状况相符的行为能力。电子商务法规定，在电子商务中推定当事人具有相应的民事行为能力人，但有相反证据足以推翻的除外。因此，应由未成年人及其法定代理人拿出证据证明充值行为是由未成年人实施的。

未成年人进行网络消费时，监护人有义务引导、教育未成年人树立正确的消费观念。支付宝、网银账户关系到切身财产权利，家长在日常生活中应当妥善保管，不应随意告知未成年人相关信息。家庭教育永远是保护未成年人合法权益的第一道防线，监护人永远是未成年人健康成长的守护者和第一责任人，监护人不应推卸自己的监护责任，与此同时，网络游戏、直播平台也应当严守行业规范和社会公德，与学校教育、法律规范共同携手构建有利于未成年人健康成长的社会环境。

相关法条

1. 《中华人民共和国民法典》第十九条　八周岁以上的未成年人为限制民事行为能力人，实施民事法律行为由其法定代理人代理或者经其法定代理人同意、追认；但是，可以独立实施纯获利益的民事法律行为或者与其年龄、智力相适应的民事法律行为。

2. 《中华人民共和国民法典》第一百五十七条　民事法律行为无效、被撤销或者确定不发生效力后，行为人因该行为取得的财产，应当予以返还；不能返还或者没有必要返还的，应当折价补偿。有过错的一方应当赔偿对方由此所受到的损失；各方都有过错的，应当各自承担相应的责任。法律另有规定的，依照其规定。

3. 《中华人民共和国电子商务法》第四十八条　电子商务当事人使用自动信息系统订立或者履行合同的行为对使用该系统的当事人具有法律效力。

在电子商务中推定当事人具有相应的民事行为能力。但是，有相反证据足以推翻的除外。

父母代理学龄前儿童与幼儿园签订合同是否合法有效

(第 20 条)

基本案情

2014年3月,廉某甲在某幼儿园开始接受学前教育。廉某甲之母孙某作为幼儿家长在《某童话国际幼儿园收退费标准》(以下简称《收退费标准》)上签字确认,其中关于收费和退费标准作出相应约定。2015年3月,廉某甲在某幼儿园上学数日后即未再到园并要求退园。2015年6月15日,某幼儿园根据《收退费标准》经核算后退还廉某甲保教费及伙食费共计11574元,廉某甲之父廉某乙领取该笔款项并在支出凭单上签字确认。此后,因廉某甲家长与某幼儿园就退费金额发生争议,故廉某甲于2017年8月16日向法院提起诉讼,后于2018年7月25日经法院准许撤回起诉。因双方再次协商未果,故廉某甲于2019年7月3日再次就本案起诉。

问题描述

廉某甲的父亲廉某乙主张《收退费标准》无效,认为廉某甲监护人孙某补签《收退费标准》是为证明廉某甲入园时缴纳的费用名目及金额,廉某甲不认可该收退费标准。某幼儿园认为,《收退费标准》系孙某与被告签订的合同,廉某甲不是本案适格原告,请求依法裁定驳回原告的起诉；原告的诉讼请求已经超过诉讼时效。本案的争议焦点是：（1）廉某甲的母亲孙某与幼儿园所签的《收退费标准》是否有效，廉某甲是否具有诉讼资格；（2）廉某甲的请求是否已超过诉讼时效。

裁判情况

法院经审理认为，廉某甲系无民事行为能力人，其母孙某作为监护人在《收退费标准》上签字确认合法有效，廉某甲作为某幼儿园实际接收学龄前教育的儿童，与本案有直接利害关系，符合原告主体资格。2015年6月15日廉某乙领取退费后，廉某乙因主张权利与某幼儿园产生争议并于2015年10月15日报警，构成诉讼时效中断，2017年8月16日提起诉讼至2018年7月25日撤诉，诉讼时效再次中断，至2019年7月3日提起本诉，未超过法定诉讼时效。

裁判结论：某幼儿园返还廉某甲差额费用共计5395.3元。

释法析理

《中华人民共和国民法典》第20条规定，"不满八周岁的未成年人为无民事行为能力人，由其法定代理人代理民事法律行为"。本条规定的目的在于确立8周岁以下未成年人无民事行为能力，对低幼未成年人提供绝对保护；同时，本条还确立了不满8周岁未成年人参与民事法律行为的规则，即由其法定代理人代理实施民事法律行为。本案涉及学龄前儿童与幼儿园教育培训合同纠纷，学龄前儿童属于无民事行为能力人，其民事行为能力需要由其法定代理人代为实施，同时由其法定代理人代为实施的民事法律行为有效，法定代理人代为签订的合同对双方具有约束力。本案中，廉某甲作为无民事行为能力人接受某幼儿园教育培训，其母亲作为法定代理人代其与某幼儿园签订《收退费标准》的民事法律行为符合《中华人民共和国民法典》第20条规定，合法、有效，对双方都具有约束力。廉某甲作为合同当事人，具有向法院提起诉讼的主体资格；同时在本案中，廉某甲的父亲廉某乙作为廉某甲的法定代理人，代其提起民事诉讼，也是完全符合法律规定的。

相关法条

1.《中华人民共和国民法典》第二十条　不满八周岁的未成年人为无民事行为能力人，由其法定代理人代理实施民事法律行为。

2.《中华人民共和国民法典》第一百九十五条　有下列情形之一的，诉讼时效中断，从中断、有关程序终结时起，诉讼时效期间重新计算：

（一）权利人向义务人提出履行请求；

（二）义务人同意履行义务；

（三）权利人提起诉讼或者申请仲裁；

（四）与提起诉讼或者申请仲裁具有同等效力的其他情形。

植物人的诉讼权利应当如何行使

◆（第 21 条）◆

基本案情

乙医院是一家中国人民解放军医院，甲医院系乙医院的一个院区，对外开展医疗服务，自 2018 年 9 月 18 日起权利义务由甲医院享有和承担。2015 年 6 月 3 日，被告林某花入住甲医院，入院记录脑梗塞致神志不清伴右侧肢体活动障碍 3 月余，到甲医院康复科进行康复治疗。入院检查：神志朦胧，精神软，失语，可自主睁眼。辅助检查：2015 年 4 月 11 日医院 CT 显示：两侧侧脑室旁散在、腔隙灶，两枕叶梗塞。入院诊断为脑梗塞、高血压病、Ⅱ型糖尿病。补充诊断：（1）肺部感染；（2）呼吸衰竭；（3）气管切开术后。入院后完善相关辅助检查，并给予对应治疗，2015 年 8 月 24 日实施气管切开手术，2015 年 8 月 28 日甲医院对林某花进行留置深静脉手术，之后林某花无法脱离呼吸机，长期昏迷，在甲医院诊疗。林某花于 2015 年缴纳医疗费 77200 元，扣除医保费用外的自费医疗费共计 960383.78 元（2015 年 6 月 3 日至 2019 年 8 月 2 日），护理费从 2017 年 11 月至 2019 年 7 月，每月 6000 元，总计 126000 元，自费医疗费和护理费尚未支付。乙医院向法院起诉要求林某花支付所欠医疗费、护理费。林某花丈夫林某芬作为法定代理人、儿子林某丰作为诉讼代理人参加诉讼。

问题描述

被告林某花主张其是否属于无民事行为能力需要通过特别程序予以认定。原告乙医院认为，林某花目前系植物人生存状态，双方对此均认可。林某花不能辨认自己的行为，无法行使相应的诉讼权利，没有必要再对林某花的行为能力进行鉴定。本案的争议焦点是，未经法院特别程序认定，法院是否可以认为林某花为无民事行为能力人，由其法定代理人代理参加诉讼。

裁判情况

法院经审理认为，林某花自2015年8月28日昏迷至今，现处于植物人生存状况，双方对该事实均无异议，林某花属于不能辨认自己行为的成年人，对该事实的判断并非必须经过特别程序作出认定。不能辨认自己行为的成年人为无民事行为能力人，由其法定代理人代为实施民事法律行为。无民事行为能力人的监护人是其法定代理人。有监护能力的配偶系无民事行为能力成年人的第一顺位监护人。林某花的丈夫林某芬以法定代理人身份参与本案诉讼符合法律规定，同时林某芬以法定代理人身份委托林某丰作为诉讼代理人参与本案诉讼亦符合法律规定。

裁判结论：林某花向乙医院支付医疗费960383.78元、护理费126000元。

释法析理

《中华人民共和国民法典》第21条规定，"不能辨认自己行为的成年人为无民事行为能力人，由其法定代理人代理实施民事法律行为。八周岁以上的未成年人不能辨认自己行为的，适用前款规定"。结合《中华人民共和国民法典》第20条规定，可以理解为，8周岁以下者、不能辨认自己行为的 8 周岁以上未成年人以及成年人，均为无民事行为能力人。换句话说，所有完全不能辨认自己行为的自然人都是无民事行为能力人。只不过 8 周岁以下者，属于法律强制规定为无民事行为能力人；而超过 8 周岁的未成年人，原则上是限制民事行为能力人，如果不能辨认自己行为，则为无民事行为能力人。关于"8 周岁以上不能辨认自己行为的未成年人或成年人"都属于无民事行为能力人，这里应当做限缩性解释，因为暂时不能辨认自己行为的未成年人或成年人都不属于无民事行为能力人，只有持续地不能辨认自己行为的成年人或 8 周岁以上的未成年人才属于无民事行为能力人。比如，醉酒之后不省人事（俗称"断片儿"）显然属于不能辨认自己行为的情形，但这绝对不能认定其属于无民事行为能力人。本案中，林某花因脑梗塞，继而长期处于昏迷状态，其完全不能辨认自己的行为，根本没有行为能力，此状态下的林某花就是为无民事行为能力人，其民事行为由其法定代理人代理实施。

相关法条

《中华人民共和国民法典》第二十一条　不能辨认自己行为的成年人为无民事行为能力人，由其法定代理人代理实施民事法律行为。

八周岁以上的未成年人不能辨认自己行为的，适用前款规定。

存在精神障碍的成年人独立实施民事行为有效吗

◆（第 22 条）◆

基本案情

2010 年 3 月 21 日，某农商行与宋某涛、宋某海、宋某芹签订《农户最高额联合保证借款合同》。合同约定：借款人为宋某涛，联合保证人为宋某海、宋某芹，到期日为 2013 年 3 月 13 日。某农商行于 2012 年 3 月 14 日将 9 万元贷款发放给宋某涛履行了合同义务。但宋某涛等三人皆未归还贷款本息。某农商行将宋某涛、宋某海、宋某芹诉至法院，请求判令宋某涛偿还某农商行借款本金 9 万元及相应利息，宋某海、宋某芹对以上债务承担连带偿还责任。另外，宋某芹自 2007 年 10 月被诊断为精神分裂症，残疾等级为四级。

问题描述

本案的争议焦点是，宋某芹是不是完全民事行为能力人；宋某芹实施的担保行为是否有效。

裁判情况

法院经审理认为，原告某农商行与被告宋某涛、宋某海、宋某芹签订的《农户最高额联合保证借款合同》，是双方真实意思表示，内容及形式并不违反法律，应为有效。原告将9万元贷款于2012年3月14日发放给宋某涛履行了合同义务。宋某芹提交的病历及鉴定结论显示其自2007年10月即被诊断为精神分裂症，残疾等级为四级，应认定为不能完全辨认自己行为的限制民事行为能力人。宋某芹作为限制民事行为能力人，在该案实施的借款担保行为并未经法定代理人同意，事后也未获追认，应属无效，其不应对涉案借款承担保证责任。

裁判结论：被告宋某涛于判决书生效后10日内偿还原告某农商行借款本金9万元及相应利息，被告宋某海对以上债务承担连带偿还责任，宋某海承担连带偿还责任后可依法向宋某涛行使追偿权。

释法析理

与无民事行为能力的成年人不同，限制民事行为能力的成年人对比较重大的行为缺乏判断能力和自我保护能力，并且不能预见其行为后果。因此，其除可以独立实施部分民事法律行为外，一般由其法定代理人代理或同意、追认。不能完全辨认自己行为的成年人，经法院依法宣告为限制民事行为能力人后，其独立实施的与其智力或精神健康状况不相适应的民事法律行为才无效。未经依法宣告为限制民事行为能力的人，其所独立实施的与其智力、精神状况不相适应的民事法律行为并不当然无效，而应由其利害关系人主张法律行为无效。需要注意的是，主张无效的主体应就行为人因智力、精神状况而导致其不能完全辨认自己行为的性质承担举证责任。

本案中，宋某芹提交的病历及鉴定结论显示其自2007年10月即被诊断为精神分裂症，残疾等级为四级，应认定为不能完全辨认自己行为的限制民事行为能力人。涉案借款担保合同相较一般的民事法律行为，具有更为复杂、重大的性质特点，宋某芹作为存在精神障碍的限制民事行为能力人，实施该民事法律行为应由其法定代理人代理或同意、追认。因宋某芹在该案中实施的借款担保行为并未经法定代理人同意，事后也未获追认，应属无效，其不应对涉案借款承担保证责任。

相关法条

《中华人民共和国民法典》第二十二条 不能完全辨认自己行为的成年人为限制民事行为能力人，实施民事法律行为由其法定代理人代理或者经其法定代理人同意、追认；但是，可以独立实施纯获利益的民事法律行为或者与其智力、精神健康状况相适应的民事法律行为。

爷爷奶奶能不能和孩子的母亲争抚养权

◆（第 23 条）◆

基本案情

应某甲为学龄前儿童，应某甲的父亲王某和朱某于 2015 年 5 月 18 日同居生活，未办理结婚登记，并于 2016 年 8 月 19 日生育应某甲，现年 2 岁。王某于 2017 年 12 月 20 日发生交通事故死亡后，经法院判决共获得赔偿款 187850.76 元，因当时应某甲的法定监护人朱某未能到庭，现此款已由应某甲的爷爷应某乙、奶奶蒲某某领取，除安葬应某甲之父耗费 30000 元外，剩余 157850 元现由应某乙、蒲某某保管。另查明，王某小时候过继给王姓家，所以姓王姓，实际上是应某乙、蒲某某之子。应某甲的母亲朱某作为其法定代理人经多次与应某乙、蒲某某商议分割因王某死亡所获得的赔偿款未果，诉至法院。

问题描述

本案的争议焦点是，原告应某甲法定代理人朱某主张抚养应某甲和代管应某甲的抚养费有无事实依据和法律依据；能否得到法律的支持。

裁判情况

法院经审理认为，无民事行为能力人和限制民事行为能力人的监护人是法定代理人，父母是未成年人的监护人，未成年人的父母死亡或者没有监护能力的，祖父母才能享有监护权。本案中，原告应某甲尚属未成年人，与其母有直接的亲情关系，由其抚养更为有利，作为祖父母的应某乙、蒲某某年岁已高，不宜抚养一个尚只有 2 岁的孩子。故原告法定代理人朱某主张抚养应某甲和代管应某甲的应得共有财产的请求于法有据。

裁判结论：原告应某甲由其法定监护人朱某抚养；被告应某乙、蒲某某退出原告应某甲的份额 52600 元，由原告应某甲的法定监护人朱某代管。

释法析理

《中华人民共和国民法典》第 23 条规定，"无民事行为能力人、限制民事行为能力人的监护人是其法定代理人"。监护是我国民法典规定的对于无民事行为能力人和限制民事行为能力人的人身、财产及其他合法权益进行监督、保护的一项制度，从其本质上讲就是对缺乏行为能力人的监督和照顾制度。设立的目的主要是保护无民事行为能力人和限制民事行为能力人的合法权益，从而维护社会秩序的稳定。本案中，原告应某甲为 2 岁的学龄前儿童，属于无民事行为能力人，应由其法定代理人代理实施民事法律行为。朱某是应某甲的母亲，根据《中华人民共和国民法典》第 27 条规定，朱某是应某甲的第一顺序法定监护人，目前应某甲的父亲死亡，只有在朱某死亡或者没有监护能力的情况下，才能由应某甲的第二顺序监护人即祖父母、外祖父母监护。故本案应某甲应由其母亲朱某抚养。

相关法条

1.《中华人民共和国民法典》第二十三条　无民事行为能力人、限制民事行为能力人的监护人是其法定代理人。

2.《中华人民共和国民法典》第二十七条　父母是未成年子女的监护人。

未成年人的父母已经死亡或者没有监护能力的,由下列有监护能力的人按顺序担任监护人:

(一)祖父母、外祖父母;

(二)兄、姐;

(三)其他愿意担任监护人的个人或者组织,但是须经未成年人住所地的居民委员会、村民委员会或者民政部门同意。

谁可以向人民法院申请认定成年人的民事行为能力

(第 24 条)

基本案情

吕某与张某系夫妻。张某患病数年、长期卧床不起、神志不清、大小便失禁、不能自理,张某被医院诊断为脑梗死后遗症、帕金森综合征、继发性癫痫、高血压3级(极高危)、胸腔积液等。因此,吕某向法院申请认定张某为无民事行为能力人。经吕某申请,法院委托司法鉴定所进行鉴定,司法鉴定意见为:被鉴定人张某患有器质性智能损害(痴呆),无民事行为能力。

问题描述

本案的争议焦点是,吕某是否有资格向法院申请认定张某为无民事行为能力人。

裁判情况

法院经审理认为,被申请人张某被鉴定患有器质性智能损害(痴呆),目前症状较明显,无自知力,属于不能辨认自己行为的成年人,应当认定为无民事行为能力人。根据法律规定,无民事行为能力的成年人的监护人由其配偶、父母、成年子女及其他近亲属担任。申请人吕某作为被申请人张某之配偶,而且经被申请人张某之女等亲属确认同意其为监护人,故申请人吕某要求指定其为张某监护人的请求有法律依据,应予准许。

裁判结论:认定张某为无民事行为能力人,指定吕某为张某的监护人。

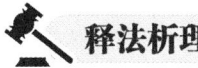

释法析理

《中华人民共和国民法典》第24条是关于限制民事行为能力或者无民事行为能力的认定及撤销制度。受"家丑不可外扬"思想的影响,绝大多数人都不愿意向法院申请认定其家人为无民事行为能力人或者限制民事行为能力人。但如果不予以认定,一方面,交易相对人与之所缔结的法律行为会因其行为能力欠缺而存在效力瑕疵,于保护相对人不利;另一方面,对于无民事行为能力或限制行为能力人的权益保护而言,比如,申请生活保障、医疗、参加诉讼等很多方面,则有很多不便。本案中,张某患病数年、神志不清、生活不能自理,经司法鉴定为患有器质性智能损害(痴呆),属于不能辨认自己行为的成年人,吕某作为其丈夫,系利害关系人,有权向法院申请认定张某为无民事行为能力人,同时指定其为张某的监护人,以更好地保护张某的民事权益。

相关法条

1.《中华人民共和国民法典》第二十四条 不能辨认或者不能完全辨认自己行为的成年人,其利害关系人或者有关组织,可以向人民法院申请认定该成年人为无民事行为能力人或者限制民事行为能力人。

被人民法院认定为无民事行为能力人或者限制民事行为能力人的,经本人、利害关系人或者有关组织申请,人民法院可以根据其智力、精神健康恢复的状况,认定该成年人恢复为限制民事行为能力人或者完全民事行为能力人。

本条规定的有关组织包括：居民委员会、村民委员会、学校、医疗机构、妇女联合会、残疾人联合会、依法设立的老年人组织、民政部门等。

2.《中华人民共和国民法典》第二十八条 无民事行为能力或者限制民事行为能力的成年人，由下列具有监护能力的人按顺序担任监护人：

（一）配偶；

（二）父母、子女；

（三）其他近亲属；

（四）其他愿意担任监护人的个人或者组织，但是须经被监护人住所地的居民委员会、村民委员会或者民政部门同意。

住所就是实际经常居住的地方吗

（第25条）

基本案情

原告刘某与被告李某是朋友关系，2016年至2017年间，刘某分多次以银行转账的形式向李某出借131万元，后李某在2017年4月24日归还40万元，其余款项至今未还。刘某将李某诉至A法院。李某提出异议认为，根据李某的经常居住地，本案应由B法院管辖，并向A法院提供了其居住社区居委会出具的居住证明1张。

问题描述

自然人之间发生民事纠纷时，向人民法院提起诉讼是维护自身合法权益的重要途径，但应该具体向哪个法院提起呢？《中华人民共和国民事诉讼法》第21条第1款规定，"对公民提起的民事诉讼，由被告住所地人民法院管辖；被告住所地与经常居住地不一致的，由经常居住地人民法院管辖"。本案中，原告刘某认为被告李某户籍在A地，自然应该由A法院管辖；被告李某认为，自己经常居住在B地，应该由B法院管辖，并提起了管辖权异议。本案的争议焦点是，应当到李某户籍所在地起诉还是经常居住地法院起诉。

裁判情况

A 法院经审查认为，被告李某提供的社区居委会出具的居住证明证实了李某的经常居住地，并非 A 法院辖区，原、被告双方关于借款合同的履行地亦不在 A 法院辖区，故 A 法院对本案无管辖权。被告李某向 A 法院提出的管辖异议成立，本案应移送 B 法院处理。

裁判结论：被告李某对管辖权提出的异议成立，本案移送 B 法院处理。

释法析理

公民的住所地，是指公民的户籍所在地；法人或者其他组织的住所地，是指法人或者其他组织的主要办事机构所在地；公民的经常居住地，是指公民离开住所地至起诉时已连续居住一年以上的地方，但公民住院就医的地方除外。随着时代的发展，人口流动愈加频繁，住所地与经常居住地不一致的情况时有发生，案件的管辖属于民事诉讼法调整的范畴，但是，民事诉讼作为程序法，其中涉及的关于"住所地""经常居住地"等实体概念则需要民法予以规范。《中华人民共和国民法典》第25条规定，"自然人以户籍登记或者其他有效身份登记记载的居所为住所；经常居所与住所不一致的，经常居所视为住所"。据此，原告刘某与被告李某发生借贷纠纷，在李某能够证明其经常居住地的情况下，应当由经常居住地法院管辖。

相关法条

1.《中华人民共和国民法典》第二十五条　自然人以户籍登记或者其他有效身份登记记载的居所为住所；经常居所与住所不一致的，经常居所视为住所。

2.《中华人民共和国民事诉讼法》第二十一条 对公民提起的民事诉讼，由被告住所地人民法院管辖；被告住所地与经常居住地不一致的，由经常居住地人民法院管辖。

对法人或者其他组织提起的民事诉讼，由被告住所地人民法院管辖。

同一诉讼的几个被告住所地、经常居住地在两个以上人民法院辖区的，各该人民法院都有管辖权。

3. 最高人民法院《关于适用〈中华人民共和国民事诉讼法〉的解释》第三条 公民的住所地是指公民的户籍所在地，法人或者其他组织的住所地是指法人或者其他组织的主要办事机构所在地。

法人或者其他组织的主要办事机构所在地不能确定的，法人或者其他组织的注册地或者登记地为住所地。

4. 最高人民法院《关于适用〈中华人民共和国民事诉讼法〉的解释》第四条 公民的经常居住地是指公民离开住所地至起诉时已连续居住一年以上的地方，但公民住院就医的地方除外。

承包地交由大儿子耕种小儿子不支付赡养费为哪般

(第 26 条)

基本案情

原告彭某甲有二子一女,长子彭某乙,次子彭某丙,女儿彭某丁,均已成婚。原告的妻子已经去世多年。现原告年老体弱,丧失劳动能力,需要赡养。长子彭某乙和女儿彭某丁均能履行赡养义务,彭某丙以彭某甲的承包地没有分给其耕种为由,未履行给付赡养费的义务。原告分有承包地约3.5亩,现由其长子彭某乙耕种。彭某甲向法院起诉要求次子彭某丙履行赡养义务,支付赡养费。

问题描述

本案的争议焦点是,成年子女赡养父母是否附有条件。

裁判情况

法院经审理认为,被告彭某丙系原告彭某甲的儿子,在原告年老体弱,丧失劳动能力之时,理应尽赡养父亲的义务。原告要求被告履行赡养义务的诉讼请求符合法律规定,应予支持。被告未分给其耕地的答辩理由不符合法律规定,不予采纳。原告有二子一女,被告应负担其赡养费的三分之一。

裁判结论:被告彭某丙按照每年3429元的标准给付原告生活费。

释法析理

《中华人民共和国民法典》第26条规定了父母对未成年子女的抚养、教育和保护义务,还规定了成年子女对父母的赡养、扶助和保护义务。子女对父母履行赡养扶助义务,是对家庭和社会应尽的责任。本案中,彭某丙以父亲承包地由其哥哥耕种,未给其分配为由拒绝赡养父亲,于法、于理、于情都是说不通的,不仅违背基本的公序良俗,同时也违法。赡养、关心、爱护、尊重父母是中华民族的传统美德,更是法律规定的义不容辞的责任和义务,该义务没有条件可谈,应当不打折扣地履行。同时,儿子和女儿都有义务赡养父母,已婚妇女也应当赡养父母。

相关法条

《中华人民共和国民法典》第二十六条 父母对未成年子女负有抚养、教育和保护的义务。

成年子女对父母负有赡养、扶助和保护的义务。

未成年人的监护人应当如何确定

（第 27 条）

基本案情

黄某甲与李某甲恋爱同居，未登记结婚，并于 2012 年生下一子黄某乙。2017 年 10 月，李某甲因病离世。2018 年春节前夕，黄某乙的爷爷奶奶，即被告李某乙、陈某某因为想念孙子，便到黄某甲家将孙子接回家中过年，春节期间黄某乙一直在爷爷奶奶家居住生活。春节过后，原告黄某甲及其亲属多次到爷爷奶奶家想接回黄某乙，但一直未能将孩子接回。原告不得已只能向法院提起民事诉讼，要求确认黄某甲对儿子黄某乙的监护权，判令两被告送还儿子给原告。

问题描述

日常生活中，由于幼儿的父亲因故去世，孩子由爷爷奶奶抚养的事例屡见不鲜，也经常会出现孩子的爷爷奶奶跟孩子的母亲因抚养权问题发生纠纷的情况，这种情况下，孩子的监护权到底应该如何确定呢？本案就属于这种情况。本案的争议焦点是，当未成年人的父母和祖父母、外祖父母在监护权上产生争议时，监护权应当如何确定。

裁判情况

本案经过一审、二审。二审法院经审理认为，父母对未成年子女的权利义务关系是一种法定的亲权关系，依法受法律保护。在无证据证实未成年人的父母没有监护能力，或者有不履行监护职责、侵害被监护人的合法权益的情况下，任何人都不得违背未成年人父母的意志将未成年人带离父母进行抚养。

裁判结论：黄某乙应由其母亲黄某甲监护抚养。

释法析理

父母作为未成年子女的监护人具有法定性、优先性。从世界各国和地区立法情况看，对父母与未成年子女之间的关系，通常设立亲权制度、监护制度等加以规范。具体到我国，由于家族权、父权、夫权在我国影响根深蒂固，"亲权"一词常被顾名思义地理解为父母的权利，并且这一术语在字面上也找不到"义务"的字眼，因此，我国现行立法暂未规定亲权制度，而是参照英美法系，采取统一的监护制度，将父母纳入监护人的范畴。本案中，原告黄某甲是黄某乙的母亲，是黄某乙的法定监护人，依法享有对未成年子女的监护权利并受法律保护。现黄某乙的父亲李某甲已去世，且无证据证实原告黄某甲有不能担任未成年子女的监护人的情形。因此，黄某乙应由其母亲黄某甲监护抚养。

相关法条

《中华人民共和国民法典》第二十七条　父母是未成年子女的监护人。

未成年人的父母已经死亡或者没有监护能力的，由下列有监护能力的人按顺序担任监护人：

（一）祖父母、外祖父母；

（二）兄、姐；

（三）其他愿意担任监护人的个人或者组织，但是须经未成年人住所地的居民委员会、村民委员会或者民政部门同意。

父亲丧失民事行为能力子女可以作监护人吗

（第 28 条）

基本案情

2019 年 11 月 12 日，郑某丁突发脑出血导致意识丧失、左侧偏瘫、陈旧性脑出血，现已完全丧失自理能力。郑某丁经医院诊断为意识丧失、左侧陈旧性脑出血等症。2020 年 5 月 14 日，经法医精神病司法鉴定所出具鉴定意见：郑某丁为无民事行为能力人。郑某丁与妻子章某共生育三名子女，分别是长子郑某甲、次子郑某乙、三子郑某丙。2015 年 10 月 21 日，郑某丁妻子章某因病去世。2020 年 6 月 1 日，长子郑某甲经医院诊断为精神分裂症，郑某丙向法院申请认定其父亲郑某丁为无民事行为能力人，并指定其为父亲郑某丁的监护人。郑某乙作为被申请人郑某丁的代理人参加诉讼，郑某乙称，申请人郑某丙的陈述属实，父亲与母亲章某育有三子，母亲已去世，大哥郑某甲患精神分裂症无监护能力，其同意认定父亲郑某丁为无民事行为能力人，同时请求指定弟弟郑某丙为父亲郑某丁的监护人。

问题描述

本案的争议焦点是，郑某丙作为被申请人的第三子，是否可以作为郑某丁的监护人。

裁判情况

法院经审理认为,申请人提交的被申请人郑某丁的病历资料、诊断书、司法鉴定意见书、户籍资料等证据证实被申请人郑某丁系不能辨认自己行为的成年人,应当认定为无民事行为能力人。

裁判结论:认定郑某丁为无民事行为能力人,指定郑某丙为郑某丁的监护人。

释法析理

设立监护制度是为了保护无民事行为能力人或者限制民事行为能力人的各项民事权益。《中华人民共和国民法典》第28条规定了担任无民事行为能力或者限制民事行为能力成年人的监护人的顺序。配偶是第一顺位监护人,只有在无配偶、配偶死亡或者没有监护能力的情形下,才由第二顺位监护人选担任,父母和子女均属于第二顺序监护人选,享有平等的监护权。近亲属是第三顺序监护人选,第四是其他愿意担任监护人的个人或者组织。同一顺位中有多人的,可以由法院指定,也可以在有监护资格的人之间协议确定监护人。本案中,郑某丁因病被确定为无民事行为能力人,郑某丁妻子已经死亡,监护人只能在第二顺序人选中选择担任,但郑某丁大儿子是精神病患者,不具有监护能力,二儿子和三儿子属同一顺序人选,均具有监护资格,二人根据实际情况,商定由三儿子担任监护人,符合法律规定。

相关法条

《中华人民共和国民法典》第二十八条 无民事行为能力或者限制民事行为能力的成年人,由下列有监护能力的人按顺序担任监护人:

(一)配偶;

（二）父母、子女；

（三）其他近亲属；

（四）其他愿意担任监护人的个人或者组织，但是须经被监护人住所地的居民委员会、村民委员会或者民政部门同意。

父母去世前遗嘱指定的未成年子女监护人有效吗

◆（第29条）◆

基本案情

江某甲与黄某甲系夫妻关系，二人共同生育了两个子女，长女江某乙，次子江某丙。2012年11月25日与2016年9月12日，江某乙与江某甲相继因病去世。2017年10月28日，黄某甲去世。黄某甲在去世前留有亲笔遗嘱一份，遗嘱第一条为"现有儿子江某丙，年龄尚小，我去世后，交由黄某乙抚养"。被监护人江某丙生于2011年10月23日，目前随申请人黄某乙生活。黄某乙和江某丙的祖父母陈某某、危某某分别向法院申请确定其对江某丙的监护权。江某丙的祖父母陈某某、危某某认为，黄某甲的遗嘱不具有真实性，不具有法律效力。江某丙的父母均已去世，应当由其祖父母担任监护人。同时在江某甲、黄某甲去世前，江某丙长期跟随申请人陈某某、危某某生活，不宜轻易改变其生活环境，诉请法院依法确定陈某某、危某某为江某丙的监护人。

问题描述

《中华人民共和国民法典》第27条规定，"父母是未成年子女的监护人。未成年人的父母已经死亡或者没有监护能力的，由下列有监护能力的人按顺序担任监护人：（一）祖父母、外祖父母；（二）……"《中华人民共和国民法典》第二十九条规定,"被监护人的父母担任监护人的,可以通过遗嘱指定监护人"。由此可见,未成年子女的父母已经死亡的,法律对该未成年子女的监护人应当如何确定进行了明确规定。本案的争议焦点是,在有遗嘱指定监护人的情况下,监护人应当如何确定。

裁判情况

本案经过一审、二审。二审法院经审理认为,遗嘱指定监护是父母通过遗嘱选择值得信任并对保护被监护人权益最为有利的人担任监护人的方式,相较其他监护方式,遗嘱指定监护具有优先地位。一般来说,父母与子女间情感深厚,父母最为关心子女成长与权益保护,应允许父母选择自己最信任、对保护子女最有利的人担任监护人。本案中,申请人陈某某、危某某虽否认黄某甲遗嘱的真实性,但其未能提供有效的证据予以反驳。经释明后,申请人陈某某、危某某亦未申请对遗嘱真实性进行司法鉴定,故法院对遗嘱的真实性予以认定。依照《中华人民共和国民法典》第29条"被监护人的父母担任监护人的,可以通过遗嘱指定监护人"的规定,遗嘱指定监护人应当满足两个条件:一是立遗嘱人是被监护人的父母;二是立遗嘱人担任被监护人的监护人。该案中,黄某甲作为江某丙的母亲,在去世前担任江某丙的监护人,其指定黄某乙作为江某丙的监护人符合遗嘱指定监护的条件,案涉遗嘱指定监护合法有效。申请人陈某某、危某某虽是江某丙的祖父母,但请求确定其为江某丙的监护人,相较黄某甲通过遗嘱指定的监护而言不具有优先性,不予支持。

裁判结论:案涉遗嘱指定监护合法有效,判决确定黄某乙为江某丙的监护人。

释法析理

中华人民共和国民法典规定了遗嘱指定监护,可以更好地保护被监护人利益,体现了对父母意愿的尊重,该规定主要基于亲权,父母对未成年子女负有抚养、教育和保护的义务,父母是未成年子女的法定监护人。被监护人的父母通过遗嘱指定监护需满足特定条件,即被监护人的父母立遗嘱时担任监护人。不过,如果遗嘱指定监护后客观情况发生变化,如遗嘱指定的监护人丧失行为能力,或长期外地出差等无法履行监护职责时,则应当依法另行确定监护人。

相关法条

《中华人民共和国民法典》第二十九条 被监护人的父母担任监护人的,可以通过遗嘱指定监护人。

子女协商一致变更母亲的监护人是否有效

◆（第 30 条）◆

📄 基本案情

谢某患有精神类疾病多年，生活不能自理。从 2006 年起，其与儿子马某甲一起生活。2015 年 7 月，马某甲与郭某登记结婚，婚后两人一起照顾谢某。马某甲与谢某的工资交由郭某管理，用于家庭生活。2016 年 12 月至 2017 年 4 月，谢某所有的一处平房拆迁，因拆迁获得补偿款 98000 元，均存在郭某的银行卡里，由其进行保管。2018 年 3 月，因马某甲患有严重心脏病，郭某与马某甲闹矛盾外出不在家，谢某无人照顾，谢某四位子女马某甲、马某乙、马某丙、马某丁在一起协商，一致同意谢某的监护人由马某甲变更为马某丙，并由马某丙照顾母亲谢某，将谢某房屋拆迁款 98000 元交由马某丙进行管理。马某丙作为谢某的法定代理人以马某甲、郭某为被告向法院起诉，请求谢某监护人由马某甲变更为马某丙，并由马某丙代为保管谢某的财产 98000 元。

🔍 问题描述

郭某认为本案是监护权纠纷，其不具备监护人的主体资格，故不是本案适格被告；谢某四个子女协议变更监护人的《协议书》无效，此协议不具有真实性。马某丙代谢某表示，郭某虽不是谢某的法定监护人，但其实际上与马某甲共同行使了对谢某的监护职责,郭某为本案被告,其主体资格符合法律规定;马某丙具备监护人资格,谢某的四位子女协商一致确认马某丙为监护人符合法律规定。本案的争议焦点是,谢某的四个子女协议变更监护人为马某丙是否有效。

裁判情况

法院经审理认为,本案中,马某甲因健康状况和家庭情况已不适宜继续作为谢某的监护人,并且有监护资格的四个子女已协商一致确认马某丙作为谢某的监护人行使监护权,保护被监护人的合法权益。故马某丙具有监护人资格,可以代理谢某进行诉讼。关于郭某是否为本案适格被告的问题,本案中,郭某与马某甲系夫妻关系,且与谢某共同生活,谢某的工资收入和因房屋拆迁所得的款项98000元,事实上均由郭某实际管理。郭某虽不是原告的法定监护人,但客观上与马某甲共同行使了对谢某的监护,故郭某有义务保障谢某财产安全,所以郭某作为本案共同被告主体适格。

裁判结论:将谢某的监护人变更为马某丙,马某甲、郭某共同连带返还原告谢某房屋拆迁款98000元,交由马某丙代管。

释法析理

《中华人民共和国民法典》第30条规定的是协议确定监护人制度,是私法自治原则在监护制度中的具体体现,一方面允许适格的监护人以协议方式,根据自己的意愿对监护职责进行分配;另一方面又强调协议结果应当尊重被监护人的真实意愿。本案中,基于马某甲因患有严重的心脏病及郭某与其闹矛盾外出不在家的实际状况,已经无法承担对谢某的监护责任,谢某的四位子女共同协商将监护人由马某甲变更为马某丙,系四人真实的意思表示，该协议合法有效，应当予以支持。同时，郭某与马某甲为夫妻关系，马某甲作为谢某的监护人时，谢某与马某甲和郭某夫妻同住，郭某虽不是谢某的法定监护人，但客观上其与马某甲共同实施了对谢某的监护，且谢某的房屋拆迁款及工资均由郭某实际管理。综上，人民法院遂作出上述判决。

相关法条

1.《中华人民共和国民法典》第三十条　依法具有监护资格的人之间可以协议确定监护人。协议确定监护人应当尊重被监护人的真实意愿。

2.《中华人民共和国民法典》第三十四条　监护人的职责是代理被监护人实施民事法律行为，保护被监护人的人身权利、财产权利以及其他合法权益等。

监护人依法履行监护职责产生的权利，受法律保护。

监护人不履行监护职责或者侵害被监护人合法权益的，应当承担法律责任。

因发生突发事件等紧急情况，监护人暂时无法履行监护职责，被监护人的生活处于无人照料状态的，被监护人住所地的居民委员会、村民委员会或者民政部门应当为被监护人安排必要的临时生活照料措施。

承担养育职责的"母亲"能否获得代孕子女的监护权

◆(第31条)◆

基本案情

罗某甲、谢某系夫妻,罗某乙系其二人之子。罗某乙与陈某于2007年登记结婚,双方均系再婚。再婚前,罗某乙已育有一子一女,陈某未曾生育。婚后,罗某乙与陈某经协商一致,购买他人卵子,并由罗某乙提供精子,采用体外受精-胚胎移植技术,出资委托其他女性代孕,于2011年生育一对异卵双胞胎。两名孩子出生后随罗某乙、陈某共同生活,2014年2月7日罗某乙因病去世后则随陈某共同生活。两名孩子的出生医学证明上记载的父母为罗某乙、陈某。经司法鉴定,不排除罗某甲、谢某与两名孩子之间存在祖孙亲缘关系,排除陈某为两名孩子的生物学母亲。之后,因在两名孩子的监护抚养关系上发生纠纷,罗某甲、谢某将陈某起诉到法院。

问题描述

本案的争议焦点是,当具有监护资格的人之间就监护人的确定存在争议时,如何理解适用最有利于被监护人这一原则。

裁判情况

本案经过一审、二审。二审法院经审理认为,陈某虽不是两名孩子的生物学母亲,但孩子出生在其与罗某乙婚姻关系存续期间,采取体外受精并且代孕的方式生育,是经罗某乙与陈某协商一致同意的。在孩子的成长过程中,陈某履行了一名母亲对子女的抚养义务,并无监护不当之处。同时,综合考虑两名未成年人的心理、情感需求,以及生活环境、家庭结构关系对未成年人成长的影响,子女对于母亲的情感依赖要远超于祖父母等人。

裁判结论:驳回罗某甲、谢某申请确认监护权的诉讼请求。

释法析理

本案系未成年人监护纠纷。首先,该案的处理将儿童利益置于首要地位,优先于成人利益予以保护。当面临子女利益与父母利益或其他利益相互冲突的情形时,应优先考虑儿童利益。其次,树立儿童为权利主体意识,将儿童作为权利的主体而不仅仅是需要保护的对象。不能仅将孩子视为需要保护的对象,只从监护人的年龄、经济条件、监护能力等外在条件上进行衡量,还应将孩子作为独立的权利主体,从孩子的立场考虑其心理、情感需求,以及生活环境、家庭结构关系对其成长的影响。

相关法条

《中华人民共和国民法典》第三十一条 对监护人的确定有争议的,由被监护人住所地的居民委员会、村民委员会或者民政部门指定监护人,有关当事人对指定不服的,可以向人民法院申请指定监护人;有关当事人也可以直接向人民法院申请指定监护人。

居民委员会、村民委员会、民政部门或者人民法院应当尊重被监护人的真实意愿，按照最有利于被监护人的原则在依法具有监护资格的人中指定监护人。

依据本条第一款规定指定监护人前，被监护人的人身权利、财产权利以及其他合法权益处于无人保护状态的，由被监护人住所地的居民委员会、村民委员会、法律规定的有关组织或者民政部门担任临时监护人。

监护人被指定后，不得擅自变更；擅自变更的，不免除被指定的监护人的责任。

婴儿被母亲遗弃且生父不明应当如何确定监护人

（第 32 条）

基本案情

2018 年 7 月 22 日，刘某在医院生育一名女婴后，于同月 24 日将该女婴遗弃在医院女更衣室内。女婴被发现后由民政局下属的某儿童福利院代为抚养。公安机关经调查发现，刘某还曾在 2015 年 1 月 29 日，将其所生的一名男婴遗弃在居民楼内。在检察院的建议和支持下，民政局向法院提起诉讼，以刘某涉嫌犯遗弃罪，已不适合履行监护职责，申请撤销刘某的监护权，民政局愿意承担该女婴的监护责任，指定其下属的某儿童福利院抚养女婴。

问题描述

本案的争议焦点在于，母亲将刚出生的婴儿遗弃，生父不明，没有其他依法具有监护资格的人时，应当由谁来承担监护职责。

裁判情况

法院经审理认为，父母不依法履行监护职责，严重侵害被监护人合法权益的，其他有监护资格的个人和组织可以申请撤销监护人资格，变更监护人。

裁判结论：撤销刘某监护权，指定民政局作为该名女婴的监护人。

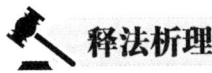 **释法析理**

未成年人的健康成长不仅需要司法及时发挥防线作用,更需要全社会协同发力,建立起全方位的权益保障体系,为国家的希望和未来保驾护航。父母是未成年子女的法定监护人,有保护被监护人的身体健康,照顾被监护人的生活,管理和教育被监护人的法定职责,但是,当这一主体缺位,甚至法定监护人都缺位时,就需要进行科学正确的法律设计,以保障相关弱势群体的正常生活及合法权益。国家机关和社会组织兜底监护就是家庭监护的重要补充,是保护未成年人合法权益的坚强后盾。近年来,民政部门在保护未成年人合法权益方面作出了有力探索,在依法没有具有监护资格的人时,法律将民政部门担任监护人置前,加强了民政部门在无民事行为能力人或限制民事行为能力人保护方面的责任。对于未成年人,在依法没有具有监护资格的人时,监护人由民政部门担任,也可以由具备履行监护职责条件的被监护人住所地的居民委员会、村民委员会担任。

相关法条

1.《中华人民共和国民法典》第三十二条　没有依法具有监护资格的人的,监护人由民政部门担任,也可以由具备履行监护职责条件的被监护人住所地的居民委员会、村民委员会担任。

2.《中华人民共和国民法典》第三十六条　监护人有下列情形之一的,人民法院根据有关个人或者组织的申请,撤销其监护人资格,安排必要的临时监护措施,并按照最有利于被监护人的原则依法指定监护人:

(一)实施严重损害被监护人身心健康的行为;

(二)怠于履行监护职责,或者无法履行监护职责且拒绝将监护职责部分或者全部委托给他人,导致被监护人处于危困状态;

(三)实施严重侵害被监护人合法权益的其他行为。

本条规定的有关个人、组织包括:其他依法具有监护资格的人,居民委员会、村民委员会、学校、医疗机构、妇女联合会、残疾人联合会、未成年人保护组织、依法设立的老年人组织、民政部门等。

前款规定的个人和民政部门以外的组织未及时向人民法院申请撤销监护人资格的,民政部门应当向人民法院申请。

成年人可以为自己确定监护人吗

◆（第33条）◆

基本案情

陈某江与其妻子育有一子，其子与其妻分别于2013年和2016年去世。2016年12月28日，陈某江书写遗嘱一份，遗嘱载明其自愿住在弟弟陈某隆家中，并载明陈某隆之女陈某为其监护人。2018年，陈某申请法院认定陈某江为无民事行为能力人，并确认自己为陈某江的监护人。

问题描述

本案的争议焦点是，老年人在具有民事行为能力时，通过遗嘱为自己指定监护人，被指定的监护人持有该遗嘱，并以该遗嘱作为依据，主张其为该老年人的意定监护人的，是否应予支持。

裁判情况

本案审理过程中，法院委托某市精神卫生中心对陈某江的精神状态及民事行为能力进行司法鉴定。2018年8月21日，该市精神卫生中心出具司法鉴定意见书，鉴定意见：（1）陈某江诊断为阿尔茨海默症（混合型）；（2）陈某江无民事行为能力。法院经审理认为，陈某江已丧失民事行为能力，陈某江在2016年12月28日书写遗嘱一份，遗嘱载明其自愿住在弟弟陈某隆家中，并载明陈某隆之女陈某为其监护人。因此，申请人陈某申请宣告被申请人陈某江为无民事行为能力人并指定其为陈某江的监护人的请求，符合法律规定，应当予以支持。

裁判结论：宣告陈某江为无民事行为能力人，并指定陈某为被申请人陈某江的监护人。

释法析理

为适应人口老龄化逐渐加剧、监护需求逐渐增大的情况，结合实践并参考老年人权益保障法的规定，借鉴境外立法例，《中华人民共和国民法典》第30条正式确立了意定监护制度。意定监护的正式确立，有利于成年人在具有完全民事行为能力时基于自己的意愿提前选好监护人，这是我国监护制度立法中的重大突破。一般而言，意定监护优先于法定监护。民法坚持意思自治原则，基于意思自治下的约定一般应优先于法律指定。意定监护协商确定监护人应具备"书面形式"这一特殊要件，即当事人在其具有完全民事行为能力时，需以书面的形式对确定自己的监护人进行意思表示。书面形式既可以是一般形式，如书面合同、授权委托书、信件、数据电文等，也可以是公证文书等特殊书面形式。

相关法条

《中华人民共和国民法典》第三十三条　具有完全民事行为能力的成年人，可以与其近亲属、其他愿意担任监护人的个人或者组织事先协商，以书面形式确定自己的监护人，在自己丧失或者部分丧失民事行为能力时，由该监护人履行监护职责。

监护人都有哪些职责

（第 34 条）

基本案情

张某甲的母亲王某是某生活馆的员工。某日，张某甲与孪生弟弟张某乙随其母亲王某至某生活馆上班，后王某按照某生活馆负责人林某的指派外出接客户，张某甲及其弟弟则留在店里玩耍。此后，店里的镜子脱落，砸伤了张某甲的脚踝，医院诊断张某甲伤情为右胫骨骨折，建议张某甲住院，但张某甲母亲考虑到家里还有张某乙需要照顾，故拒绝住院。后因王某与某生活馆双方对张某甲因伤造成的损害赔偿不能达成一致意见，张某甲诉至人民法院，要求某生活馆赔偿其相关损失。

问题描述

本案的争议焦点是，因商店镜子坠落致无民事行为能力人受伤，作为负有安全保障义务的商店与无民事行为能力人的监护人的责任应当如何划分。

裁判情况

法院经审理认为，公民的健康权受法律保护，行为人因过错侵害他人民事权益，应当承担侵权责任。被侵权人对损害的发生也有过错的，可以减轻侵权人的责任。本案中，被告作为对公众开放的经营单位，对墙壁上安装的镜子应当采取严格措施确保安全、不脱落，现原告张某甲因被告店里的镜子脱落受伤，且原告监护人临时脱离监护责任系为履行被告交办的职务行为，因此被告应当承担相应的侵权责任。众所周知，无论哪个用工主体，均禁止员工在工作时间从事与工作无关的事项，原告母亲在工作时将孩子带至单位本就不妥，带至单位后脱离监管，致孩子意外受伤，亦应承担相应过错责任。

裁判结论：根据原、被告各方的过错责任，酌定原、被告双方各负30%、70%的责任。

释法析理

监护人保护被监护人的人身权利、财产权利以及其他合法权益的职责，主要包括：保护被监护人的身心健康，促进未成年人的健康成长，对成年被监护人也要积极促进其健康状况的恢复；照顾被监护人的生活；管理和保护被监护人的财产；对被监护人进行教育和必要的管理；在被监护人合法权益受到侵害或者与人发生争议时，代理其进行诉讼等。被监护人都是未成年人或者辨识能力不足的成年人，监护人是否能履行好监护职责，对被监护人权益影响很大。监护人如果不履行监护职责或者侵害被监护人合法权益的，应当承担相应的责任，主要包括两个方面：一是对被监护人的侵权行为承担责任；二是监护人不履行监护职责或者侵害被监护人合法权益，造成被监护人人身、财产损害的，应当承担民事责任。

相关法条

《中华人民共和国民法典》第三十四条　监护人的职责是代理被监护人实施民事法律行为，保护被监护人的人身权利、财产权利以及其他合法权益等。

监护人依法履行监护职责产生的权利，受法律保护。

监护人不履行监护职责或者侵害被监护人合法权益的，应当承担法律责任。

因发生突发事件等紧急情况，监护人暂时无法履行监护职责，被监护人的生活处于无人照料状态的，被监护人住所地的居民委员会、村民委员会或者民政部门应当为被监护人安排必要的临时生活照料措施。

被监护人生前所欠医疗费应当由谁清偿

◆（第35条）◆

📋 基本案情

刘某斌、李某姣是夫妻关系，刘某友是刘某斌的哥哥。2013年8月16日上午，刘某友在某公司工作期间从高处摔下受伤，被送到某中医院住院治疗，医院诊断为：特重型颅脑损伤。2013年10月28日，刘某友被认定为工伤。2016年3月16日，经鉴定为劳动功能障碍程度伤残一级，护理依赖一级。2016年4月17日，劳动能力鉴定委员会同意刘某友从2016年4月17日起继续治疗。2017年7月28日，法院认定刘某友为无民事行为能力人，同时认定刘某斌为刘某友唯一的近亲属并指定刘某斌为刘某友的监护人。刘某斌作为刘某友的监护人向社保局申请工伤伤残待遇，社保局向刘某友的银行卡支付工伤退休待遇及一次性工伤伤残补助金合共166949.8元。2016年10月26日，刘某斌从刘某友的银行卡向李某姣账户转账83000元；2017年1月13日向李某姣账户转账10000元。刘某斌用刘某友银行卡多次在ATM取款、消费或柜台取款。刘某斌称，以上有关款项均在处理刘某友工伤时已经花费完毕。2017年12月1日，某公司一次性支付刘某友工资共计160000元，该款项支付到刘某斌账户，刘某斌于2017年12月2日将该笔款项转账至李某姣名下的账户。2017年12月3日，刘某友经医院抢救无效死亡。刘某友在某中医院住院期间，尚有548577.32元未付清。某中医院以刘某斌、李某姣为被告向法院起诉要求被告作为监护人代刘某友支付所欠医疗费用。

问题描述

本案的争议焦点是，刘某斌处分刘某友工资、工伤退休待遇等款项是否合法；上述款项是否应用于清偿刘某友生前债务。

裁判情况

法院经审理认为，刘某友因工伤被送到某中医院住院治疗，并接受该医院向其提供的医疗服务，双方已形成了医疗服务合同法律关系，是合法有效的合同。刘某友的工资、因工伤而取得的工伤待遇等收入是刘某友个人合法财产，刘某斌作为刘某友的唯一的近亲属，也是刘某友的监护人，有义务妥善管理刘某友的财产，非法定理由，不得擅自处分刘某友的财产。刘某斌在刘某友死亡前，将其代管的刘某友的由某公司支付的工资总计160000元合法财产转移至李某姣名下，后刘某斌从刘某友银行卡分两次转至李某姣名下账户93000元，未能举证证明合理用途，应承担举证不能的不利后果。刘某斌、李某姣共占有刘某友的253000元（160000+93000）的个人合法财产没有依据，应用于清偿债务，故刘某斌、李某姣应当在253000元价值范围内对刘某友生前所负的本案债务承担连带清偿责任。

裁判结论：刘某斌、李某姣向某中医院支付刘某友的医疗费253000元。

释法析理

《中华人民共和国民法典》第35条第1款规定，"监护人应当按照最有利于被监护人的原则履行监护职责。监护人除为维护被监护人利益外，不得处分被监护人的财产"。本案中，刘某友死亡后，尚有医疗费用未结清，刘某斌作为刘某友的监护人，不能正确履行监护职责，妥善管理保护刘某友的合法财产，而是将代为保管的被监护人的合法财产转至其妻子李某姣名下，系无正当理由擅自处分刘某友的合法财产，此行为侵犯了被监护人刘某友的合法权益，同时也侵犯了被监护人的债权人的权益，依法应当返还被监护人的合法财产用于清偿被监护人生前债务。

相关法条

《中华人民共和国民法典》第三十五条　监护人应当按照最有利于被监护人的原则履行监护职责。监护人除为维护被监护人利益外，不得处分被监护人的财产。

未成年人的监护人履行监护职责，在作出与被监护人利益有关的决定时，应当根据被监护人的年龄和智力状况，尊重被监护人的真实意愿。

成年人的监护人履行监护职责，应当最大程度地尊重被监护人的真实意愿，保障并协助被监护人实施与其智力、精神健康状况相适应的民事法律行为。对被监护人有能力独立处理的事务，监护人不得干涉。

父母长期虐待子女应该怎么办

◆（第 36 条）◆

基本案情

福建省仙游县某村村民林某某（女）多次使用菜刀割伤年仅 9 岁的亲生儿子小龙的后背、双臂，用火钳鞭打小龙的双腿，并经常让小龙挨饿。当地镇政府、村委会干部及派出所民警多次对林某某进行批评教育，但林某某拒不悔改。2014 年 5 月 29 日凌晨，林某某再次用菜刀割伤小龙的后背、双臂。对此，仙游县公安局对林某某处以行政拘留 15 日并处罚款人民币 1000 元。2014 年 6 月 13 日，该村村民委员会以被申请人林某某长期对小龙的虐待行为已严重影响小龙的身心健康为由，向法院依法撤销林某某对小龙的监护人资格，指定该村村民委员会作为小龙的监护人。在法院审理期间，法院征求小龙的意见，其表示不愿意随林某某共同生活。

问题描述

本案的争议焦点是，林某某是否实施了严重损害被监护人身心健康的行为。

裁判情况

法院经审理认为，监护人应当履行监护职责，保护被监护人的身体健康、照顾被监护人的生活，对被监护人进行管理和教育，履行相应的监护职责。被申请人林某某作为小龙的监护人，未采取正确的方法对小龙进行教育引导，而是采取打骂等手段对小龙长期虐待，经有关单位教育后仍拒不悔改，其行为已经严重损害小龙的身心健康，故其不宜再担任小龙的监护人。

裁判结论：撤销被申请人林某某对小龙的监护人资格；指定申请人某村村民委员会担任小龙的监护人。

释法析理

父母作为未成年子女的法定监护人，应当履行监护职责，对其进行保护、教育，保护子女的人身权利、财产权利及其他合法权利。若父母因不履行监护职责而导致未成年子女合法权益难以得到保障，甚至对子女实施虐待、伤害或者其他侵害行为，再让其担任监护人将严重危害未成年人的身心健康，不利于未成年人的健康成长。

本案中，林某某不但没有积极履行监护职责，反而对其子小龙多次以殴打、让其挨饿等方式进行虐待，当地有关部门多次批评教育、劝阻均未果。林某某的行为已经严重地损害了小龙的合法权益，不宜再作为小龙的监护人。人民法院根据法律的有关规定，撤销林某某对其子小龙的监护资格，是对小龙合法权益的保护。如果林某某的侵害、伤害行为已经造成一定后果，还可能构成虐待罪，应承担刑事责任。

相关法条

《中华人民共和国民法典》第三十六条　监护人有下列情形之一的，人民法院根据有关个人或者组织的申请，撤销其监护人资格，安排必要的临时监护措施，并按照最有利于被监护人的原则依法指定监护人：

（一）实施严重损害被监护人身心健康的行为；

（二）怠于履行监护职责，或者无法履行监护职责且拒绝将监护职责部分或者全部委托给他人，导致被监护人处于危困状态；

（三）实施严重侵害被监护人合法权益的其他行为。

本条规定的有关个人、组织包括：其他依法具有监护资格的人，居民委员会、村民委员会、学校、医疗机构、妇女联合会、残疾人联合会、未成年人保护组织、依法设立的老年人组织、民政部门等。

前款规定的个人和民政部门以外的组织未及时向人民法院申请撤销监护人资格的，民政部门应当向人民法院申请。

监护人不履行监护职责被撤销监护资格还需承担抚养费吗

◆（第 37 条）◆

基本案情

武某某于 2004 年 11 月出生，武某某父母于 2006 年 5 月被法院判决离婚，武某某由其父抚养，母亲宋某每月支付抚养费 140 元至武某某年满 18 周岁止。2007 年 7 月武某某父亲与赵某再婚，武某某随其一起生活。2014 年武某某父亲因病去世，武某某继母赵某以其在精力和经济上无力抚养为由诉至法院，要求变更武某某的监护权，由其生母宋某抚养。法院于 2016 年 6 月 6 日判决，武某某于判决生效之日起由宋某抚养。但宋某自判决生效之日起，未履行抚养义务且未支付武某某的生活教育医疗等费用。当地民政局委托律师向法院申请撤销宋某的监护资格。宋某监护资格被撤销后，民政局考虑到未成年人成长的需要和生母应尽的养育义务，再次以武某某名义，委托律师向法院提起诉讼，要求其母宋某支付未成年子女武某某的抚养费。

问题描述

本案的争议焦点是，监护人被剥夺监护权后，是不是就不用负担未成年子女的抚养费了。

裁判情况

本案经过一审、二审。二审法院经审理认为，父母对子女的抚养，自子女出生时自然开始，是社会所赋予并由国家法律规定的义务，它既是一项社会义务，也是一项法律义务，并非由个人意愿决定。

裁判结论：宋某在判决生效起 10 日内给付原告拖欠的抚养费 2100 元；自 2017 年 10 月起支付原告每月 400 元生活费，直至原告满 18 岁时止。

释法析理

近年来，夫妻离婚争夺子女抚养权的案件及虐待、遗弃未成年人的案件时有发生，两种极端行为都对未成年人成长造成了伤害。须知并非只有虐待、遗弃未成年子女才会受到法律制裁，监护人拒不履行监护抚养义务，也会被剥夺监护权，由国家部门或者他人代为行使监护权。同时义务人不履行监护责任，仍然要承担抚养费，这是法定义务。同理，对于由养父母、继父母抚养长大的养子女、继子女，被撤销监护人资格以后，只要收养关系和继父母子女的关系没有解除，就应当承担抚养、赡养等费用。

本案中，宋某虽被撤销监护人资格，但其仍然应当依法继续承担抚养费，这是因为父母子女之间除具备一般监护与被监护关系外，还有着较其他监护、被监护主体更为亲密的人身关系，这种人身关系不因监护人资格的撤销而消灭。父母作为未成年子女的法定监护人，以子女出生这一法律事实为发生原因，一直延续到子女年满 18 周岁，亲子血缘关系和子女未成年状态就是这一监护关系设立和存在的自然基础。

相关法条

《中华人民共和国民法典》第三十七条　依法负担被监护人抚养费、赡养费、扶养费的父母、子女、配偶等，被人民法院撤销监护人资格后，应当继续履行负担的义务。

监护人丧失监护能力后怎么办

（第 39 条）

基本案情

陈某富为某村居民，父母已故，未婚，无子女。中国残疾人联合会于 2016 年 2 月 2 日签发《残疾人证》，认定陈某富为精神残疾人。某司法鉴定中心对被鉴定人陈某富进行民事行为能力评定，司法鉴定意见认为，被鉴定人陈某富目前被诊断为器质性精神障碍，无民事行为能力。一直以来，陈某富都由其胞兄陈某强对其进行监护，现陈某强年事已高，难以继续履行监护职责。申请人陈某晓作为陈某强之子，向法院申请确认其为陈某富的监护人。

问题描述

本案的争议焦点是，本案是否符合监护关系终止的条件；原监护关系被依法终止后，被监护人仍然需要监护的，应当如何处理。

裁判情况

法院经审查认为，陈某强作为陈某富的近亲属已丧失监护能力，且陈某富无其他近亲属。申请人陈某晓愿意担任陈某富的监护人，其居住的社区居民委员会同意，陈某晓的请求符合法律规定，应予准许。

裁判结论：陈某富为无民事行为能力人，陈某强作为近亲属丧失监护能力，指定陈某晓为陈某富的监护人。

释法析理

监护关系的终止,是指因被监护人的原因消灭了监护存在的必要性,使得监护关系无须继续存在,或者监护人因某种事由不能担任监护人,而需要变更他人来担任监护人,原监护关系终止的情况。关于如何认定"监护人丧失监护能力",需注意以下两个方面:一方面,监护人不能为无民事行为能力人,也不能为限制民事行为能力人;另一方面,关于监护能力应当根据监护人的生理、心理上的健康状况、经济条件以及其他严重影响被监护人利益的情形,综合判断监护人是否还具备监护能力。

本案中,陈某富为无民事行为能力人,原监护人陈某强自认其不再具有继续对陈某富进行监护的能力。根据《中华人民共和国民法典》第39条规定,"有下列情形之一的,监护关系终止:……(二)监护人丧失监护能力;……监护关系终止后,被监护人仍然需要监护的,应当依法另行确定监护人";以及第28条规定,"无民事行为能力或者限制民事行为能力的成年人,由下列有监护能力的人按顺序担任监护人:(一)配偶;(二)父母、子女;(三)其他近亲属;(四)其他愿意担任监护人的个人或者组织,但是须经被监护人住所地的居民委员会、村民委员会或者民政部门同意"。在此情况下,原监护关系的终止同时也意味着新的监护关系的开始,即应当保证被监护人始终处于特定监护人的监护之下。

相关法条

《中华人民共和国民法典》第三十九条 有下列情形之一的,监护关系终止:

(一)被监护人取得或者恢复完全民事行为能力;

（二）监护人丧失监护能力；

（三）被监护人或者监护人死亡；

（四）人民法院认定监护关系终止的其他情形。

监护关系终止后，被监护人仍然需要监护的，应当依法另行确定监护人。

女儿要申请宣告母亲失踪如何走法律程序

(第 40 条)

基本案情

薛某甲系张某与薛某乙之女。2008年薛某甲的父亲薛某乙被判处无期徒刑,张某于2009年3月离家出走,至今杳无音信。薛某甲一直跟随其祖父、祖母共同生活,后薛某甲祖父又身患重病,经医治无效去世,村委会指定薛某甲的祖母为其监护人,薛某甲祖母年迈且无劳动能力,薛某甲的生活陷入困境。薛某甲的户籍所在地村委会、张某户籍所在地村委会、辖区派出所均出具了证明证实张某离家出走的时间和具体情况。2018年6月27日,法院受理申请人薛某甲申请宣告被申请人张某失踪一案。

问题描述

本案的争议焦点是,当自然人下落不明,给利害关系人的生活带来诸多不便时,应当如何通过法律程序宣告失踪,从而保护失踪人和利害关系人的利益,维护社会经济秩序的稳定。

裁判情况

根据薛某甲的申请,法院在报纸上刊登寻找下落不明人的公告,限期张某自公告之日起3个月内向法院申报本人具体地址及联系方式,同时要求凡是知悉张某生存现状的人,应当自公告之日起3个月内将知悉的情况向法院报告。但自公告发出至今,张某没有向法院申报其具体地址及联系方式,也没有知悉其情况的人向法院报告,现张某仍处于下落不明状态。

裁判结论:宣告被申请人张某失踪。

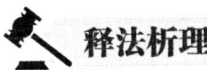
释法析理

宣告失踪,是指自然人下落不明达到法定的期限,经利害关系人申请,人民法院依照法定程序宣告其为失踪人的一项制度。自然人的失踪将使与其相关的法律关系处于不确定状态,法律设立宣告失踪制度,就是为了调整这种不确定状态,保护相关当事人的利益。通过设立宣告失踪制度,由人民法院宣告自然人失踪,以结束失踪人财产无人管理以及其应当履行的义务不能得到及时履行的不确定状态,保护失踪人和利害关系人的利益,维护社会经济秩序的稳定。

本案中,被申请人张某于2009年3月离家出走,杳无音信,下落不明已超过两年,经法院发出寻找下落不明人的公告后至今仍下落不明,符合宣告失踪的条件。依照《中华人民共和国民法典》第40条、《中华人民共和国民事诉讼法》第185条的规定,判决宣告被申请人张某失踪。该案审理法院在对于"事实无人抚养儿童"进行司法调研的基础上,协助其亲属依法提起申请宣告未成年人父母失踪或宣告死亡的诉讼程序,对于穷尽各种查询手段确实下落不明的被申请人及时宣告其失踪。此举为"事实无人抚养儿童"认定提供了司法依据,解决了此类困境儿童无法获得救助的程序问题,有助于更好地扶助困境儿童健康成长。

相关法条

1. 《中华人民共和国民法典》第四十条 自然人下落不明满二年的，利害关系人可以向人民法院申请宣告该自然人为失踪人。

2. 《中华人民共和国民事诉讼法》第一百八十五条 人民法院受理宣告失踪、宣告死亡案件后，应当发出寻找下落不明人的公告。宣告失踪的公告期间为三个月，宣告死亡的公告期间为一年。因意外事故下落不明，经有关机关证明该公民不可能生存的，宣告死亡的公告期间为三个月。

公告期间届满，人民法院应当根据被宣告失踪、宣告死亡的事实是否得到确认，作出宣告失踪、宣告死亡的判决或者驳回申请的判决。

自然人下落不明的时间从何时起算

◆（第 41 条）◆

📄 基本案情

2014年2月27日，郑某珍与杨某春登记结婚。2014年3月27日，郑某珍与杨某春从西安前往三亚后，杨某春于2014年3月28日至4月1日之间失联。杨某春失联后，郑某珍自2014年4月19日起，将杨某春在银行的存款取出或者转入自己卡中共计380676元。2014年4月22日，郑某珍将杨某春所有的位于西安市××区房产进行对外出租，收取2014年4月22日至2017年4月22日的租金共计108000元。2016年11月22日，杨某虹向人民法院提出申请，申请宣告杨某春失踪。2017年3月20日，法院判决：（1）宣告杨某春失踪；（2）指定杨某虹为失踪人杨某春的财产代管人。2017年5月3日，杨某虹将郑某珍诉至法院，请求判决郑某珍向杨某虹返还财产496376元。

🔍 问题描述

本案的争议焦点是，自然人下落不明的时间从何时起算；起算点确定后，财产代管人主张返还侵占的财产范围从何时起算。

⚖ 裁判情况

本案经过一审、二审。二审法院经审理认为，杨某虹被人民法院指定为失踪人杨某春的财产代管人后，为维护失踪人的权益，杨某虹有权请求被告郑某珍返还财产。本案中，根据公安局出具的证明，杨某春于2014年3月28日至2014年4月1日之间失联，可以确定，杨某春下落不明的时间最迟应为2014年4月1日。杨某春下落不明后，在法院尚未指定财产代管人之前，被告郑某珍暂时管理杨某春的财产。在被告郑某珍管理杨某春财产期间，侵占杨某春的财产银行存款380676元、房屋租金108000元，对此，杨某虹有权请求被告郑某珍返还。但杨某虹诉求中2014年2月27日、3月17日、3月19日、3月26日支取的银行存款共计7700元，因上述款项系在杨某春下落不明前支取，其也未提供证据证明该款项系被告郑某珍侵占，故对该7700元的请求，不予支持。

裁判结论：被告郑某珍返还原告杨某虹财产488676元。

释法析理

宣告失踪、宣告死亡对被宣告人与利害关系人将产生巨大影响，而下落不明的持续时间是利害关系人申请宣告自然人失踪或死亡的重要条件，也是法院审理宣告失踪、宣告死亡案件的重要依据。

相关法条

1.《中华人民共和国民法典》第四十一条　自然人下落不明的时间自其失去音讯之日起计算。战争期间下落不明的，下落不明的时间自战争结束之日或者有关机关确定的下落不明之日起计算。

2.《中华人民共和国民法典》第四十三条　财产代管人应当妥善管理失踪人的财产，维护其财产权益。

失踪人所欠税款、债务和应付的其他费用，由财产代管人从失踪人的财产中支付。

财产代管人因故意或者重大过失造成失踪人财产损失的，应当承担赔偿责任。

失踪人的财产代管人应当如何确定

（第 42 条）

基本案情

原告黄某强、王某芳分别为被宣告失踪人黄某松的儿子及妻子。2014 年 3 月，黄某松名下位于福州市仓山区某房屋被征迁。黄某松与被告某市城乡建设发展总公司、某房屋征收工程有限公司签订了《房屋拆迁补偿安置协议书》，协议约定采取产权调换的方式安置房产两套。同时协议约定黄某松、王某芳实行自行过渡，过渡期限自 2014 年 3 月 30 日至 2017 年 5 月 30 日止。因被告原因造成逾期回迁的，自逾期之日起，被告应按本协议约定的临时安置补助费的标准双倍计付给原告临时安置补助费。协议签订后，黄某松、王某芳一家已依约自行搬迁完毕并向两被告交付了原房屋。2014 年 6 月，黄某松离家出走未归，黄某强在多方寻找未果的情况下向法院申请宣告黄某松失踪。2017 年 8 月 30 日，法院作出民事判决宣告黄某松为失踪人员。2015 年 10 月，某市城乡建设发展总公司、某房屋征收工程有限公向黄某强、王某芳交付了一套房产，另一套房产未交付。黄某强、王某芳以某市城乡建设发展总公司、某房屋征收工程有限公司为被告诉至法院，请求判令两被告按照《房屋拆迁补偿安置协议书》约定向两原告交付房产，并按照《房屋拆迁补偿安置协议书》约定的临时补助费标准的双倍向两原告支付临时补助费。

问题描述

本案中，两被告认为，虽然黄某松已经被宣告为失踪人，但其财产代管人尚未指定为黄某强、王某芳，现黄某强、王某芳径行主张黄某松的拆迁安置权益，属于诉讼主体不适格。黄某强、王某芳则认为，其二人为被宣告失踪人黄某松的儿子及配偶，符合法律规定的失踪人财产代管人的范围，有权提起本案诉讼，无须经过指定。本案的争议焦点是，如何确定失踪人的财产代管人，以及是否必须经过指定。

裁判情况

本案经过一审、二审。二审法院经审理认为，黄某强、王某芳为被宣告失踪人黄某松的儿子及配偶，符合民法规定的失踪人财产代管人的范围，有权提起本案诉讼，无须先行经过法院指定。

裁判结论：黄某强、王某芳二人符合失踪人财产代管人的范围，其诉讼主体适格。

释法析理

自然人被宣告为失踪人后，由于其民事主体资格仍然存在，因而不产生婚姻关系解除与继承开始的后果，只是发生财产上的代管关系。法律设立宣告失踪制度，主要目的在于结束失踪人的财产无人管理及应履行的义务无法及时履行的不确定状态，既是对失踪人利益的保护，也是对失踪人债权人等利害关系人合法权益的维护。本案中，黄某强、王某芳为被宣告失踪人黄某松的儿子及配偶，符合法律规定的失踪人财产代管人的范围，有权提起本案诉讼，无须经过指定。根据《中华人民共和国民事诉讼法》第119条的规定，在符合其他受理条件的情况下，人民法院应当立案受理并进入实体审理程序。

📖 相关法条

1.《中华人民共和国民法典》第四十二条　失踪人的财产由其配偶、成年子女、父母或者其他愿意担任财产代管人的人代管。

代管有争议，没有前款规定的人，或者前款规定的人无代管能力的，由人民法院指定的人代管。

2.《中华人民共和国民事诉讼法》第一百一十九条　起诉必须符合下列条件：

（一）原告是与本案有直接利害关系的公民、法人和其他组织；

（二）有明确的被告；

（三）有具体的诉讼请求和事实、理由；

（四）属于人民法院受理民事诉讼的范围和受诉人民法院管辖。

失踪人的财产代管人有何职责

◆（第 43 条）◆

基本案情

杨某某因开办幼儿园缺乏资金，于 2012 年 9 月 20 日向李某甲借款 10 万元，当日李某甲通过银行取款的方式取现 10 万元交付给杨某某，杨某某立借条一张给李某甲收执，内容为："借条，今借到李某甲人民币共计（100000 元）拾万元整，特立此据，借款人杨某某，2012 年 9 月 20 日。"后李某甲下落不明，李某甲的父母李某乙、周某某于 2016 年 9 月 27 日向法院申请宣告李某甲失踪，法院判决：（1）宣告李某甲为失踪人；（2）指定李某甲的父母李某乙、周某某为失踪人李某甲的财产代管人。李某乙、周某某将杨某某诉至法院，请求判令被告杨某某归还借款本金 10 万元及利息。

问题描述

本案的争议焦点是，当债权人失踪时，其财产代管人是否有权向其债务人要求偿还借款本息。

裁判情况

法院经审理认为，法律通过为失踪人设立财产代管人，代替失踪人行使民事权利、承担民事义务来保护失踪人及其利害关系人的合法利益，李某乙、周某某作为李某甲的财产代管人，其有权向被告主张权利。

裁判结论：被告杨某某归还原告李某乙、周某某借款人民币 10 万元及利息。

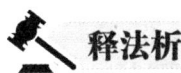

释法析理

法律规定财产代管人制度的目的之一就是保护失踪人在下落不明状态下的财产权益，因此财产代管人应当妥善保管失踪人的财产，维护失踪人的财产利益。财产代管人负有像对待自己事务一样的注意义务，来管理失踪人的财产，既包括对失踪人财产的保管，也包括作为代理人收取失踪人的到期债权。与其他有偿的法律关系不同，财产代管人管理失踪人的财产并非合同约定的，而是直接来自法律的规定，代管财产的目的也不是从中获利，该种管理财产的行为通常是无偿的。因此，财产代管人仅因自己的故意或重大过失造成失踪人的财产损害时，才应当承担赔偿责任；对于一般的过失造成的损害，则不应当承担损害赔偿责任。

本案中，原告李某乙、周某某是李某甲的近亲属，也是经法院判决的失踪人李某甲的财产代管人，李某乙、周某某作为本案原告主体适格，二原告有权向被告主张权利。

相关法条

《中华人民共和国民法典》第四十三条　财产代管人应当妥善管理失踪人的财产，维护其财产权益。

失踪人所欠税款、债务和应付的其他费用，由财产代管人从失踪人的财产中支付。

财产代管人因故意或者重大过失造成失踪人财产损失的，应当承担赔偿责任。

失踪人的财产代管人是否可以变更

◆（第44条）◆

基本案情

李某甲与失踪人李某乙是兄妹关系，二人系李某丙与前妻所生。李某丙与徐某于2006年登记结婚，失踪人李某乙与父亲和继母共同生活。2012年李某乙走失下落不明，2015年李某甲向派出所报案，李某乙被列为失踪人员，并定期查找。后李某甲向某区人民法院提起诉讼，申请宣告李某乙失踪。2018年，某区人民法院作出民事判决，宣告李某乙失踪，并指定李某甲为失踪人李某乙的财产代管人。同年，徐某将李某甲告上法庭，徐某认为李某甲的申请行为旨在侵吞属于李某乙和徐某的财产，请求法院撤销李某甲为李某乙的财产代管人，指定徐某为李某乙的财产代管人。

问题描述

本案的争议焦点是，对于法院已生效的宣告公民失踪的民事判决确定的财产代管人，是否可以申请变更，如何变更。

裁判情况

本案经过一审、二审。二审法院经审理认为，生效民事判决已宣告李某乙失踪，并指定李某甲为财产代管人。根据现行法律规定，失踪人的财产由其配偶、成年子女、父母或者其他愿意担任财产代管人的人代管,李某甲有权代管财产。根据《中华人民共和国民法典》第44条规定以及最高人民法院《关于适用〈中华人民共和国民事诉讼法〉的解释》第90条关于"当事人对自己提出的诉讼请求所依据的事实或者反驳对方诉讼请求所依据的事实有责任提供证据加以证明。没有证据或者证据不足以证明当事人的事实主张的,由负有举证责任的当事人承担不利后果"的规定,原告徐某要求变更其为李某乙的财产代管人,但未就其要求变更的理由向法庭提供确实充分的证据予以证明,也未提交证据证明李某甲存在不履行代管职责、侵害失踪人财产权益或者丧失代管能力的情况,故其诉讼请求依据不足。

裁判结论:李某甲为李某乙的财产代管人符合法律规定,驳回徐某的财产代管人变更申请。

释法析理

变更财产代管人需要有法定的事由:(1)如果出现财产代管人不履行代管职责、侵害失踪人财产权益或者丧失代管能力等事由,表明该财产代管人已经不再适格,则失踪人的利害关系人就可以向人民法院申请变更财产代管人。财产代管人不履行职责,既可以表现为不行使失踪人权利,如不收取失踪人债权,也可以表现为不履行失踪人应当履行的义务,如清偿债务、缴纳税款等。侵害失踪人财产权益,可以表现为不当处分失踪人的财产,滥用代管权对失踪人的财产挥霍浪费,与他人恶意串通侵夺失踪人的财产等。财产代管人丧失了代管能力,可以表现为财产代管人丧失了行为能力。出现上述情形,明显对失踪人不利,甚至会严重侵害失踪人的财产利益。因此,本条规定这些情况下失踪人的利害关系人可以向人民法院申请变更财产代管人。这里的利害关系人既包括失踪人的近亲属,也包括其他利害关系人,如失踪人的债权人。(2)失踪人的财产代管人有正当理由时,其自己也可申请变更。最高人民法院《关于适用〈中华人民共和国民事诉讼法〉的解释》第344条规定,"失踪人的财产代管人经人民法院指定后,代管人申请变更代管的,比照民事诉讼法特别程序的有关规定进行审理。申请理由成立的,裁定撤销申请人的代管人身份,同时另行指定财产代管人;申请理由不成立的,裁定驳回申请。失踪人的其他利害关系人申请变更代管的,人民法院应当告知其以原指定的代管人为被告起诉,并按普通程序进行审理"。

相关法条

1. 《中华人民共和国民法典》第四十四条 财产代管人不履行代管职责、侵害失踪人财产权益或者丧失代管能力的,失踪人的利害关系人可以向人民法院申请变更财产代管人。

财产代管人有正当理由的,可以向人民法院申请变更财产代管人。

人民法院变更财产代管人的,变更后的财产代管人有权请求原财产代管人及时移交有关财产并报告财产代管情况。

2. 最高人民法院《关于适用〈中华人民共和国民事诉讼法〉的解释》第九十条 当事人对自己提出的诉讼请求所依据的事实或者反驳对方诉讼请求所依据的事实,应当提供证据加以证明,但法律另有规定的除外。

在作出判决前,当事人未能提供证据或者证据不足以证明其事实主张的,由负有举证证明责任的当事人承担不利的后果。

3. 最高人民法院《关于适用〈中华人民共和国民事诉讼法〉的解释》第三百四十四条 失踪人的财产代管人经人民法院指定后,代管人申请变更代管的,比照民事诉讼法特别程序的有关规定进行审理。申请理由成立的,裁定撤销申请人的代管人身份,同时另行指定财产代管人;申请理由不成立的,裁定驳回申请。

失踪人的其他利害关系人申请变更代管的,人民法院应当告知其以原指定的代管人为被告起诉,并按普通程序进行审理。

被宣告失踪的人重新出现应该怎么办

◆（第 45 条）◆

基本案情

2006 年，某县人民法院作出（2006）某法民特字第××号民事判决，宣告李某失踪并指定某县中心小学为失踪人李某的财产代管人。2016 年底，李某因精神病被某省的救助站收留并将其送医院救治，后于 2017 年转到该县救助站，该县救助站于同年将李某转到某医院住院治疗。因此，某县中心小学请求法院撤销（2006）某法民特字第××号民事判决书。

问题描述

处理本案的关键在于，当被宣告失踪人重新出现时，应当如何撤销法院之前的宣告失踪判决，原财产代管行为应当如何处理。

裁判情况

法院经审理认为，被宣告失踪人李某已重新出现，现申请人某县中心小学申请撤销（2006）某法民特字第××号民事判决，符合法律规定，予以支持。

裁判结论：撤销某县人民法院（2006）某法民特字第××号民事判决。

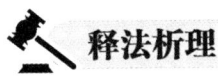

释法析理

撤销失踪宣告的条件：一是失踪人重新出现。自然人因失去音讯下落不明而被宣告失踪，失踪宣告的撤销自然就要以这种状态的消除为条件。这里失踪人重新出现的含义，即重新得到了失踪人的音讯，从而消除了其下落不明的状态。二是经本人或者利害关系人申请。这里利害关系人的范围应当与申请宣告失踪的利害关系人范围一致，包括被申请宣告失踪人的配偶、父母、子女、兄弟姐妹、祖父母、外祖父母、孙子女、外孙子女以及其他与失踪人有民事权利义务关系的人。申请也应当向作出宣告失踪判决的原审人民法院提出。三是撤销失踪宣告应当由人民法院作出。自然人失踪只能由人民法院依据法定程序进行宣告，因此，该宣告的撤销也应当由人民法院通过法定程序来作出。此外，关于申请期限。申请撤销失踪宣告的判决并没有期限的限制，只要裁判作出后，出现了新的事实，失踪人重新出现，失踪人本人和利害关系人就可以提出申请。

《中华人民共和国民法典》第45条第2款规定了关于失踪人重新出现后，失踪人财产的移交问题。被宣告失踪的人重新出现，经本人或者利害关系人申请，人民法院应当撤销对他的失踪宣告。失踪宣告撤销后，财产代管人的代管职责消灭，财产代管人要向本人返还财产并将自己管理失踪人财产期间所进行的处分详细地告诉失踪人本人。

相关法条

1.《中华人民共和国民法典》第四十五条 失踪人重新出现，经本人或者利害关系人申请，人民法院应当撤销失踪宣告。

失踪人重新出现，有权请求财产代管人及时移交有关财产并报告财产代管情况。

2.《中华人民共和国民事诉讼法》第一百八十六条 被宣告失踪、宣告死亡的公民重新出现，经本人或者利害关系人申请，人民法院应当作出新判决，撤销原判决。

用人单位是否可以申请宣告职工死亡

（第 46 条）

基本案情

2017年6月，杨某甲与某公司订立劳动合同，约定杨某甲的岗位为某轮的轮机长，合同期限至2020年6月。同年8月，受台风影响，某轮在珠江口沉船，杨某甲和另一名船员失踪。同年9月，就杨某甲失踪一事，某公司与杨某甲家属杨某乙（杨某甲之子）、高某某（杨某甲之妻）等人签订和解协议，约定某公司一次性补偿杨某甲近亲属112万元，协议还约定杨某甲近亲属取得前述款项需提交法院宣告杨某甲死亡的民事判决。同年10月，杨某甲之子杨某乙代表杨某甲近亲属领取了共计112万元的和解赔偿款项。同年11月，某海事处出具证明，载明根据事故发生的天气、海况以及船员失踪的时间判断，杨某甲生还可能性不大。后某公司要求杨某甲近亲属向法院申请宣告杨某甲死亡，杨某甲近家属以情感上难以接受等理由拒绝。某公司遂向某海事法院申请宣告杨某甲死亡。

问题描述

处理本案的关键在于，劳动者的用人单位能否被认定为被宣告死亡劳动者的利害关系人。

裁判情况

法院经审理认为，申请人某公司与杨某甲之间订有书面劳动合同，系杨某甲的用人单位。虽然申请人在杨某甲家属未能提供宣告杨某甲死亡判决的情形下向杨某甲家属支付和解补偿款，可能遭受申请人自称的法律风险，但其遭受的自称法律风险并不足以使申请人具有宣告杨某甲死亡的利害关系人资格。至于申请人自称面临的法律风险，申请人可循其他合法途径予以解决。故申请人关于宣告杨某甲死亡的申请于法无据，应予驳回。

裁判结论：驳回申请人某公司宣告杨某甲死亡的申请。

释法析理

自然人长期下落不明会使与其相关的财产关系和人身关系处于不稳定状态，通过宣告死亡制度，可以及时了结下落不明人与他人的财产关系和人身关系，从而维护正常的经济秩序和社会秩序。宣告自然人死亡，是对自然人死亡在法律上的推定，这种推定将产生与生理死亡基本一样的法律效果，因此，宣告死亡必须具备法律规定的条件。第一，自然人下落不明的时间要达到法定的长度。与宣告失踪相比，一般情况下宣告死亡需满足的下落不明期限为四年，长于宣告失踪的二年。因在宣告失踪的情况下，只产生失踪人的财产代管及实现债权债务等以财产关系为主的法律后果。但在宣告死亡的情况下，除财产方面外，还会发生继承开始、身份关系解除等方面的后果。故宣告死亡的条件需比宣告失踪严格。第二，必须由利害关系人提出申请。关于作为宣告死亡申请人的利害关系人范围，法律并未明确规定，留待司法实践的探索。申请宣告死亡没有顺序限制，之所以不规定申请宣告死亡的顺序，主要在于若存在顺序限制，但顺序在先的人不申请，则失踪人长期不能被宣告死亡，使与其相关的法律关系长期处于不稳定状态，如继承不能发生、遗产不能分割等，对利害关系人权益损害诸多，与法律设立宣告死亡制度的初衷相悖。故中华人民共和国民法典没有规定死亡宣告的申请顺序。但需注意，不进行顺序限制并不意味着任何有关系的人都可以申请宣告失踪人死亡。本条所谓的利害关系人至少需满足以下条件：一是与失踪的自然人有利益关系；二是不通过宣告死亡，其利益不能得到满足。此外，只能由人民法院经过法定程序，宣告自然人死亡。

相关法条

1.《中华人民共和国民法典》第四十六条　自然人有下列情形之一的，利害关系人可以向人民法院申请宣告该自然人死亡：

（一）下落不明满四年；

（二）因意外事件，下落不明满二年。

因意外事件下落不明，经有关机关证明该自然人不可能生存的，申请宣告死亡不受二年时间的限制。

2.《中华人民共和国民事诉讼法》第一百八十四条　公民下落不明满四年，或者因意外事故下落不明满二年，或者因意外事故下落不明，经有关机关证明该公民不可能生存，利害关系人申请宣告其死亡的，向下落不明人住所地基层人民法院提出。

申请书应当写明下落不明的事实、时间和请求，并附有公安机关或者其他有关机关关于该公民下落不明的书面证明。

"亡者"归来原婚姻关系还有效吗

(第51条)

基本案情

原告谷某与被告王某原系夫妻,谷某早年曾下落不明,王某向法院申请宣告谷某死亡。法院宣告下落不明人谷某死亡后,王某又登记再婚。后谷某重新出现,法院撤销对谷某的死亡宣告。此后,谷某又向法院起诉,申请与王某离婚。

问题描述

该案系宣告死亡制度中宣告死亡人婚姻关系存续纠纷。本案的争议焦点是,王某在谷某被宣告死亡后再婚,此时谷某能否起诉与王某离婚。

裁判情况

法院经审理认为,被宣告死亡的人与配偶的婚姻关系,自死亡宣告之日起消灭。死亡宣告被人民法院撤销,如果其配偶尚未再婚的,夫妻关系从撤销死亡宣告之日起自行恢复;如果其配偶再婚后又离婚或者再婚后配偶又死亡的,则不得认定夫妻关系自行恢复。本案中,被告王某已于原告谷某被宣告死亡后再婚,原、被告间已不存在婚姻关系。

裁判结论:驳回原告谷某的诉讼请求。

释法析理

《中华人民共和国民法典》第 51 条规定,"被宣告死亡的人的婚姻关系,自死亡宣告之日起消除。死亡宣告被撤销的,婚姻关系自撤销死亡宣告之日起自行恢复。但是,其配偶再婚或者向婚姻登记机关书面声明不愿意恢复的除外"。由此可见,被宣告死亡人配偶尚未与他人建立婚姻关系的,夫妻关系从撤销死亡宣告之日起自行恢复;如果其配偶在宣告死亡期间已经与他人建立了新的婚姻关系,无论撤销死亡宣告时这种新的婚姻关系是否仍然存在都不得认定原夫妻关系自行恢复。也就是说,当事人的死亡宣告被撤销的,如果其配偶在宣告其死亡之后未与他人结婚,则从撤销宣告死亡之日起双方夫妻关系恢复;否则,即使其配偶再婚后又离婚或丧偶,双方的夫妻关系亦不自行恢复。本案属于被告王某又再婚情形,原被告婚姻关系自被告王某再婚时已经不能自行恢复,即谷某"亡者"归来后,已不需要再申请与王某"离婚",两者的婚姻关系已经消除。

相关法条

《中华人民共和国民法典》第五十一条 被宣告死亡的人的婚姻关系,自死亡宣告之日起消除。死亡宣告被撤销的,婚姻关系自撤销死亡宣告之日起自行恢复。但是,其配偶再婚或者向婚姻登记机关书面声明不愿意恢复的除外。

"亡者"归来本人原有财产怎么办
(第53条)

基本案情

丁某甲和丁某乙系父女,共同居住于丁某甲享有使用权的漕宝路动迁安置房,承租人为丁某甲。2000年丁某甲因债务问题自行离家出走,其间未与丁某乙联系。2005年8月丁某乙向法院申请宣告丁某甲死亡,2006年9月4日法院宣告丁某甲死亡。丁某乙取得了漕宝路安置房的承租权,后出资25137元购买了该房产权,2007年10月27日,丁某乙将该房屋以600000元的价格出售给他人,房屋出售款均被用于购买新房。四年后,丁某甲回家并申请法院撤销了其死亡宣告,同时要求丁某乙按照目前漕宝路安置房屋的市场价值给予其补偿款435000元。

问题描述

本案系被宣告死亡人重新出现后要求返还财产引发的纠纷。原告丁某甲认为,其离家出走归来后发现被宣告死亡,原居住的房屋被丁某乙卖掉,要求丁某乙给付补偿款、入住并落户到丁某乙新买的房屋。被告丁某乙认为,其父亲丁某甲仅享有原住房屋的使用权,其支付对价买为产权房,不同意给付丁某甲任何赔偿。本案的争议焦点是,原告丁某甲有无权利要求丁某乙给予补偿。

裁判情况

法院经审理认为，漕宝路房屋原系丁某甲享有使用权房，丁某乙与其共同居住。在丁某甲被宣告死亡后，丁某乙作为女儿依法取得了该房的承租权，之后通过购买该房产权，将该房出售给他人，取得了房屋出售款，由于该房已无法返还，原告要求被告给付补偿款，符合法律规定，予以准许。

裁判结论：丁某乙给付丁某甲漕宝路房屋出售补偿款人民币400000元。

释法析理

《中华人民共和国民法典》第53条规定，"被撤销死亡宣告的人具有返还财产请求权。被撤销死亡宣告的人有权请求依照本法第六编取得其财产的民事主体返还财产；无法返还的，应当给予适当补偿"。本案中，原告丁某甲的漕宝路房屋虽然是公房，不能继承，但该房屋具有使用权价值，被告丁某乙通过买卖从中获得了利益，而原告丁某甲由此失去了居住使用权，由于该房屋已经由第三人善意取得，无法返还，因此，被告丁某乙理应对原告丁某甲作出货币补偿。

相关法条

《中华人民共和国民法典》第五十三条　被撤销死亡宣告的人有权请求依照本法第六编取得其财产的民事主体返还财产；无法返还的，应当给予适当补偿。

利害关系人隐瞒真实情况，致使他人被宣告死亡而取得其财产的，除应当返还财产外，还应当对由此造成的损失承担赔偿责任。

个体工商户到底是单位还是自然人

（第 54 条）

基本案情

2017 年 3 月，原告朱某某与被告张某某、潘某某达成口头协议，约定原告为两被告所有的房屋进行装修；两被告已交付原告装修工程款 35000 元，并为原告出具"欠条"一份，内容为："暂欠××装饰壹万柒仟贰佰伍拾元，实际费用以核实后为准，未算清楚的装修尾款。2018 年 ×月×日，张××"。双方还确定了装修的用料及要求，暂时确定总价款为 52250 元。因张某某和潘某某拒绝偿付装修款，朱某某遂向法院起诉，请求判令被告向原告支付装修款和材料费。张某某和潘某某以朱某某不是适格的诉讼主体为由主张抗辩。

问题描述

本案的争议焦点是，个体工商户能否直接以其字号作为诉讼主体向法院提起诉讼。

裁判情况

法院经审理认为，本案中，两被告主张原告诉讼主体不适格，装修工程是由××公司实施的；原告称其以"××装饰"对外经营，但没有在工商局注册过公司也没注册过字号。综观全案，朱某某以××装饰名义与张某某、潘某某口头达成的房屋装修协议、微信截图、欠条、照片、证人刘某的证言等证据相互印证，能够形成完整证据链条证明双方就装修工程进行了结算，结算欠条系双方真实意思表示，不违反法律、行政法规的强制性规定，是有效的民事法律行为，所以被告张某某、潘某某应当给付原告朱某某相应的对价。

裁判结论：被告张某某、潘某某给付原告朱某某相应的装修工程款。

释法析理

个体工商户和农村承包经营户是具有中国特色的民事主体。从改革开放四十多年的实践看，规定"两户"符合中国国情，个体工商户和农村承包经营户对解放生产力、促进我国经济社会发展及扩大就业发挥了重要作用。对于个体工商户在民商事法律关系中以字号还是业主作为诉讼主体的问题，司法实践中存在两种不同观点和操作，一种观点基于法律规定，个体工商户应以业主（户主、经营者）作为诉讼主体；另一种观点认为个体工商户可以以字号作为诉讼主体。对于实践中的不同观点，最高人民法院《关于适用〈中华人民共和国民事诉讼法〉的解释》作出了统一规定，该司法解释第59条规定，"在诉讼中，个体工商户以营业执照上登记的经营者为当事人。有字号的，以营业执照上登记的字号为当事人，但应同时注明该字号经营者的基本信息。营业执照上登记的经营者与实际经营者不一致的，以登记的经营者和实际经营者为共同诉讼人"。由此，解决了实践中个体工商户的诉讼主体问题。

相关法条

《中华人民共和国民法典》第五十四条　自然人从事工商业经营，经依法登记，为个体工商户。个体工商户可以起字号。

家庭承包经营户对外债务应如何承担

（第 56 条）

基本案情

2013 年至 2018 年，黄某某与任某甲、任某乙发生业务往来，由黄某某提供任某甲、任某乙鱼饲料等鱼需产品。黄某某和任某甲、任某乙之间没有签订书面买卖合同，也未就货款进行结算。黄某某认为任某甲、任某乙是家庭共同经营养殖，应由任某甲、任某乙对所欠货款承担偿还责任，故将任某甲、任某乙起诉至法院，请求判令任某甲、任某乙立即支付所欠货款和利息。任某甲等认为，是任某乙在黄某某处购买饲料，二人之间建立买卖合同关系，任某甲作为独立就业、独立生活多年的儿子并不是合同当事人，依法不享有合同权利，当然也不能承担合同义务，任某甲不是本案的适格被告。

问题描述

本案中，原告认为，任某甲、任某乙系家庭共同经营养殖，应由任某甲、任某乙对所欠货款承担偿还责任；被告任某甲认为，其与父亲任某乙并非家庭共同经营。本案的争议焦点是，鱼塘经营是不是家庭承包经营；农村土地承包经营户对外债务应当如何承担。

裁判情况

法院经审理认为，任某甲和任某乙二人均参与了家庭承包经营，应当承担相应的债务。任某甲上诉称其父任某乙是案涉鱼塘承包经营人，其未参与鱼塘经营，不应当承担债务的主张，因其未能提供充足的证据，不予支持。任某甲等三人作为农户中的家庭成员均实际参与了案涉鱼塘的家庭承包经营，包括签收鱼饲料、支付货款等，对于向黄某某购买鱼饲料所累积结欠的货款，应当以任某甲等农户成员的财产承担相应的债务。

裁判结论：任某甲等农户成员承担相应的债务。

释法析理

稳定土地承包关系，赋予农民长久而有保障的土地承包经营权，关系到我国广大农民生存和发展的权利，关系到我国农业的持续发展、农村经济的繁荣和农村社会的和谐稳定。土地承包经营权是民法中的用益物权，土地承包经营权人依法对其承包经营的耕地、林地、草地等享有占有、使用和收益的权利，有权从事种植业、林业、畜牧业等农业生产。土地承包经营权人在集体所有的土地上，对承包地享有占有、使用和收益的权利，这体现了用益物权的基本特征和土地承包经营权人的基本权利。

对于个体工商户和农村承包经营户债权债务纠纷的案件，需要对承担民事责任的主体作出判断，可以从以下几方面综合考虑：一是投资主体，是用家庭共同财产投资，还是以个人财产投资；其中，对于家庭经营的个体工商户，家庭成员在登记对以共有财产出资签字表示同意，即可视为以家庭财产共同出资，个人财产出资时需要履行必要的共有财产分割的登记并予以公示；对于农村承包经营户，要看承包合同中是否有全体家庭农户成员或代表全体成员签字。二是经营主体，该个体经营活动或农村承包经营活动是个人进行还是家庭进行，全体农户成员经营还是部分农户经营。三是受益主体，经营所获收益是用于自然人个人消费还是用于整个家庭的生产、生活；土地承包经营的收入是用于以农户为单位的整体家庭，还是仅由农户部分成员享有。四是家庭财产制度，家庭实行共有财产制且收入作为共有财产的，债务即应当用家庭共有财产清偿。在个案中，要综合案件的具体情况作出判断分析，对不同情况适用不同的规定，以便更好地保护个体工商户和农村承包经营户以及债权人的利益。

相关法条

《中华人民共和国民法典》第五十六条　个体工商户的债务，个人经营的，以个人财产承担；家庭经营的，以家庭财产承担；无法区分的，以家庭财产承担。

农村承包经营户的债务，以从事农村土地承包经营的农户财产承担；事实上由农户部分成员经营的，以该部分成员的财产承担。

法人、法定代表人、法人代表是同一人吗

◆（第 61 条）◆

📋 基本案情

自然人陈某是某贸易公司的业务科长。2012 年 6 月，因其个人债务急需用钱，找到吕某某，说是因公司的业务需要借款 5 万元，吕某某同意借款，但要求陈某提供担保。陈某找到自己小学时同学王某，说是因某贸易公司的一笔业务很紧急，因资金不足向吕某某临时借 5 万元，7 月就可以还钱，请求王某为借款作担保。王某是当地有名的个体户，资金充裕，吕某某见王某是保证人，遂同意借款。吕某某与陈某签了 5 万元借款合同，在借款人一栏，陈某填上了某贸易公司，并签了自己的名字，没有盖公司的公章。在保证人一栏，王某也签上了自己的名字。陈某拿到钱款后，即用以偿还其个人债务。现借款期满，陈某无力偿还借款，吕某某要求保证人王某还款，王某则认为自己是因被欺诈而担保的，拒绝代为偿还，当事人之间产生纠纷，吕某某遂将某贸易公司起诉至法院。

🔍 问题描述

本案的争议焦点是，陈某能否代表某贸易公司签订借款合同。

裁判情况

法院经审理认为，陈某仅是某贸易公司的业务科长，并非法定代表人，案涉合同也未加盖公司印章，陈某的行为属个人行为，根据法律有关规定，某贸易公司对此不承担责任。

裁判结论：某贸易公司不承担赔偿责任。

释法析理

本案中，陈某既不是法定代表人，也未持有公司委托代理手续，其仅是公司聘用的业务科长，在借款行为上，更不构成表见代理，系个人行为，不应由公司承担责任。法定代表人是一个确定的法律概念，是按照法律或者法人章程的规定，代表法人从事民事活动的负责人。其他自然人，即使是被指定为法人代表，也不能与法定代表人的概念混同。

实践中，经常有人将法人、法人代表以及法定代表人的概念混同。通俗来讲，法人，即法律上拟制的人，是与自然人相对的一个概念，是具有民事权利能力和民事行为能力，依法独立享有民事权利和承担民事义务的组织。法人的实质，是一定社会组织在法律上的人格化，最常见的法人如"有限公司""股份有限公司"等。因此，大家常听到"这个单位的法人是某某某"的表述是错误的。法人代表，也可称为法人的授权代表，这个代表可以是张三，也可以是李四，他不是固定的，而是取决于法人的授权。这个授权可以一事一授权，也可以是一揽子事项的授权，这与法定代表人是完全不同的两个概念。

相关法条

《中华人民共和国民法典》第六十一条　依照法律或者法人章程的规定，代表法人从事民事活动的负责人，为法人的法定代表人。

法定代表人以法人名义从事的民事活动，其法律后果由法人承受。

法人章程或者法人权力机构对法定代表人代表权的限制，不得对抗善意相对人。

法定代表人因执行职务造成他人损害责任应由谁承担

◆（第 62 条）◆

📄 基本案情

1992 年 5 月 2 日，某人保公司总经理周某某向工商行政管理局出具一份由其签字并加盖公司公章的企业法人开业登记申请书，申请开办某期货公司。1993 年 4 月 1 日，工商行政管理局为其颁发了营业执照。1995 年 1 月 9 日至 1996 年 6 月 24 日，某雄鹰公司与某期货公司及其所属的第二营业部签订 11 份借款合同，约定："某雄鹰公司借款两笔共计 1000 万元给某期货公司，借款 9 笔共计 980 万元给某期货公司第二营业部，借款期限最长不超过三个月，月利率为 23‰。某期货公司用该款项经营期货业务，某雄鹰公司不承担经营风险。"合同签订后，某雄鹰公司按约付给某期货公司及其第二营业部人民币 1980 万元。因某期货公司及其第二营业部到期未偿还借款本息，1997 年 12 月 15 日，某雄鹰公司向人民法院提起诉讼，请求判令某期货公司、某人保公司偿还借款本息。案件审理时，周某某因犯有贪污罪、受贿罪、挪用公款罪被判处无期徒刑，某期货公司法定代表人卢某某下落不明，某期货公司已停业。

问题描述

本案的争议焦点是，某期货公司所负债务是否应当由某人保公司承担；周某某是否足以代表某人保公司对外实施法律行为。

裁判情况

本案经过一审、二审。二审法院经审理认为，周某某在工商局申请注册某期货公司时，企业法人注册申请书、企业法人登记注册表上，周某某都是以某人保公司负责人的名义、身份实施的，加盖了该公司公章；工商局为其注册登记公司，也是基于对周某某所任职务的信赖及对某人保公司的信赖，周某某的行为不能认定为纯粹的个人行为。周某某利用职权以某人保公司的名义申办某期货公司，给国家财产造成损失，应予制裁；对其予以制裁，是为了保护民事法律关系，而不能消灭民事法律关系，更不能因为对其制裁，而免除法人应承担的民事责任。

裁判结论：（1）某期货公司返还某雄鹰公司借款本金1980万元；（2）某人保公司对某期货公司的上述债务承担连带责任。

释法析理

法人就法定代表人行为所承担的民事责任是一种特殊侵权责任，既包括合同责任，也包括侵权责任。侵权责任的成立必须具备两个条件：一是法人的代表人因执行职务的行为而致人损害；二是法定代表人的加害行为须具备侵权责任的构成条件，如加害行为的违法性、损害后果、加害行为与损害后果之间存在因果关系及行为人有过错（适用无过错责任的除外）。

周某某虽为自然人，但同为某人保公司总经理、法定代表人。对其行为如何界定，是决定行为后果应由个人承担还是由法人承担的分界线。

当自然人的行为与职务无关时，法人通常不承担责任；如果其行为与职务相关联时，法人则应当承担责任。本案中，周某某系某人保公司总经理、法定代表人，其职务和权限足以代表保险公司对外实施法律行为。其向工商行政管理局出具申请书，申请开办某期货公司，申请书、企业法定代表人身份证明、资金信用证明以及企业法人申请开业登记注册书，周某某均在上述文件的负责人栏内签署了姓名，并加盖了保险公司的公章，该行为是以保险公司的名义实施的。由于设立某期货公司的行为是以某人保公司的名义进行的，该行为应认定为法人的行为。周某某受到刑事制裁，但不能免除法人应承担的民事责任。某人保公司应对开办某期货公司依法承担民事责任。

相关法条

《中华人民共和国民法典》第六十二条　法定代表人因执行职务造成他人损害的，由法人承担民事责任。

法人承担民事责任后，依照法律或者法人章程的规定，可以向有过错的法定代表人追偿。

法人的住所应如何认定

◆（第 63 条）◆

基本案情

某时代公司登记的住所地为北京市昌平区某镇某路1号楼4号，某南平公司因与某时代公司企业借贷纠纷，向北京市昌平区人民法院提起诉讼。某时代公司以其主要办事机构在北京市朝阳区，北京市昌平区人民法院对此案无管辖权为由提起管辖异议，后上诉至北京市第一中级人民法院。

问题描述

本案的争议焦点是，如何认定某时代公司的住所。

裁判情况

本案经过一审、二审。二审法院经审理认为，本案中，被告为公司，依据公司法规定，公司以其主要办事机构所在地为住所。本案某时代公司称其主要办事机构在北京市朝阳区××东路×号院×××公寓×座×××室，并提交了其与某奥北公司签订的房屋转租协议。但据法院实地调查，在该处并未悬挂某时代公司的公司标牌，也无人员办公，在该公寓 G 座物业管理部门登记的公司也非某时代公司，故该证据仅能证明该公司承租了北京市朝阳区××东路×号院×××公寓×座×××室，并不能足以证明该处所即为某时代公司的主要办事机构,如董事会、监事会等所在地位于该地点。另外,根据《公司登记管理条例》第12条、第26条、第29条的规定,经公司登记机关登记的公司的住所只能有一个,公司的住所应当在其公司登记机关辖区内。公司变更登记事项,应当向原公司登记机关申请变更登记。公司变更住所的,应当在迁入新住所前申请变更登记,并提交新住所使用证明。综上,依据民事诉讼法的规定,因合同纠纷所提起的诉讼,由被告住所地或者合同履行地法院管辖。某时代公司上诉所称的办公地点,经实地调查,无公司标牌,无人员办公,不足以证明该处所为某时代公司的主要办事机构。

裁判结论:裁定驳回某时代公司对本案管辖权提出的异议。

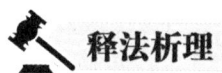

释法析理

法人的住所是具有法律意义的概念,是指法人依法向主管行政机关登记的地点,不同于法人的场所。法人的场所,是指法人从事业务活动或生产经营活动的处所,既包括法人机关所在地,也包括法人的生产经营场所和其他分支机构所在地。法人的住所只有一个,而法人的场所,包括营业场所、生产车间、销售网点则可以有多个。

相关法条

1.《中华人民共和国民法典》第六十三条　法人以其主要办事机构所在地为住所。依法需要办理法人登记的,应当将主要办事机构所在地登记为住所。

2.《中华人民共和国公司登记管理条例》第十二条　公司的住所是公司主要办事机构所在地。经公司登记机关登记的公司的住所只能有一个。公司的住所应当在其公司登记机关辖区内。

3.《中华人民共和国公司登记管理条例》第二十六条 公司变更登记事项，应当向原公司登记机关申请变更登记。

未经变更登记，公司不得擅自改变登记事项。

4.《中华人民共和国公司登记管理条例》第二十九条 公司变更住所的，应当在迁入新住所前申请变更登记，并提交新住所使用证明。

公司变更住所跨公司登记机关辖区的，应当在迁入新住所前向迁入地公司登记机关申请变更登记；迁入地公司登记机关受理的，由原公司登记机关将公司登记档案移送迁入地公司登记机关。

股东变更尚未登记原股东还需对外承担股东责任吗

◆（第 65 条）◆

基本案情

某丰芬公司于 2006 年 4 月 18 日成立，股东为李某丰、李某芬，各占 50% 的股份。2007 年 7 月 13 日，某轧辊公司与某丰芬公司签署了加工合同，总价款为 14018576 元。合同签订后，某轧辊公司按约交付了货物，但某丰芬公司未及时付款。经某轧辊公司多次催要，截至 2010 年 9 月，某丰芬公司拖欠 1520735.3 元。李某丰与李某芬于 2009 年 12 月 5 日签订了股权转让协议，约定李某芬将在某丰芬公司的股权转让给李某丰，公司经营期间的债权债务由李某丰个人享有和承担。李某丰向李某芬支付了股权转让款，但未办理股权转让登记。某丰芬公司在李某芬未参加的情况下，于 2010 年 10 月 10 日作出了注销公司、成立清算组的股东会决议，但未在法定期限内通知某轧辊公司。李某丰在清算报告上的清算组成员、股东签字处签上李某丰和李某芬的名字后，于 2010 年 12 月 26 日向工商局出具了清算报告，将某丰芬公司注销。某轧辊公司以李某丰、李某芬为被告，请求法院判决李某丰、李某芬支付拖欠货款共计 1520735.3 元及违约金、律师代理费。李某芬在举证期限内申请司法鉴定，经司法鉴定中心鉴定，2010 年 10 月 10 日《某丰芬公司股东会决议》和一份标称日期 2010 年 12 月 26 日《某丰芬公司清算报告》共计四处"李某芬"签名字迹不是李某芬本人书写。

问题描述

本案的争议焦点是，李某芬是否应当承担违法清算的赔偿责任。

裁判情况

本案经过一审、二审、再审。再审法院经审理认为，本案中李某丰与李某芬是某丰芬公司股东，虽然两人签订股权转让协议，李某芬将所持有的某丰芬公司50%的股权转让给李某丰，但并未在工商登记机关办理股权转让和股东变更登记，亦未根据诚实信用原则及时将已转让股权的事实通知某轧辊公司，根据公司法规定，某丰芬公司的股权变更不能对抗债权人某轧辊公司。对于某轧辊公司而言，李某芬仍然具有某丰芬公司股东的身份，应承担某丰芬公司股东的责任，承担组成清算组、依法清算的义务。

裁判结论：（1）李某丰给付某轧辊公司赔偿款1520735.3元及利息；（2）李某芬对上述款项承担连带清偿责任。

释法析理

最高人民法院《关于适用〈中华人民共和国公司法〉若干问题的规定（二）》第11条规定，"公司清算时，清算组应当按照公司法第一百八十五条的规定，将公司解散清算事宜书面通知全体已知债权人，并根据公司规模和营业地域范围在全国或者公司注册登记地省级有影响的报纸上进行公告。清算组未按照前款规定履行通知和公告义务，导致债权人未及时申报债权而未获清偿，债权人主张清算组成员对因此造成的损失承担赔偿责任的，人民法院应依法予以支持"。本案中，某丰芬公司清算组疏于履行公司清算时的通知和公告义务，导致债权人某轧辊公司未及时申报债权，现某丰芬公司已注销，某轧辊公司向清算组成员要求损害赔偿于法有据，李某丰、李某芬应就欠付某轧辊公司的1520735.3元承担连带赔偿责任。

相关法条

1.《中华人民共和国民法典》第六十五条 法人的实际情况与登记的事项不一致的，不得对抗善意相对人。

2. 最高人民法院《关于适用〈中华人民共和国公司法〉若干问题的规定（二）》第十一条 公司清算时，清算组应当按照公司法第一百八十五条的规定，将公司解散清算事宜书面通知全体已知债权人，并根据公司规模和营业地域范围在全国或者公司注册登记地省级有影响的报纸上进行公告。

清算组未按照前款规定履行通知和公告义务，导致债权人未及时申报债权而未获清偿，债权人主张清算组成员对因此造成的损失承担赔偿责任的，人民法院应依法予以支持。

法人合并后其权利义务应如何确定
（第 67 条）

基本案情

2000 年 8 月 23 日，某加油站与某油气公司签订《某加油站租赁经营合同》，约定将某加油站出租给某油气公司经营。2003 年 1 月 2 日，某加油站与某油气公司和某江门公司签订《关于转让加油站租赁经营权的协议》，约定将企业租赁经营合同承租人主体由某油气公司变更为某江门公司。2006 年 2 月 17 日，某中油有限公司以吸收合并某江门公司的方式进行重组。2006 年 6 月 23 日，某中油有限公司和某江门公司联合发出《吸收合并公告》。2007 年 5 月 15 日，某中油有限公司完成工商变更登记。2009 年 4 月 30 日，某中油有限公司办理了涉案某加油站的营业执照。2009 年 5 月 26 日，经工商行政管理局核准，某江门公司的经营范围变更为"仅供清理债权债务使用"。在租赁经营期间，某中油有限公司与某加油站产生争议，某江门公司遂向法院提起诉讼。同时，某中油有限公司向法院提交书面《情况说明》表示："本公司同意由某江门公司作为原《企业租赁经营合同》的权利人提起诉讼，并同意其提出的全部诉讼请求。如贵院认为本案有必要由本公司作为原告提起诉讼，本公司同意作为共同原告参加诉讼。"

问题描述

本案的争议焦点是，作为特种行业的加油站在企业合并时发生经营范围变更，对诉讼主体资格是否有实体的影响；对合同的履行是否存在影响。

裁判情况

本案经过一审、二审。二审法院经审理认为，第一，在2009年4月30日某中油有限公司办理某加油站的营业执照时，该油站已经作为某中油有限公司的分支机构存在，于2009年9月1日对外经营后，某江门公司在《企业租赁经营合同》及其相应的补充协议中的权利和义务就已经概括转移给了某中油有限公司。第二，作为中外合资企业，某中油有限公司吸收合并某江门公司已经得到相关部门的批准，在发出《吸收合并公告》并履行其他程序后，工商行政管理局依照规定分别对某中油有限公司和某江门公司的经营范围作出调整，某江门公司的经营范围变更为"仅供清理债权债务使用"，不再具有经营管理加油站的营业资格。第三，有关当事人在《企业租赁经营合同》及其相应的补充协议中约定的是租赁经营加油站的权利和义务，此项内容在营业执照的经营范围上是特别注明的"建设、经营、管理加油（加气）站"项目，显然不属于"清理债权债务"的范围，超出了营业执照允许的经营范围。在某中油有限公司在《企业租赁经营合同》及其相应的补充协议中的权利和义务没有再次依法转移给某江门公司的情况下，某江门公司无权再以自己的名义向对方主张权利。第四，某江门公司和某中油有限公司不能成为本案共同原告。根据合同法的有关规定，当事人订立合同后合并的，由合并后的法人或者其他组织行使合同权利，履行合同义务。某江门公司在《企业租赁经营合同》及其相应的补充协议中的权利和义务已经单向转移给了某中油有限公司，不存在某江门公司和某中油有限公司共同享有权利和承担义务的情形，某江门公司的权利和义务已经概括转移给了某中油有限公司。因此，某江门公司和某中油有限公司不能成为共同原告。

裁判结论：驳回原告某江门公司的诉讼请求。

 释法析理

总的说来，在合同履行过程中发生企业合并后，应当具体分析其权利义务概括转移情况，确定当事人的诉讼主体地位，而不是简单地以当事人是否持有营业执照作为判断标准。本案中，某江门公司已被某中油有限公司吸收合并，某中油有限公司已经实际承继合同并办理某加油站营业执照进行经营，理应由其对权利义务概括承受，某江门公司不具有主体资格。

相关法条

《中华人民共和国民法典》第六十七条　法人合并的，其权利和义务由合并后的法人享有和承担。

法人分立的，其权利和义务由分立后的法人享有连带债权，承担连带债务，但是债权人和债务人另有约定的除外。

什么情况下公司可以依法解散

（第69条）

基本案情

某海澜公司成立于2002年1月，林某清与戴某明系该公司股东，各占50%的股份，戴某明任公司法定代表人及执行董事，林某清任公司总经理兼公司监事。某海澜公司章程明确规定：股东会的决议须经代表二分之一以上表决权的股东通过，但对公司增加或减少注册资本、合并、解散、变更公司形式、修改公司章程作出决议时，必须经代表三分之二以上表决权的股东通过。股东会会议由股东按照出资比例行使表决权。2006年起，林某清与戴某明两人之间的矛盾逐渐显现。同年5月9日，林某清提议并通知召开股东会，由于戴某明认为林某清没有召集会议的权利，会议未能召开。同年6月6日、8月8日、9月16日、10月10日、10月17日，林某清委托律师向某海澜公司和戴某明发函称，因股东权益受到严重侵害，林某清作为享有公司股东会二分之一表决权的股东，已按公司章程规定的程序表决并通过了解散某海澜公司的决议，要求戴某明提供某海澜公司的财务账册等资料，并对某海澜公司进行清算。同年6月17日、9月7日、10月13日，戴某明回函称，林某清作出的股东会决议没有合法依据，戴某明不同意解散公司，并要求林某清交出公司财务资料。同年11月15日、25日，林某清再次向某海澜公司和戴某明发函，要求某海澜公司和戴某明提供公司财务账册等供其查阅、分配公司收入、解散公司。某管理委员会证明某海澜公司目前经营尚正常,且愿意组织林某清和戴某明进行调解。某海澜公司章程载明监事行使下列权利:(1)检查公司财务;(2)对执行董事、经理执行公司职务时违反法律、法规或者公司章程的行为进行监督;(3)当董事和经理的行为损害公司的利益时,要求董事和经理予以纠正;(4)提议召开临时股东会。从2006年6月1日至今,某海澜公司未召开过股东会。某管理委员会于2009年12月15日、16日两次组织双方进行调解,但均未成功。关于解散某海澜公司一事,原告林某清与被告某海澜公司及戴某明产生纠纷,诉至法院。

问题描述

原告诉称,某海澜公司经营管理发生严重困难,陷入公司僵局且无法通过其他方法解决,其权益遭受重大损害,请求解散某海澜公司;被告某海澜公司及戴某明辩称,某海澜公司及其下属分公司运营状态良好,不符合公司解散的条件,戴某明与林某清的矛盾有其他解决途径,不应通过司法程序强制解散公司。本案的争议焦点是,某海澜公司是否符合解散的条件。

裁判情况

本案经过一审、二审。二审法院经审理认为,第一,某海澜公司的经营管理已发生严重困难。根据《中华人民共和国公司法》第183条[①]和最高人民法院《关于适用〈中华人民共和国公司法〉若干问题的规定(二)》(以下简称《公司法规定(二)》)第1条的规定,判断公司的经营管理是否出现严重困难,应当从公司的股东会、董事会或执行董事以

---

① 裁判依据的是2005年修订的《中华人民共和国公司法》第183条,现为《中华人民共和国公司法》第182条。——编者注

及监事会或监事的运行现状进行综合分析。"公司经营管理发生严重困难"的侧重点在于公司管理方面存有严重内部障碍，如股东会机制失灵、无法就公司的经营管理进行决策等，不应片面理解为公司资金缺乏、严重亏损等经营性困难。本案中，某海澜公司仅有戴某明与林某清两名股东，两人各占50%的股份，某海澜公司章程规定"股东会的决议须经代表二分之一以上表决权的股东通过"，且各方当事人一致认可该"二分之一以上"不包括本数。因此，只要两名股东的意见存有分歧、互不配合，就无法形成有效表决，显然影响公司的运营。某海澜公司已持续4年未召开股东会，无法形成有效股东会决议，也就无法通过股东会决议的方式管理公司，股东会机制已经失灵。执行董事戴某明作为互有矛盾的两名股东之一，其管理公司的行为，已无法贯彻股东会的决议。林某清作为公司监事不能正常行使监事职权，无法发挥监督作用。由于某海澜公司的内部机制已无法正常运行、无法对公司的经营作出决策，即使尚未处于亏损状况，也不能改变该公司的经营管理已发生严重困难的事实。第二，由于某海澜公司的内部运营机制早已失灵，林某清的股东权、监事权长期处于无法行使的状态，其投资某海澜公司的目的无法实现，利益受到重大损失，且某海澜公司的僵局通过其他途径长期无法解决。《公司法规定（二）》第5条明确规定了"当事人不能协商一致使公司存续的，人民法院应当及时判决"。本案中，林某清在提起公司解散诉讼之前，已通过其他途径试图化解与戴某明之间的矛盾，某管理委员会也曾组织双方当事人调解，但双方仍不能达成一致意见。两审法院也基于慎用司法手段强制解散公司的考虑，积极进行调解，但均未成功。此外，林某清持有某海澜公司50%的股份，也符合公司法关于提起公司解散诉讼的股东须持有公司10%以上股份的条件。

裁判结论：解散某海澜公司。

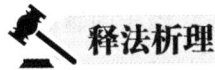

释法析理

《中华人民共和国公司法》第182条将"公司经营管理发生严重困难"作为股东提起解散公司之诉的条件之一。判断"公司经营管理是否发生严重困难",应从公司组织机构的运行状态进行综合分析。公司虽处于盈利状态,但其股东会机制长期失灵,内部管理有严重障碍,已陷入僵局状态,可以认定为公司经营管理发生严重困难。对于符合公司法及相关司法解释规定的其他条件的,人民法院可以依法判决公司解散。本案中,某海澜公司已符合公司法及《公司法规定(二)》所规定的股东提起解散公司之诉的条件。因此,法院从充分保护股东合法权益,合理规范公司治理结构,促进市场经济健康有序发展的角度出发,依法判决解散某海澜公司。

相关法条

1.《中华人民共和国民法典》第六十九条 有下列情形之一的,法人解散:

(一)法人章程规定的存续期间届满或者法人章程规定的其他解散事由出现;

(二)法人的权力机构决议解散;

(三)因法人合并或者分立需要解散;

(四)法人依法被吊销营业执照、登记证书,被责令关闭或者被撤销;

(五)法律规定的其他情形。

2.《中华人民共和国公司法》第一百八十二条 公司经营管理发生严重困难,继续存续会使股东利益受到重大损失,通过其他途径不能解决的,持有公司全部股东表决权百分之十以上的股东,可以请求人民法院解散公司。

3. 最高人民法院《关于适用〈中华人民共和国公司法〉若干问题的规定（二）》第一条 单独或者合计持有公司全部股东表决权百分之十以上的股东，以下列事由之一提起解散公司诉讼，并符合公司法第一百八十二条规定的，人民法院应予受理：

（一）公司持续两年以上无法召开股东会或者股东大会，公司经营管理发生严重困难的；

（二）股东表决时无法达到法定或者公司章程规定的比例，持续两年以上不能做出有效的股东会或者股东大会决议，公司经营管理发生严重困难的；

（三）公司董事长期冲突，且无法通过股东会或者股东大会解决，公司经营管理发生严重困难的；

（四）经营管理发生其他严重困难，公司继续存续会使股东利益受到重大损失的情形。

股东以知情权、利润分配请求权等权益受到损害，或者公司亏损、财产不足以偿还全部债务，以及公司被吊销企业法人营业执照未进行清算等为由，提起解散公司诉讼的，人民法院不予受理。

4. 最高人民法院《关于适用〈中华人民共和国公司法〉若干问题的规定（二）》第五条 人民法院审理解散公司诉讼案件，应当注重调解。当事人协商同意由公司或者股东收购股份，或者以减资等方式使公司存续，且不违反法律、行政法规强制性规定的，人民法院应予支持。当事人不能协商一致使公司存续的，人民法院应当及时判决。

经人民法院调解公司收购原告股份的，公司应当自调解书生效之日起六个月内将股份转让或者注销。股份转让或者注销之前，原告不得以公司收购其股份为由对抗公司债权人。

公司清算时未实际参加经营管理的股东有义务配合清算吗

◆（第70条）◆

📄 基本案情

2007年6月28日，某贸易公司与某设备有限公司建立钢材买卖合同关系。某贸易公司履行了7095006.6元的供货义务，某设备有限公司已付货款5699778元，尚欠货款1395228.6元。房某福、蒋某东和王某明为某设备有限公司的股东，所占股份分别为40%、30%、30%。某设备有限公司因未进行年检，2008年12月25日被工商部门吊销营业执照，至今股东未组织清算。现某设备有限公司无办公经营地，账册及财产均下落不明。某设备有限公司在其他案件中因无财产可供执行被中止执行。

🔍 问题描述

原告某贸易公司认为，其向被告某设备有限公司供应钢材，某设备有限公司尚欠货款1395228.6元。被告房某福、蒋某东和王某明为某设备有限公司的股东，某设备有限公司未年检，被工商部门吊销营业执照，至今未组织清算。因其怠于履行清算义务，导致公司财产流失、灭失，某贸易公司的债权得不到清偿。根据公司法及相关司法解释规定，房某福、蒋某东和王某明应对某设备有限公司的债务承担连带责任。故请求判令某设备有限公司偿还某贸易公司货款1395228.6元及违约金，房某福、蒋某东和王某明对某设备有限公司的债务承担连带清偿责任。被告蒋某东、王某明认为，两人从未参与过某设备有限公司的经营管理；某设备有限公司实际由大股东房某福控制，两人无法对其进行清算；某设备有限公司由于经营不善，在被吊销营业执照前已背负了大量债务，资不抵债，并非由于蒋某东、王某明怠于履行清算义务而导致某设备有限公司财产灭失；蒋某东、王某明也曾委托律师对某设备有限公司进行清算，但由于某设备有限公司财物多次被债权人哄抢，导致无法清算，因此蒋某东、王某明不存在怠于履行清算义务的情况。本案的争议焦点是，公司因故未能及时进行清算的，股东是否可以自身未实际参加公司经营管理免除清算义务。

裁判情况

本案经过一审、二审。二审法院经审理认为，某贸易公司按约供货后，某设备有限公司未能按约付清货款，应当承担相应的付款责任及违约责任。房某福、蒋某东和王某明作为某设备有限公司的股东，应在某设备有限公司被吊销营业执照后及时组织清算。因房某福、蒋某东和王某明怠于履行清算义务，导致某设备有限公司的主要财产、账册等均已灭失，无法进行清算，房某福、蒋某东和王某明怠于履行清算义务的行为，违反了公司法及其司法解释的相关规定，应当对某设备有限公司的债务承担连带清偿责任。某设备有限公司作为有限责任公司，其全体股东在法律上应一体成为公司的清算义务人。公司法及其相关司法解释并未规定蒋某东、王某明所辩称的例外条款，因此无论蒋某东、王某明在某设备有限公司中所占的股份为多少，是否实际参与了公司的经营管理，两人在某设备有限公司被吊销营业执照后，都有义务在法定期限内依法对某设备有限公司进行清算。关于蒋某东、王某明辩称某设备有限公司在被吊销营业执照前已背负大量债务，即使其怠于履行清算义务，也与某设备有限公司财产灭失之间没有关联性。根据查明的事实，某设备有限公司在其他案件中因无财产可供执行被中止执行的情况，只能证明人民法院在执行中未查找到某设备有限公司的财产，不能证明某设备有限公司的财产在被吊销营业执照前已全部灭失。某设备有限公司的三名股东怠于履行清算义务与某设备有限公司的财产、账册灭失之间具有因果联系，蒋某东、王某明的该项抗辩理由不成立。蒋某东、王某明委托律师进行清算的委托代理合同及律师的证明，仅能证明蒋某东、王某明欲对某设备有限公司进行清算，但事实上对某设备有限公司的清算并未进行。据此，不能认定蒋某东、王某明依法履行了清算义务，故对蒋某东、王某明的该项抗辩理由不予采纳。

裁判结论：（1）某设备有限公司偿付某贸易公司货款1395228.6元及相应的违约金；（2）房某福、蒋某东和王某明对某设备有限公司的上述债务承担连带清偿责任。

释法析理

有限责任公司的股东、股份有限公司的董事和控股股东，应当依法在公司被吊销营业执照后履行清算义务，不能以其不是实际控制人或者未实际参加公司经营管理为由，免除清算义务。本案中，无论蒋某东、王某明在某设备有限公司中所占的股份为多少，是否实际参与了公司的经营管理，两人在某设备有限公司被吊销营业执照后，都有义务在法定期限内依法对某设备有限公司进行清算。

相关法条

《中华人民共和国民法典》第七十条 法人解散的，除合并或者分立的情形外，清算义务人应当及时组成清算组进行清算。

法人的董事、理事等执行机构或者决策机构的成员为清算义务人。法律、行政法规另有规定的，依照其规定。

清算义务人未及时履行清算义务，造成损害的，应当承担民事责任；主管机关或者利害关系人可以申请人民法院指定有关人员组成清算组进行清算。

为设立法人从事的民事活动法律后果应由谁承受

（第 75 条）

基本案情

2009 年 9 月 14 日、10 月 18 日、10 月 20 日、10 月 21 日，某设备租赁中心与李某先后签订了四份建筑设备租赁合同，双方就租赁的设备类型、数量、租金价格等内容进行了明确约定。上述合同签订后，某设备租赁中心按照约定，出租给李某合同约定的建筑设备若干，租赁费 313343.4 元李某未按照约定支付。某酒店成立于 2009 年 10 月 22 日，注册资本 50 万元，公司类型是一人有限责任公司，李某系该公司发起人、股东、法定代表人。2010 年 9 月 20 日，该公司申请变更工商登记，并修改股东章程，增加宋某为公司股东。2012 年 4 月 20 日，该公司再次变更工商登记，增资 450 万元，注册资本变更为 500 万元。2011 年 6 月 22 日，某设备租赁中心与某酒店就租赁设备遗留问题达成协议，约定某酒店在一个月内归还设备并支付剩余租金。之后，双方因为租金支付产生争议，某设备租赁中心将李某起诉至法院。

问题描述

李某认为，李某与某设备租赁中心签订的四份租赁合同均在某酒店成立前，此时李某为某酒店有限公司设立以自己名义与某设备租赁中心签订租赁合同，是法定代表人行为，应由某酒店承担相应责任。本案的争议焦点是，如何确定某酒店与李某的责任划分。

裁判情况

本案经过一审、二审。二审法院经审理认为，某酒店于 2009 年 10 月 22 日成立，在成立以前尚不具备独立民事主体资格，李某与某设备租赁中心签订的四份租赁合同均在某酒店成立前，此时李某为某酒店有限公司设立以自己名义与某设备租赁中心签订租赁合同，不是法定代表人行为，而是公司发起人责任问题。某设备租赁中心与李某签订租赁合同时没有义务去了解承租人将设备用于何处，2011 年 6 月 22 日某酒店与某设备租赁中心签订的遗留问题解决协议，属某酒店对其他债务的认可，其自愿承担相关义务并不违反法律规定，但这与公司设立阶段的发起人责任没有直接的关联性，并不能免除作为合同相对人李某的民事责任。根据最高人民法院《关于适用〈中华人民共和国公司法〉若干问题的规定（三）》第 2 条规定，李某作为某酒店的发起人，某设备租赁中心享有请求李某和某酒店承担责任的选择权，某设备租赁中心作为合同债权人直接以李某为被告要求其承担相应的民事责任，于法有据。

裁判结论：（1）被告李某支付某设备租赁中心租赁费 313343.4 元；（2）被告李某返还相应建筑设备。

释法析理

设立人从事的民事活动，只有为设立法人实施的，相应的法律后果才可由成立后的法人或者法人未成立时的全体设立人承担。设立人为设立法人以自己的名义从事民事活动产生的民事责任，第三人有权选择请求法人或者设立人承担。

相关法条

1. **《中华人民共和国民法典》第七十五条** 设立人为设立法人从事的民事活动，其法律后果由法人承受；法人未成立的，其法律后果由设立人承受，设立人为二人以上的，享有连带债权，承担连带债务。

设立人为设立法人以自己的名义从事民事活动产生的民事责任，第三人有权选择请求法人或者设立人承担。

2. **最高人民法院《关于适用〈中华人民共和国公司法〉若干问题的规定（三）》第二条** 发起人为设立公司以自己名义对外签订合同，合同相对人请求该发起人承担合同责任的，人民法院应予支持。

公司成立后对前款规定的合同予以确认，或者已经实际享有合同权利或者履行合同义务，合同相对人请求公司承担合同责任的，人民法院应予支持。

民办学校股东的权责和公司股东的一样吗

◆（第76条）◆

📋 基本案情

2010年4月，某嘉华公司出资设立了某教育进修学院，占100%的出资份额，该学院系法人型民办非企业单位，发证机关为某区民政局，业务主管单位为某区教育局；某教育进修学院章程约定"学院实行董事会领导下的院长负责制，决策机构是董事会"等。2012年9月，某嘉华公司与唐某某、赵某某、王某某订立《资产、开办资金转让暨共同办学合同》，就设立某机动车驾驶培训基地、转让及交换出资股份等事宜达成协议。2012年10月15日，某教育进修学院董事会通过《董事会决议》，约定唐某某等人持有某教育进修学院90%出资份额、某嘉华公司持有某教育进修学院10%出资份额。

2015年11月中旬，某嘉华公司发函给某教育进修学院要求提供财务、董事会会议决议、监事会会议决议等材料，因某教育进修学院未回复，故某嘉华公司起诉至法院。

🔍 问题描述

本案的争议焦点是，某嘉华公司是否有权查阅、复制某教育进修学院的章程、董事会会议决议、监事会会议决议和财务会计报告及查阅会计账簿。

裁判情况

本案经过一审、二审。二审法院经审理认为，某嘉华公司作为民办学校的出资人，享有的合法权益应当包括了解和掌握学校办学和管理活动等重要信息的权利，该权利是举办者依法取得合理回报、参与重大决策和选择管理者等权利的重要基础。学校章程、董事会会议决议、监事会会议决议及财务会计报告和会计账簿等资料是记录和反映学校的组织与活动、资产与财务管理等内容的重要载体。举办者只有在获取学校办学和管理活动信息的基础上，才可能参与学校的重大决策，要求合理回报及行使监督权。某嘉华公司作为某教育进修学院的举办者，享有参与重大决策、选择管理者及取得合理回报的权利。某嘉华公司在学校章程中规定的合理回报具有财产性特征，直接或间接与财产相关，该合理回报属于法律所要保护的合法权益，合理回报的实现离不开知情权之保障。国家保障民办学校举办者的合法权益，该合法权益应当包括知情权，某嘉华公司的诉讼请求具有相应的法律依据。

裁判结论：（1）某教育进修学院提供章程、董事会会议决议、监事会会议决议和财务会计报告供某嘉华公司查阅、复制；（2）某教育进修学院提供会计账簿供某嘉华公司查阅。

释法析理

民办学校的举办者可以自主选择设立非营利性或者营利性民办学校。营利性民办学校举办者主张行使知情权的，人民法院可以类推适用公司法相关规定。

相关法条

《中华人民共和国民法典》第七十六条 以取得利润并分配给股东等出资人为目的成立的法人,为营利法人。

营利法人包括有限责任公司、股份有限公司和其他企业法人等。

个人独资企业变更经营者后所欠货款应当由谁负责偿还

（第 102 条）

基本案情

孙某与王某原系夫妻，共同经营某购物广场，营业执照载明的是以孙某为经营者、以某购物广场为字号的个体工商户。2018 年 1 月 18 日，孙某与王某协议离婚并约定某购物广场经营权归孙某。2019 年 1 月 29 日，某购物广场的经营者由孙某又变更为王某，营业执照载明的是以王某为投资人、以某购物广场为企业名称的个人独资企业。2017 年 8 月至 2018 年 4 月期间，某购物广场与某食品有限公司发生货款往来共计 2 万元，某购物广场均未支付。某食品有限公司为此诉至法院。

问题描述

本案系因个人独资企业经营者发生变更引发的合同纠纷。本案的争议焦点是，个人独资企业是否具有独立民事主体资格；其经营者变更后，企业所欠货款由谁偿还。

裁判情况

法院经审理认为，某购物广场属于个人独资企业，个人独资企业以自己的企业名称从事民事活动，对外缔结法律关系，是市场活动中的合法民事主体，具有自己相应的权利能力和责任能力，个人独资企业因转让致使投资人变化的，不影响企业对外享受权利、履行义务和承担责任。被告某购物广场主张其对孙某作为投资人期间产生的债务不承担偿还责任，不予支持。

裁判结论：某购物广场支付原告某食品有限公司货款 2 万元，其财产不足以偿还部分，由被告王某以其个人财产清偿。

释法析理

《中华人民共和国民法典》第 102 条规定，"非法人组织是不具有法人资格，但是能够依法以自己的名义从事民事活动的组织。非法人组织包括个人独资企业、合伙企业、不具有法人资格的专业服务机构等"。本案中，某购物广场的经营者由孙某变更为王某，某购物广场的性质由个体工商户变更为个人独资企业，其没有改变的是民事权利义务的承继。某购物广场作为个人独资企业从事民事活动，具有独立民事主体资格，具有相应的权利能力和责任能力。个人独资企业投资人的变更属于企业经营存续期间的变更，企业并未解散，不属于新企业的产生、原企业的消灭，不影响企业对外享受权利、履行义务和承担责任。故以个人独资企业的名义所形成的债务，无论个人独资企业的投资人发生怎样的变更，均应由个人独资企业的财产首先清偿。个人独资企业财产不足以清偿债务的，投资人应当以其个人的其他财产予以清偿。本案中，被告王某作为某购物广场的投资人，对于企业财产不足清偿的债务，应当以其个人财产承担清偿责任。被告某购物广场主张其对孙某作为投资人期间产生的债务不应承担偿还责任，显属不当。王某称其与孙某离婚并对财产分割进行了约定，主张其本人对孙某经营期间的债务不应承担责任。王某对于某购物广场的债务承担责任是基于其个人独资企业投资人的身份，而并非基于其与孙某的夫妻关系。且王某与孙某之间签订的离婚协议,对第三人不产生法律拘束力。

相关法条

1.《中华人民共和国民法典》第一百零二条　非法人组织是不具有法人资格,但是能够依法以自己的名义从事民事活动的组织。

非法人组织包括个人独资企业、合伙企业、不具有法人资格的专业服务机构等。

2.《中华人民共和国个人独资企业法》第二条　本法所称个人独资企业,是指依照本法在中国境内设立,由一个自然人投资,财产为投资人个人所有,投资人以其个人财产对企业债务承担无限责任的经营实体。

3.《个人独资企业登记管理办法》第十七条第一款　个人独资企业因转让或者继承致使投资人变化的,个人独资企业可向原登记机关提交转让协议书或者法定继承文件,申请变更登记。

个人独资企业出资人可否不承担企业债务

（第 104 条）

基本案情

武某某经营个体工商户，从事酒水批发，其长期从某酒品专卖店处进货，模式为武某某先预存货款，后专卖店按武某某需求送货上门。某酒品专卖店系个人独资企业，2015 年 5 月 8 日，时某甲将该酒品专卖店转让给儿子时某乙。武某某保存的部分转款凭证显示，武某某曾分别在 2013 年 7 月 29 日、2013 年 12 月 3 日、2014 年 3 月 25 日、2014 年 8 月 20 日，向某酒品专卖店投资人时某甲转账支付预存货款 15 万元、20 万元、10 万元、10 万元。武某某保留送货小票，双方不定期对账。2015 年前后，某酒品专卖店出现送货不及时情况。2016 年前后，该酒品专卖店停止送货，陆续向武某某返还预存货款。2017 年 4 月 30 日，经双方核算，时某乙向武某某出具欠条，内容为"截至 2016 年 12 月欠武某某 401824 元"，后附余下未返还的预存货款计算方式。此后，武某某持续向时某乙催款，但均未果。2019 年，武某某将某酒品专卖店和时某甲、时某乙诉至法院，请求某酒品专卖店返还货款及利息，时某甲、时某乙对某酒品专卖店上述债务承担连带责任。截至目前，被告某酒品专卖店尚欠预存货款 401824 元未返还。

问题描述

本案的争议焦点是，个人独资企业的出资人可否以个人与企业独立为由不承担企业债务；投资人变更后，企业债务应由谁承担。

裁判情况

本案经过一审、二审。二审法院经审理认为，被告时某甲、时某乙主张其二人系职务行为，个人与企业独立，两人不应承担债务，本案中，专卖店系个人独资企业，企业财产为投资人个人所有，投资人依法应当以个人财产对企业债务承担无限责任。此外，本案中还存在个人独资企业投资人变更后企业债务由谁承担的问题，该企业的债务属于投资人个人债务，投资人的变更实质是投资人债务的转移，投资人作为债务人，在变更投资人，即债务转移时，应当经过债权人同意，现被告时某甲的转让行为未经债权人同意，故其仍应当承担清偿责任。被告时某乙作为受让企业的投资人，以欠条、还款、微信记录等形式对还款作出了承诺，并履行了部分还款责任，系自愿加入债务承担，亦应承担清偿责任。个人独资企业属于非法人组织，其企业财产不足以清偿债务的，投资人以其个人财产对企业债务承担无限责任。

裁判结论：被告某酒品专卖店返还原告武某某货款 401824 元并支付利息；被告时某甲、时某乙在被告某酒品专卖店财产不足以清偿时，对上述债务承担连带清偿责任。

释法析理

《中华人民共和国民法典》第 102 条规定，"非法人组织是不具有法人资格，但是能够依法以自己的名义从事民事活动的组织。非法人组织包括个人独资企业、合伙企业、不具有法人资格的专业服务机构等"。第

104条规定，非法人组织的财产不足以清偿债务的，其出资人或者设立人承担无限责任。由此可见，基于非法人组织成立时并没有法定最低限额独立财产的要求这一自身特点，决定了非法人组织的民事责任既是一种无限责任，也是一种连带责任，非法人组织不能作为独立组织与其出资人或者设立人相分离，其民事责任问题形成了组织与成员互不分离、互为连带、互相转承的法律关系。

相关法条

1.《中华人民共和国民法典》第一百零二条　非法人组织是不具有法人资格，但是能够依法以自己的名义从事民事活动的组织。

非法人组织包括个人独资企业、合伙企业、不具有法人资格的专业服务机构等。

2.《中华人民共和国民法典》第一百零四条　非法人组织的财产不足以清偿债务的，其出资人或者设立人承担无限责任。法律另有规定的，依照其规定。

3.《中华人民共和国个人独资企业法》第二条　本法所称个人独资企业，是指依照本法在中国境内设立，由一个自然人投资，财产为投资人个人所有，投资人以其个人财产对企业债务承担无限责任的经营实体。

4.《中华人民共和国个人独资企业法》第十七条　个人独资企业投资人对本企业的财产依法享有所有权，其有关权利可以依法进行转让或继承。

5.《中华人民共和国个人独资企业法》第三十一条　个人独资企业财产不足以清偿债务的，投资人应当以其个人的其他财产予以清偿。

谁能代表非法人组织从事民事活动

（第 105 条）

基本案情

2018年4月10日，某自来水厂与某中心水厂签订产权转让协议书，以131.5万元的价格整体一次性转让自来水厂的取水设施、制水设备、供水设施及所属房屋所有权、经营权和管理权给中心水厂，并就相关事项进行了约定，其中转让款定于签订协议书后一个月内向自来水厂支付转让款60万元，2018年农历年底前付清余款。如一方违约，给对方造成经济损失，除赔偿对方由此造成的经济损失外，并一次性向对方支付违约金20万元。合同签订后，中心水厂于2018年5月29日向自来水厂支付了转让费60万元，2019年2月3日向自来水厂支付了转让费45万元，尚欠26.5万元未付。双方协商未果，诉至法院。付某某系自来水厂的合伙负责人。

问题描述

付某某认为，中心水厂未按协议约定及时支付转让款项，应按合同约定支付违约金20万元，请求法院支持其诉讼请求；中心水厂认为，本案的诉讼人付某某不具备自来水厂的身份资格，无权替代自来水厂作为原告起诉。本案的争议焦点是，自来水厂合伙负责人付某某能否以自来水厂名义主张权利。

裁判情况

法院经审理认为，首先，付某某作为自来水厂的合伙负责人，其有权以自来水厂的名义起诉，付某某是本案诉讼主体。其次，本案涉案相关法律文书（包括民事诉状）没有加盖公章的原因系依据双方之间的协议约定自来水厂将公章交付给中心水厂，而中心水厂并没有依协议约定支付剩余的转让款并拒绝盖章，中心水厂这种不付款又不加盖公章的行为违反了诚实信用原则。最后，自来水厂的所有股东亦认可付某某以自来水厂名义起诉的行为。故中心水厂应该支付自来水厂剩余转让款及违约金。

裁判结论：中心水厂支付自来水厂转让费26.5万元，并支付违约金。

释法析理

《中华人民共和国民法典》第102条规定，"非法人组织是不具有法人资格，但是能够依法以自己的名义从事民事活动的组织。非法人组织包括个人独资企业、合伙企业、不具有法人资格的专业服务机构等"。第105条规定，"非法人组织可以确定一人或者数人代表该组织从事民事活动"。非法人组织作为组织体，和法人一样，需要确定自然人作为代表人代表其作出意思表示、受领意思表示，从事民事活动。非法人组织的代表人对外能够以非法人组织的名义从事民事活动，与相对人形成民事法律关系。

相关法条

《中华人民共和国民法典》第一百零五条　非法人组织可以确定一人或者数人代表该组织从事民事活动。

合伙企业有人退伙怎么办

（第 106 条）

基本案情

2018 年 3 月 17 日，马某、海某达成合伙协议，协议约定二人各自出资 16 万元合伙经营牛肉面馆。同年 5 月 24 日，经双方协议达成散伙协议，协议约定马某退出合伙经营，海某支付马某合伙出资款 16 万元，合伙经营期间不存在债权及债务。出资 16 万元分两次付清，于 2018 年 8 月 15 日前支付 10 万元，2018 年 10 月 31 日前支付 6 万元，如未按期支付退伙款，海某按照月利率 0.2% 支付利息。后海某分别于 2019 年 9 月 29 日转账支付 14000 元、12 月 16 日微信支付马某 4000 元。剩余部分出资款一直未向马某支付，马某遂将海某诉至法院，请求判令海某支付未支付的退伙款及利息。

问题描述

本案的争议焦点是，合伙企业有人退伙会引发什么结果；退伙后各方都有什么权利义务。

裁判情况

法院经审理认为，原、被告合伙经营牛肉面馆，后双方达成散伙协议，协议约定被告退还原告合伙出资款 16 万元，原告退出经营，牛肉面馆由被告独自经营，符合法律规定的解散事由，原被告间的合伙经营解散，应当按照相关法律规定清算债权债务。

裁判结论：被告海某一次性返还原告马某合伙出资款142000元，并支付利息。

释法析理

非法人组织的解散是非法人组织终止的原因，意味着非法人组织民事主体资格的丧失，不再具有民事权利能力和民事行为能力。非法人组织解散事由就是引起非法人组织解散的法律事实，非法人组织解散的事由包括：一是非法人组织章程规定的存续期间届满。在非法人组织设立时，如果设立人或出资人在章程中明确规定了存续期间，存续期间届满后，设立人或出资人没有使非法人组织继续存续的意愿的，非法人组织就应当解散。二是非法人组织章程规定的其他解散事由出现。非法人组织作为出资人或设立人合意而形成的组织体，其出资人或设立人根据意思自治原则，完全可以在设立非法人组织时，在章程中约定出现特定事由，非法人组织将解散。一旦发生约定的解散事由，非法人组织则应解散。三是出资人或者设立人决定解散。非法人组织在存续期间，如果出资人或设立人发现设立非法人组织的目的已经实现或者无法实现，或者基于其他事由而不愿意使非法人组织继续存续的，完全可以按照自己的意愿作出解散非法人组织的决定。四是法律规定的其他解散事由。对于不同类型的非法人组织，法律均对其解散事由作了相应的规定。《中华人民共和国合伙企业法》第85条规定，合伙企业有下列情形之一的，应当解散：（1）合伙期限届满，合伙人决定不再经营；（2）合伙协议约定的解散事由出现；（3）全体合伙人决定解散；（4）合伙人已不具备法定人数满三十天；（5）合伙协议约定的合伙目的已经实现或者无法实现；

（6）依法被吊销营业执照、责令关闭或者被撤销；（7）法律、行政法规规定的其他原因。《中华人民共和国个人独资企业法》第26条规定，个人独资企业有下列情形之一时，应当解散：（1）投资人决定解散；（2）投资人死亡或者被宣告死亡，无继承人或者继承人决定放弃继承；（3）被依法吊销营业执照；（4）法律、行政法规规定的其他情形。因此，根据这些法律的特别规定，合伙企业一旦出现了合伙人已不具备法定人数满三十天，个人独资企业出现投资人死亡或者被宣告死亡等法律规定的原因时，也应当解散。

📖 相关法条

1. **《中华人民共和国民法典》第一百零六条** 有下列情形之一的，非法人组织解散：

（一）章程规定的存续期间届满或者章程规定的其他解散事由出现；

（二）出资人或者设立人决定解散；

（三）法律规定的其他情形。

2. **《中华人民共和国合伙企业法》第八十五条** 合伙企业有下列情形之一的，应当解散：

（一）合伙期限届满，合伙人决定不再经营；

（二）合伙协议约定的解散事由出现；

（三）全体合伙人决定解散；

（四）合伙人已不具备法定人数满三十天；

（五）合伙协议约定的合伙目的已经实现或者无法实现；

（六）依法被吊销营业执照、责令关闭或者被撤销；

（七）法律、行政法规规定的其他原因。

3. **《中华人民共和国个人独资企业法》第二十六条** 个人独资企业有下列情形之一时，应当解散：

（一）投资人决定解散；

（二）投资人死亡或者被宣告死亡，无继承人或者继承人决定放弃继承；

（三）被依法吊销营业执照；

（四）法律、行政法规规定的其他情形。

非法人组织解散后如何清算

(第107条)

基本案情

程某与张某某系夫妻关系。2016年6月30日，董某某、程某与韩某三人签订《合作开发经营××公司协议书》，约定：在××公司既有财产归董某某、韩某所有的基础上，由三人合作重新注入资金，新公司采取股份制合作，筹集资金40万元用作公司经营的启动资金，公司所得收入原则上优先归还股东投入的启动资金及利息，公司所有利润收入及新增固定资产和能变现的无形资产均按照股东所占股本比例分配，并按照所占股份承担所有亏损及损失；董某某行使董事长的职权；程某行使总经理职权，主持公司的日常工作，负责公司用工与生产经营管理以及公司固有资产的维修和维护等。后董某某和韩某将投资款36万元全部交由程某负责管理使用，三人并未因本次合作注册登记新的公司。2017年5月15日，韩某将其10%份额以4万元对价转让给了董某某，程某未提异议。同月，程某离开合伙经营地点，未与合伙人清算收支损益，也未提供经营收支账目，因此与董某某产生纠纷。董某某遂向法院提起诉讼，申请对合伙财产进行清算，对合伙期间产值收益进行评估鉴定。

问题描述

本案的争议焦点是，非法人组织解散后，应当如何进行清算。

裁判情况

法院经审理认为，董某某申请对双方合伙账目进行审计，以查明合伙期间债权债务及财产，后鉴定机关出具说明：无法根据现有资料进行审计鉴定。合伙终止时，合伙人应对合伙时投入的财产、合伙期间积累的财产、盈利亏损、债权和债务进行清算，对合伙期间的盈亏及债权债务作出合理公平的分配。董某某与程某合伙经营，现董某某主张清算，但双方均不能提交合伙期间账目，不能反映双方合伙的盈亏情况，双方也未形成一致认可的核算方案或清算结果，本案仅依据双方提交的现有证据不能进行清算，不能确定合伙盈亏情况。因确有部分账目在董某某手中，不应将提供账目的责任全部分配给程某承担。董某某要求程某返还投资款及经济收益，证据不足，不予支持。

裁判结论：驳回董某某的诉讼请求。

释法析理

非法人组织的清算就是非法人组织解散后，依法确定清算人开展清理结束现有业务、了结债权债务关系的活动。出资人或设立人在非法人组织出现解散事由后，应当解散非法人组织，指定清算人开展清算活动。关于非法人组织的清算，各相关法律也都有专门的规定。

相关法条

《中华人民共和国民法典》第一百零七条　非法人组织解散的，应当依法进行清算。

机组人员维护机舱秩序属于侵犯人格尊严吗

◆（第 109 条）◆

基本案情

2016 年 3 月 24 日，刘某某乘坐某航空公司航班，其登机牌座位号为 1A，刘某某登机后实际就座于座位号 2C。后该航班机长要求核查刘某某的登机牌，在发现其未按照登机牌座位落座后，要求其配合坐回原座位，其间，双方发生争执。刘某某最终坐回 1A 号座位，并在事后向航空公司进行了投诉。刘某某认为，航空公司该航班机长的行为对其人格尊严权造成了侵害，故诉至法院，要求被告航空公司在《文汇报》、被告官方微博及官网上公开赔礼道歉，并要求被告赔偿经济损失人民币 1 元。

问题描述

本案的争议焦点是，航班机长的行为是否对原告的人格尊严权造成侵害。

裁判情况

本案经过一审、二审。二审法院经审理认为，首先，被告涉案航班机长有权查看原告登机牌，在原告未按登机牌座位就座的情况下要求原告坐回原座位，以保障航空安全、维护航空秩序，并无不妥。原告认为该名机长选择性执法,并无任何依据,法院不予采信。其次,原告提供的证据并未证明被告涉案航班机长与其对话中使用了侮辱、诽谤等损害其人格尊严的语言。最后,原告在庭审中亦认可在发生争执后,其在该航班上享受了与其他头等舱乘客相同的航空服务,并未受到任何区别性对待。被告机长维护机舱秩序的行为属于正常职责范围,并未对原告人格尊严造成侵害,故对于原告要求被告赔礼道歉的诉讼请求,法院不予支持。关于原告要求被告赔偿经济损失的诉讼请求,原告并无证据证明被告行为对其造成经济损害后果,故法院对该诉讼请求亦不予支持。

裁判结论:驳回原告刘某某的诉讼请求。

释法析理

人格尊严是主体对自己尊重和被他人尊重的统一。判断自然人人格尊严是否受到侵害,不能仅考虑该自然人的主观自我感受,更要从客观角度考虑其在通常社会范围内所享有的作为"人"之最基本尊重是否被贬损。

相关法条

《中华人民共和国民法典》第一百零九条 自然人的人身自由、人格尊严受法律保护。

朋友圈中发表侮辱他人言论构成侵权吗

◆（第110条）◆

基本案情

原告张某与被告赵某系朋友关系。2017年3月6日晚，双方因琐事产生矛盾，张某遂通过微信对赵某进行质问。质问过程中，双方言语不合使矛盾进一步加深，赵某便在微信中对张某使用了大量侮辱、辱骂的言语。2017年3月7日，赵某更是将微信中侮辱、辱骂张某的言语并附上张某的照片发到了自己的朋友圈，引起了被告朋友圈内的大量关注，其中与张某相识的朋友便联系张某询问缘由，张某夫妻之间也因此产生嫌隙。2017年3月8日，张某约赵某私下协商解决纠纷未果，后经当地派出所出警解决亦未果，该事件给张某的生活、工作带来了巨大压力。张某遂起诉至法院。

问题描述

本案的争议焦点是，通过朋友圈发表侮辱他人的言论和照片，是否构成侵权；侵犯了当事人什么权利；被侵权人应当如何维护自己的权益。

裁判情况

本案经过一审、二审。二审法院认为，赵某将微信中侮辱、辱骂张某的言语并附上张某的照片发到了自己的朋友圈，引起了被告朋友圈内的大量关注，原告的社会评价明显降低，造成损害的严重程度也可认定，赵某侵害了张某的名誉权。

裁判结论：赵某停止对张某的侵害行为，删除其朋友圈内的辱骂、侮辱性言论及所附上的张某的照片；在其朋友圈内发布向张某的道歉函，发布天数不低于三天；赔偿张某精神损害抚慰金5000元。

释法析理

微信朋友圈是网络陌生人社会中的熟人社会，根据微信朋友圈的显示规则，朋友圈分享者与浏览者共同的好友能够同时看到分享者和浏览者共同朋友间的互动，并存在转发的可能。"好事不出门，丑事传千里"，朋友圈的"涟漪效应"更是明显。被告明知朋友圈的信息传播速度，仍通过朋友圈分享来侵害他人名誉权，此损害的因果关系是可推定的。就本案法院认定的事实来看，原告的社会评价明显降低，造成损害的严重程度也是可以认定的，可以适用精神损害赔偿责任。最高人民法院2014年颁布的《关于审理利用信息网络侵害人身权益民事纠纷案件适用法律若干问题的规定》规定，"网络用户、网络服务提供者利用网络侵害他人民事权益的，应当承担侵权责任"。微信作为我国最为广泛使用的社交软件之一，朋友圈作为微信特有的交流方式，在使用过程中，如造成他人权利损害，同样应当承担相应的侵权责任。

相关法条

《中华人民共和国民法典》第一百一十条　自然人享有生命权、身体权、健康权、姓名权、肖像权、名誉权、荣誉权、隐私权、婚姻自主权等权利。

法人、非法人组织享有名称权、名誉权和荣誉权。

购买机票信息被泄露应当由谁承担责任

◆（第 111 条）◆

基本案情

2014年10月11日，庞某某委托案外人鲁某通过涉案平台订购了涉案航班的机票1张，同日Q公司向鲁某尾号1850手机发送短信"涉案航班机票已出票"，并注明航空客服电话及订单查询和退票改签的网址；Q公司同时向鲁某发送了警惕以飞机故障、航班取消为诱饵的诈骗短信的提醒短信。2014年10月13日，庞某某尾号9949手机收到号码来源不明的发件人发来短信，称涉案航班因飞机故障取消，并要求其拨打400电话改签。庞某某在知晓且收到上述短信后，拨打航空公司客服电话予以核实，客服人员确认该次航班正常，并提示庞某某收到的短信应属诈骗短信。关于诈骗短信为何发至庞某某本人，客服人员解释称通过该机票信息可查看到开头136、尾号9949手机号码及开头189、尾号280手机号码，可能是订票点泄露了庞某某手机号码，客服人员确认了尾号9949系庞某某本人号码。庞某某诉至法院，请求判决Q公司和航空公司在各自的官方网站以公告的形式向庞某某公开赔礼道歉，并赔偿庞某某精神损害抚慰金。

问题描述

本案的争议焦点是，乘机人的个人信息被泄露，侵犯了什么权利；是否应当承担侵权责任。

裁判情况

法院经审理认为，庞某某的姓名、手机号、行程安排等属于个人信息，也属于隐私信息，未经权利人允许，任何人都不得扩散和不当利用。从机票销售的整个环节看，庞某某自己、鲁某、Q公司、航空公司都是掌握庞某某姓名、手机号及涉案行程信息的主体，但庞某某和鲁某不存在故意泄露信息的可能，航空公司和Q公司存在泄露庞某某个人隐私信息的高度可能，且航空公司和Q公司所提供的泄露信息的主体为他案犯罪分子的反证无法推翻上述高度可能。庞某某与Q公司技术力量和信息掌握程度的不对等，使得作为个人信息真正权利人的自然人举证能力较弱。因此，根据民事证据高度盖然性标准，航空公司、Q公司存在泄露庞某某隐私信息的高度可能。此外，庞某某请求Q公司和航空公司赔偿其精神损失，但现有证据无法证明庞某某因此次隐私信息被泄露而引发明显的精神痛苦，因此，法院对于其精神损害赔偿的诉讼请求不予支持。

裁判结论：Q公司和航空公司向庞某某赔礼道歉。

释法析理

中华人民共和国民法典明确规定，自然人的个人信息受法律保护。任何组织或者个人需要获取他人个人信息的，应当依法取得并确保信息安全，不得非法收集、使用、加工、传输他人个人信息，不得非法买卖、提供或者公开他人个人信息。本案中，庞某某被泄露姓名、尾号9949手机号、行程安排（包括起落时间、地点、航班信息）等个人信息，该信息属于个人隐私信息，未经权利人的允许，任何他人都不得扩散和不当利用能够指向特定个人的信息，被侵权人可以通过隐私权纠纷主张救济。

相关法条

1. 《中华人民共和国民法典》第一百一十一条　自然人的个人信息受法律保护。任何组织或者个人需要获取他人个人信息的，应当依法取得并确保信息安全，不得非法收集、使用、加工、传输他人个人信息，不得非法买卖、提供或者公开他人个人信息。

2. 《中华人民共和国消费者权益保护法》第二十九条　经营者收集、使用消费者个人信息，应当遵循合法、正当、必要的原则，明示收集、使用信息的目的、方式和范围，并经消费者同意。经营者收集、使用消费者个人信息，应当公开其收集、使用规则，不得违反法律、法规的规定和双方的约定收集、使用信息。

经营者及其工作人员对收集的消费者个人信息必须严格保密，不得泄露、出售或者非法向他人提供。经营者应当采取技术措施和其他必要措施，确保信息安全，防止消费者个人信息泄露、丢失。在发生或者可能发生信息泄露、丢失的情况时，应当立即采取补救措施。

经营者未经消费者同意或者请求，或者消费者明确表示拒绝的，不得向其发送商业性信息。

法院生效裁判能否直接作为房屋产权变动的依据

(第114条)

基本案情

来来公司、陈某某、某银行支行于1997年4月28日签订《抵押担保借款合同（乙类）》一份，约定来来公司向某银行支行借款50万元，并由陈某某作为担保人以其所有的房屋一套为借款设定抵押，各方对该借款协议进行了公证。因借款人到期未能偿还借款，某银行支行于1998年向法院申请强制执行，法院裁定将被执行人陈某某所有的房屋过户给某银行支行所有。2007年8月6日，案外人毛某某与拍卖公司签订《拍卖成交确认书》一份，由毛某某拍得上述裁定书项下的房屋权利，成交价为50万元，但房屋一直未办理过户登记手续，目前仍登记在陈某某名下。案外人毛某某向法院起诉，诉请判令陈某某立即返还毛某某所有的涉案房屋，法院经审理认为，基于合同的相对性原理，毛某某可向某银行支行主张权利，其并不能依据《拍卖成交确认书》直接取得涉案房屋的所有权。原告某银行支行认为，被告陈某某无任何理由侵占涉案房屋，将陈某某诉至法院，诉请判令被告立即返还原告涉案房屋。

问题描述

本案的争议焦点是，基于生效法律文书发生的物权变动，是否仍须以登记、交付为生效要件。

裁判情况

本案经过一审、二审。二审法院经审理认为,涉案房屋经已生效的裁定书确认由某银行支行所有,基于该裁定引起的物权变动,不以登记、交付为生效要件,裁定书生效即发生物权变动的效力。在该民事裁定未经法定程序撤销前,应依据该民事裁定确定涉案房屋的归属,故原审法院据此认定涉案房屋应属某银行支行所有并无不当。某银行支行作为涉案房屋的所有权人要求陈某某返还房屋的理由正当。毛某某虽通过拍卖取得裁定书项下的权利,但因某银行支行取得物权后,未办理权属变更登记,其处分行为不发生物权效力,因此毛某某并不当然地对涉案房屋享有所有权,毛某某与某银行支行之间的合同关系也并不影响某银行支行作为房屋所有权人向陈某某主张相关权利。

裁判结论:被告陈某某将登记在其名下的房屋腾退并返还原告某银行支行。

释法析理

基于生效法律文书享有不动产物权的权利人所进行的物权处分行为,虽因未依法办理宣示登记而不发生物权效力,但其获得相应物权保护的权利并不因此而受影响。

相关法条

《中华人民共和国民法典》第一百一十四条 民事主体依法享有物权。

物权是权利人依法对特定的物享有直接支配和排他的权利,包括所有权、用益物权和担保物权。

融资租赁合同中出租人能否对其所有的租赁物设立抵押权

◆（第 116 条）◆

基本案情

2018 年 3 月 28 日，被告王某向原告某公司申请融资租赁购车，经原、被告双方协商自愿签订融资租赁合同，约定由原告向被告提供融资款 117959 元，被告分 36 期每期按 4041.88 元向原告支付租金。同时，原告与被告在 2018 年 3 月 28 日签订了融资租赁抵押合同，被告以所购车辆抵押作为保证，并且办理了抵押登记。合同签订后，原告依约向被告提供了融资款，全面履行了合同义务，但被告却未按合同约定按期付租，被告出现多期租金未付的情况，已经逾期 6 期，严重违反合同约定。原告经多方催要，但被告仍未能支付租金，已构成违约，遂起诉至法院。

问题描述

本案中，原告除主张被告王某支付所欠的租金、律师费、违约金的诉讼请求外，还主张对其享有抵押权的车辆优先受偿，被告未提出答辩意见。本案的争议焦点是，融资租赁合同中出租人对自己有所有权的租赁物设立的抵押权是否成立，能否就该抵押物优先受偿。

裁判情况

法院经审理认为，原告某公司与被告王某签订汽车融资租赁合同，系双方真实意思表示，双方之间形成了融资租赁合同的法律关系，应受法律保护。某公司依约履行了合同义务，但王某未能按约定支付租金，王某应承担本案的民事法律责任。关于某公司主张王某支付所欠的租金、律师费、违约金的诉讼请求，是根据双方签订的融资租赁合同中的约定提起，符合法律规定，因此法院予以支持。关于某公司主张对其具有抵押权的车辆享有优先受偿权的诉讼请求，某公司的行为是要用自己所有的租赁车辆给自己设立抵押，此种情形下，某公司要求认可所有权人就自己所有的动产给自己设立抵押权，目前法律没有明确规定。最高人民法院《关于审理融资租赁合同纠纷案件适用法律问题的解释》中也并未认可融资租赁合同中的出租人可以对自己有所有权的租赁物同时有抵押权，某公司可依据所有权及合同的约定，实现维护自身合法权益之目的。某公司已经主张王某支付全部未付租金、违约金及相关费用，若王某不履行，某公司仍然可以解除租赁合同、收回租赁车辆，维护其合法权益。本案中不能认定原告所称的抵押权有效设立。承租人王某无权处分租赁车辆，自然无权就租赁车辆设定真正意义上的抵押权。因此，法院对某公司的该项诉讼请求不予支持。

裁判结论：对于某公司主张对其具有抵押权的车辆享有优先受偿权的诉讼请求，法院不予支持。

释法析理

《中华人民共和国民法典》第116条规定，"物权的种类和内容，由法律规定"。由此可见，物权的种类和内容，必须由法律规定，不能由个人自行设定。本案中，某公司要用自己所有的租赁车辆给自己设立抵押，此种情形下,对所有权和抵押权叠加所形成的权利,法律没有规定。因此,法院对某公司的该项诉讼请求不予支持。

相关法条

《中华人民共和国民法典》第一百一十六条 物权的种类和内容,由法律规定。

外卖小哥送餐途中发生车祸外卖公司应承担责任吗

（第 118 条）

基本案情

黎某某是一名外卖员，其于2017年3月3日起接受N公司雇用，从事送外卖的工作，双方没有签订劳动合同，报酬按照5元每单结算。2017年6月12日19时35分，黎某某接到N公司"饿了么"平台订单后前往取餐途中，与钟某某的蓝色无号牌二轮摩托车发生碰撞，造成双方受伤、两车损坏的交通事故。交管部门认定，黎某某负事故主要责任，钟某某负事故次要责任。事故发生后，黎某某即被送往医院治疗。2017年9月13日，黎某某以其与N公司存在劳动关系为由到某县劳动人事争议仲裁委员会申请仲裁。该仲裁委以双方不存在《关于确立劳动关系有关事项的通知》里规定的管理与被管理的关系为由，于2017年10月16日裁决双方不存在事实劳动关系。黎某某遂于2017年11月20日诉至法院，要求N公司承担其损害赔偿责任。

问题描述

本案的争议焦点是，外卖送餐员与其受雇用的外卖公司形成了何种法律关系；送餐员在送餐途中发生交通事故，餐饮公司是否应当对送餐员所受损害承担赔偿责任。

裁判情况

法院经审理认为，黎某某在送餐服务过程中，需遵守N公司的规章制度，身着统一制服，对外代表公司，即其在工作时间内需接受N公司的管理，N公司按照黎某某完成的订单数量及成效向黎某某按月支付报酬，黎某某对于每单的配送费用并无议价权，仅以其付出的劳务获取相应的报酬，且N公司在劳动仲裁阶段也已自认其与黎某某系雇佣关系。据此，本案中N公司与黎某某的关系符合提供劳务法律关系的特征。N公司主张双方系承揽关系，但未提供证据予以证明，故对该主张不予支持。综上，N公司应对黎某某履职过程中所受损害承担赔偿责任。但黎某某因逆行造成交通事故，存在重大过错，根据"被侵权人对损害的发生也有过错的，可以减轻侵权人的责任"规定，本案应适当减轻雇主N公司的赔偿责任，酌定双方各承担50%的责任。

裁判结论：黎某某与N公司各承担50%的责任。

释法析理

中华人民共和国民法典明确规定，民事主体依法享有债权。债权是因合同、侵权行为、无因管理、不当得利以及法律的其他规定，权利人请求特定义务人为或者不为一定行为的权利。本案中，N公司与黎某某系劳务关系，黎某某履职过程中因发生交通事故而遭受损害，黎某某有权提起损害赔偿。

相关法条

《中华人民共和国民法典》第一百一十八条　民事主体依法享有债权。

债权是因合同、侵权行为、无因管理、不当得利以及法律的其他规定，权利人请求特定义务人为或者不为一定行为的权利。

购买学区房后发现学位被原房主占用能拒绝支付剩余房款吗

（第119条）

📄 基本案情

2019年6月8日，刘某某、王某及房产经纪公司签订《房屋转让协议》一份，协议约定刘某某将其所有的高新区××幢××单元××室以605000元的价格转让给王某，房款包含市高新国际中学学位一个，协议中约定"甲方保证此房带学位一个（高新国际中学）"，协议上有三方签字。2019年6月12日，三方签订《补充协议》，约定"剩余伍万元房款于2019年9月13日由乙方支付给甲方，同时甲方将此房屋市高新国际中学学位壹个交付给乙方"，补充协议上有刘某某、王某的签名捺印。两份协议签订后，王某向刘某某支付购房款共计555000元，余款50000元没有支付。补充协议签订后，因××幢××单元××室的学位名额已经使用，刘某某通过从学府新天地×幢×室业主张某处受让学位名额一个向王某提供转让房屋名下的学位名额一个。高新国际中学校长李某称："业主从第三人处受让学位名额的，必须要求业主的房号和学位房号一致，如果不一致，需要学位转让双方再行签订学位补充协议，由高新国际中学作为协议第三方进行见证，而且需要入学的学生达到高新国际中学录取的普高线，即可就读高新国际中学。"王某认为刘某某没有按照合同约定履行义务交付高新国际中学学位一个，拒绝支付剩余50000元房款。后刘某某向王某索要剩余购房款未果，遂诉至法院。

问题描述

本案中,刘某某认为,其已向王某提供转让房屋名下的学位名额一个;王某认为刘某某没有按照合同约定履行义务交付高新国际中学学位一个。本案的争议焦点是,刘某某是否履行了符合合同约定的交付学位义务。

裁判情况

法院经审理认为,刘某某与王某的《房屋转让协议》第 4 条约定"该房价款包括国际中学学位一个",第 12 条约定"甲方保证此房带学位一个(高新国际中学)",《补充协议》第 2 条约定"剩余伍万元房款于 2019 年 9 月 13 日乙方支付给甲方,同时甲方将此房屋市高新国际中学学位壹个交付给乙方"。从双方签订的合同约定可以看出,获得案涉房屋的入学学位名额是王某签订购房屋转让协议的目的之一。刘某某隐瞒名下房屋附带学位已经使用的事实,严重违反诚实信用原则。《学府新天地项目高新国际中学学位名额协议》第 4 条第 2 款约定"乙方转让学位名额的,应保证受让人(即购房者)知悉并遵守本协议约定的全部内容。学位名额转让应当经甲方或甲方授权的物业管理公司登记并按照甲方或物业管理公司的要求签订相关文件",按照该约定,刘某某从他人手中为王某购买的学位经甲方(教育兴业有限公司)或甲方授权的物业管理公司登记并按照甲方或物业管理公司的要求签订相关文件,也是可以实现入学目的的,王某应当支付剩余购房款。但是,刘某某并未能提供经教育兴业有限公司签订的相关文件,不符合学位名额协议转让的要求,不能视为履行了符合合同约定的交付学位义务,王某有权依照补充协议约定拒绝支付剩余 50000 元购房款。

裁判结论:驳回刘某某的诉讼请求。

释法析理

《中华人民共和国民法典》第 119 条规定,"依法成立的合同,对当事人具有法律约束力"。民法以尊重当事人意思自治为原则,对于合同约定的内容,只要没有违反法律的相关规定或者社会公共利益,当事人均应受其约束。

相关法条

《中华人民共和国民法典》第一百一十九条 依法成立的合同,对当事人具有法律约束力。

游泳发生意外经营者应当承担责任吗

◆（第 120 条）◆

基本案情

2017 年 7 月 16 日晚上，李某和朋友到 B 山庄经营的游泳池游泳，B 山庄收取了李某 20 元的费用。20 时 53 分，李某从泳池边的跳台上跳入泳池，头部碰撞池底发生意外，造成李某受伤，随即被他人救起后送医院急诊治疗。后李某于 2017 年 7 月 28 日到北京治疗，被诊断为：无骨折脱位型颈脊椎损伤，C2/3、C3/4、C4/5、C5/6、C6/7 椎间盘突出，椎管狭窄，腰椎间盘突出，L4/5、L5/S1 椎间盘突出。李某出院后，双方对于赔偿事宜协商未果。李某起诉要求 B 山庄赔偿医疗费、误工费、住院伙食补助费、护理费、残疾赔偿金、交通费、鉴定费、被扶养人生活费、惩罚性赔偿等费用共计 1112487.84 元。B 山庄则认为，涉案游泳池系对其内部职工使用的游泳场所而不对外经营，双方未形成游泳服务合同关系，李某存在主要过错。

问题描述

本案的争议焦点是，B 山庄是否违反安全保障义务，提供的服务是否存在缺陷，是否应当承担责任。

裁判情况

法院经审理认为，B山庄在未办理经营许可证、未在游泳场馆内配备充足的安全设施和救护人员的情况下，即进行对外营业有过错，应承担相应赔偿责任；但李某自身缺乏安全意识存在过错，应当减轻被告B山庄的赔偿责任。

裁判结论：被告B山庄承担60%的赔偿责任，李某自身承担40%的责任。

释法析理

本案中，李某作为消费者，付费进入B山庄经营管理的游泳池游泳，与B山庄已形成消费者和经营者的关系，人身安全应得到保障，若经营者未尽到安全保障义务，造成消费者损害的，应承担侵权赔偿责任。B山庄开办的游泳池属于酒店的内部体育休闲设施，但是并非不对外开放经营，B山庄辩称只对公司内部职工开放的主张，证据不足，不予认定。开办经营性游泳池实行体育经营许可证制度，经营者的设施和服务应当满足《游泳场所开放条件与技术要求》的要求，并且应取得游泳场馆营业许可证。B山庄在未办理经营许可证、未在游泳场馆内配备充足的安全设施和救护人员的情况下，即进行对外营业有过错，应承担相应赔偿责任。李某是具有完全民事行为能力的成年人，在受伤之前从泳池边跳过一次水，应该能够注意到游泳池的深浅。根据《因果关系及参与度鉴定意见书》，李某在本次受伤之前已存在椎管狭窄、腰椎间盘突出等症状，并存在临床症状、体征的情况，李某自身应当认识到从跳台上跳水有可能导致病情加重或病情突然发作的危险，应格外小心谨慎，李某自身缺乏安全意识存在过错，应当减轻被告的赔偿责任。综上，法院遂作出上述判决。

相关法条

《中华人民共和国民法典》第一百二十条 民事权益受到侵害的,被侵权人有权请求侵权人承担侵权责任。

见义勇为受伤谁来赔偿损失

◆（第 121 条）◆

📄 基本案情

罗某与封某系夫妻关系。2001 年 9 月 23 日下午，两人因家庭生活琐事争执后，罗某在所住房屋客厅打开罐装煤气阀意欲自杀，门外的封某发觉后即破窗施救；后仅一墙之隔的尉某闻讯即出门帮助救护，与封某一起踢罗某家门，试图破门救出罗某。当门被踢开后，尉某先冲进屋内，刚进入两步因煤气爆燃即退出，此时尉某的衣裤被烧，全身大面积严重烧伤，在尉某身后的封某也被烧伤。然后，罗某自行从屋内逃出时也被烧伤。尉某因烧伤治疗费用巨大，遂起诉罗某与封某，要求赔偿相关费用近 4 万元。

🔍 问题描述

本案系因见义勇为受伤引发的赔偿纠纷。两被告认为，原告进门两步就退出，未达到救护目的，且原告对灼伤自己也有一定责任；原告认为其损失应由两被告全额赔偿。本案的争议焦点是，因见义勇为行为遭受损害应当由谁赔偿。

⚖️ 裁判情况

法院经审理认为，原告尉某在无法定义务或约定义务的情形下，当得知被告罗某在自家客厅打开罐装煤气阀意欲自杀后,即出门帮助救护,其行为完全是为了避免被告的人身利益受到损害而为之,致原告自己也受到损害,当属无因管理,故原告由此直接支出的医疗费用和鉴定费及受到的误工等实际损失,理应由受益人偿付。

裁判结论:被告罗某、封某偿付原告尉某相关医疗等费用,两被告互负连带清偿责任。

释法析理

见义勇为是中华民族的传统美德。近年来,因见义勇为受到财产和人身损害,甚至牺牲生命的案例屡见不鲜,"英雄受伤了怎么办?"无因管理制度为这些见义勇为者提供了法律保障。《中华人民共和国民法典》第121条规定,"没有法定的或者约定的义务,为避免他人利益受损失而进行管理的人,有权请求受益人偿还由此支出的必要费用"。本案中,原告尉某既不是负有特定职责的国家工作人员,也不是与被告罗某有相互扶助义务的近亲属,但在听到求救后,为防止被告罗某出事,义无反顾地实施了救助行为,因此遭受了重大人身损害并支付了较昂贵的医疗费用。作为受益人的罗某无论从法理上还是情理上,都应偿还尉某治疗费等相关费用。通过法律保障,避免出现"英雄流血又流泪",彰显公平正义。

相关法条

《中华人民共和国民法典》第一百二十一条 没有法定的或者约定的义务,为避免他人利益受损失而进行管理的人,有权请求受益人偿还由此支出的必要费用。

因误操作向他人多汇款还能要回来吗

◆（第 122 条）◆

基本案情

2014 年 6 月 23 日，被告陈某因为信用卡借款到期，没时间到光大银行网点排队还款，遂将 15000 元现金交给原告吴某，请求吴某通过其网银转账至被告的信用卡账户 15000 元。原告于当天进行网上转账，从自己的账号汇款至被告的账号，因电脑故障，原告不慎操作两次，导致多汇了 15000 元，吴某于是电话联系陈某，但被告陈某一直未予返还。吴某因此诉至法院。

问题描述

本案系不当得利纠纷。本案的争议焦点是，陈某多收取的 15000 元是否应返还吴某。

裁判情况

法院经审理认为，没有合法根据，取得不当利益，造成他人损失的，应当将取得的不当利益返还受损失的人。本案中，原告吴某通过网络转账，不慎操作两次，导致被告账户多收了 15000 元。原、被告之间无其他业务来往，故被告多收取的 15000 元没有合法根据，应认定为不当得利。

裁判结论：被告陈某返还原告吴某人民币 15000 元及相应利息。

释法析理

随着支付宝、微信等快捷支付软件的普及，操作失误汇错款的情况并不鲜见，民法不当得利制度为汇错款后的及时维权提供了法律保障。《中华人民共和国民法典》第122条规定，"因他人没有法律根据，取得不当利益，受损失的人有权请求其返还不当利益"。本案中，原告吴某因电脑故障，不慎操作两次，导致被告的银行账户接收了两笔15000元，被告陈某多取得的15000元无法律根据和正当理由，属于不当得利，依法应当返还原告吴某。

相关法条

《中华人民共和国民法典》第一百二十二条　因他人没有法律根据，取得不当利益，受损失的人有权请求其返还不当利益。

商家"傍名牌"是否构成侵权

◆（第 123 条）◆

基本案情

"河底捞"商标专用权注册人为四川省河底捞餐饮股份有限公司（以下简称河底捞公司），核定服务项目（第42类）：餐馆、临时餐室、自助餐室、快餐馆。2012 年 12 月 5 日，河底捞公司的委托代理人在公证员的监督下，到赊店县"河底捞时尚火锅店"用餐，对店面门头悬挂"河底捞"招牌、餐馆服务员提供的标注有"河底捞火锅"字样的餐巾纸盒、筷子外封套、火锅菜单及电磁炉、发票进行拍照，在用餐后取得该火锅店开具的收据上加盖有"赊店县河底捞时尚火锅店"的印章。河底捞公司遂向法院起诉，要求赊店县河底捞时尚火锅店停止侵权，并赔偿损失 5 万元。

问题描述

本案系因侵犯商标权引发的知识产权纠纷。原告认为，被告使用"河底捞"商标经营火锅店，与原告"河底捞"商标核定使用服务为相同服务；被告使用的"河底捞"商标与原告核准注册的"河底捞"商标为相同商标，且商标文字完全相同，被告的行为属于直接商标侵权行为。被告认为，其火锅店经过合法登记，主观上无侵权故意；其使用的"河底捞"名称在形象上与原告的不同，也不构成近似，故不构成侵权。本案的争议焦点是，赊店县河底捞时尚火锅店使用河底捞商标是否涉嫌侵权。

裁判情况

法院经审理认为，原告是第983760号"河底捞"文字注册商标专用权人，依法在所核定使用的商品或服务范围内享有专用权。本案"河底捞"属于服务性商标，原告在火锅店的持续经营发展中长期使用涉案注册商标，使"河底捞"商标与火锅服务相互联系在一起，该商标具有很强的显著性，已被国家商标局认定为驰名商标。被告在相同服务上，擅自将与原告注册商标相同的"河底捞"文字作为服务标识使用，属于《中华人民共和国商标法》第57条第1项规定的侵犯注册商标专用权行为，已构成对原告涉案商标的侵权。

裁判结论：被告立即停止侵犯原告第983760号"河底捞"注册商标专用权的行为；赔偿经济损失及合理费用5万元。

释法析理

商标作为企业品牌、企业文化的外在载体，是消费者选择商品和服务的判断依据，特别是被认定为驰名商标、著名商标的，更是作为辨识依据，蕴含着巨大的经济价值。《中华人民共和国民法典》第123条规定，民事主体依法享有知识产权，商标权是知识产权的一种。本案中，原告河底捞公司成立后，在全国迅速经营发展，其"河底捞"商标具有非常高的知名度和美誉度，该商标先后被认定为著名商标和驰名商标，已经作为辨识河底捞公司与其他餐饮服务者所提供服务差别的标志。被告赊店县河底捞时尚火锅店未经河底捞公司许可，擅自在其开设饭店的牌匾、订餐卡、点餐单等上使用"河底捞"商标，对消费者确认服务的来源起到了指示作用，属于将上述标识作为餐馆服务业中的商标标识使用行为；且原告"河底捞"注册商标核定使用的服务项目为餐馆，被告所从事的餐饮服务与原告"河底捞"商标核定使用服务项目属于相同类别。虽然被告经营过程中，使用的"河底捞"字体与原告四川河底捞公司所有的"河底捞"注册商标有差异，但该差异不足以造成相关公众认为属于两个不同标识的辨认效果，且同为火锅餐饮服务，基于原告"河底捞"注册商标的显著性与知名度，很容易在餐饮行业、消费者及相关公众中产生被告与原告之间具有许可使用、关联企业关系等特定联想以及原告与被告提供的火锅服务具有一致性的误认。被告使用"河底捞"商标的行为误导了消费者，严重侵犯了河底捞公司"河底捞"商标专用权，构成对原告涉案商标的侵权。

相关法条

1. 《中华人民共和国民法典》第一百二十三条　民事主体依法享有知识产权。

知识产权是权利人依法就下列客体享有的专有的权利：

（一）作品；

（二）发明、实用新型、外观设计；

（三）商标；

（四）地理标志；

（五）商业秘密；

（六）集成电路布图设计；

（七）植物新品种；

（八）法律规定的其他客体。

2. 《中华人民共和国商标法》第五十七条　有下列行为之一的，均属侵犯注册商标专用权：

（一）未经商标注册人的许可，在同一种商品上使用与其注册商标相同的商标的；

（二）未经商标注册人的许可，在同一种商品上使用与其注册商标近似的商标，或者在类似商品上使用与其注册商标相同或者近似的商标，容易导致混淆的；

（三）销售侵犯注册商标专用权的商品的；

（四）伪造、擅自制造他人注册商标标识或者销售伪造、擅自制造的注册商标标识的；

（五）未经商标注册人同意，更换其注册商标并将该更换商标的商品又投入市场的；

（六）故意为侵犯他人商标专用权行为提供便利条件，帮助他人实施侵犯商标专用权行为的；

（七）给他人的注册商标专用权造成其他损害的。

养女对养父所遗留房产有继承权吗
（第 124 条）

基本案情

原告张某甲的父亲张某乙与母亲张某丙未生育子女，张某甲与其弟张某丁均系张某乙和张某丙的养子女，张某丁痴呆未婚。原告张某甲于1967年结婚到夫家××市××村生活。1987年前后，张某乙在民政部门的帮助下，在本小组东盖了土坯结构的瓦房三间，其权属登记在张某乙名下。原告张某甲的母亲张某丙在2003年前后去世，弟弟张某丁在2006年去世，原告的父亲张某乙于2008年在敬老院去世。原告张某甲的父亲张某乙去世后，其所居住的房屋一直闲置，无人居住和管理。原告在要求办理其父母遗留的房屋不动产登记时，与被告××村委会发生争执，为此诉至法院。

问题描述

本案系遗产继承纠纷。原告张某甲认为，其作为继承人理应继承父母遗留的房屋；被告××村委会认为，原告系养女，原告父亲张某乙和弟弟张某丁均系五保户，死亡时由村集体出资安葬，其家庭已全户消亡，根据村民意见，所遗财产归小组集体所有。本案的争议焦点是，原告张某甲作为养女是否有继承权。

裁判情况

法院经审理认为，公民、法人的合法民事权益受法律保护。本案中，原告张某甲的父母所遗留的房屋，登记在张某乙的名下，属于张某乙夫妇生前的合法财产。张某甲作为张某乙夫妇唯一的合法继承人，对其父母所遗留的房屋财产享有合法的继承权。

裁判结论：原告张某甲父母张某乙夫妇所遗留的房屋归原告张某甲所有。

释法析理

公民私有财产继承权受法律保护。自然人死亡时遗留下来的合法财产或财产权利，都可以作为遗产由其继承人依法继承。本案中，1987年前后，张某乙、张某丙在新建的房屋登记在了张某乙名下，其所有权应归张某乙、张某丙夫妇二人所有。该房屋属于张某乙夫妻生前合法财产，在二人去世后转化为遗产。原告张某甲提供的证据证明原告与张某乙系父女关系，该证据与原、被告庭审中的陈述相一致，证明张某甲系张某乙法定继承人。被告所提交的证据证明张某乙为五保户，其所遗留的财产应归村小组集体所有的观点无其他证据佐证，不能成立。因此，原告张某甲作为张某乙的养女，系张某乙遗产唯一的法定继承人，依法享有张某乙遗留房产的继承权。

相关法条

1.《中华人民共和国民法典》第一百二十四条　自然人依法享有继承权。

自然人合法的私有财产，可以依法继承。

2.《中华人民共和国民法典》第一千一百一十一条　自收养关系成

立之日起，养父母与养子女间的权利义务关系，适用本法关于父母子女关系的规定；养子女与养父母的近亲属间的权利义务关系，适用本法关于子女与父母的近亲属关系的规定。

养子女与生父母以及其他近亲属间的权利义务关系，因收养关系的成立而消除。

3.《中华人民共和国民法典》第一千一百二十七条 遗产按照下列顺序继承：

（一）第一顺序：配偶、子女、父母；

（二）第二顺序：兄弟姐妹、祖父母、外祖父母。

继承开始后，由第一顺序继承人继承，第二顺序继承人不继承；没有第一顺序继承人继承的，由第二顺序继承人继承。

本编所称子女，包括婚生子女、非婚生子女、养子女和有扶养关系的继子女。

本编所称父母，包括生父母、养父母和有扶养关系的继父母。

本编所称兄弟姐妹，包括同父母的兄弟姐妹、同父异母或者同母异父的兄弟姐妹、养兄弟姐妹、有扶养关系的继兄弟姐妹。

错误操作导致数据丢失需要赔偿吗
◆（第 127 条）◆

基本案情

2018 年 4 月 12 日，某医用空气净化技术有限公司 A 与某公司 B 签订《技术开发合同书》，委托 B 公司研究开发空气净化器扫码支付系统项目。在合同履行过程中，B 公司员工未对扫码系统所在服务器与新风系统所在服务器进行谨慎识别，误将该医用空气净化技术有限公司新风系统所在服务器格式化，导致部分数据丢失，给该医用空气净化技术有限公司造成损失。后该医用空气净化技术有限公司诉至法院，请求法院判令 B 公司恢复原状，赔偿因侵权行为给其造成的经济损失及商誉损失 30 万元。

问题描述

本案的争议焦点是，被毁损的电子数据是否属于我国民法保护对象，某医用空气净化技术有限公司是否有权要求 B 公司赔偿。

裁判情况

本案经过一审、二审。法院经审理认为，新风系统被错误格式化，该侵权行为导致系统受损的同时也致其存储的数据丢失，会对该医用空气净化技术有限公司利用系统平台开展相关业务经营造成一定影响，损害其因电子数据可能获得的财产利益,被告应当承担赔偿责任。

裁判结论:B公司赔偿某医用空气净化技术有限公司A经济损失40000元。

释法析理

《中华人民共和国民法典》第127条规定,"法律对数据、网络虚拟财产的保护有规定的,依照其规定"。第1165条第1款规定,"行为人因过错侵害他人民事权益造成损害的,应当承担侵权责任"。信息互联网时代数据具有重大的经济价值,侵害电子数据会导致相应财产利益损失。因此,侵犯他人电子数据、网络虚拟财产是需要承担法律责任的。本案中,由于B公司的错误操作,导致A公司新风系统所在服务器被格式化,相应存储数据部分丢失,对A公司利用新风系统平台开展相应经营业务造成一定影响,相对应的财产价值也一并受到损害,对A公司的财产权益损失,B公司具有过错,依法应赔偿A公司损失。

相关法条

1.《中华人民共和国民法典》第一百二十七条 法律对数据、网络虚拟财产的保护有规定的,依照其规定。

2.《中华人民共和国民法典》第一千一百六十五条第一款 行为人因过错侵害他人民事权益造成损害的,应当承担侵权责任。

出卖方不履行变更过户登记义务买受方可以解除合同吗

◆（第 131 条）◆

基本案情

黄某甲与黄某乙系叔侄关系，二人共同购买一处房产，登记于黄某乙名下。2017年9月23日，黄某乙与潘某某签订《房产转让合同书》，约定将该房产卖给潘某某，转让总价格为人民币110万元，房款分三次付清。合同签订后，潘某某按约定将房屋价款110万元打至黄某乙指定的黄某甲的账户，黄某乙出具收条。2018年3月23日，黄某乙与潘某某签订《担保协议》，双方约定卖方在2018年5月20日前结清房屋在银行贷款和前期物业费，协助完成房屋的过户变更等手续，如卖方不能及时完成以上约定，买方将提出全款退房并追究卖方总房款20%的违约金及相关费用。后黄某乙因刑事犯罪在监狱服刑，未能在合同约定的期限内办妥按揭转款手续，也未能履行合同约定的转移登记义务，致涉案房屋的买卖合同无法继续履行。潘某某诉至法院，请求判令解除双方签订的《房产转让合同书》，判令黄某乙、黄某甲偿还购房款110万元及违约金22万元，合计132万元。

问题描述

本案系不履行约定义务引发的合同解除纠纷。潘某某认为，因黄某乙未能在合同约定的期限内办妥按揭转款手续，不能切实履行合同的转移登记义务，其应当按照合同约定返还购房款并支付违约金。黄某甲认为，房屋已经实际交付，因黄某乙在监狱服刑无法过户，不应解除合同。本案的争议焦点是，黄某乙是否应当履行相应义务，潘某某是否有权要求解除房产转让合同。

裁判情况

本案经过一审、二审。二审法院经审理认为，潘某某与黄某乙签订的《房产转让合同书》及《担保协议》系双方真实意思表示，合法有效，双方均应按约履行。因黄某乙未能在合同约定的期限内办妥按揭转款手续，履行合同的转移登记义务，致涉案房屋的买卖合同无法继续履行，潘某某的合同目的已无法实现，黄某乙的行为构成严重违约，潘某某提起解除合同符合双方约定解除的条件，潘某某要求返还购房款于法有据。因导致涉案房屋无法过户的根本原因在于黄某乙自身，违约责任应由黄某乙承担。

裁判结论：解除潘某某与黄某乙签订的《房产转让合同书》；黄某乙、黄某甲返还潘某某房屋购房款110万元；黄某乙支付潘某某违约金22万元。

释法析理

《中华人民共和国民法典》第131条规定，"民事主体行使权利时，应当履行法律规定的和当事人约定的义务"。在民事法律关系中，民事权利和民事义务相互对立、同时存在，权利的实现要通过义务的履行来保障。本案中，潘某某与黄某乙签订的《房产转让合同书》及《担保协议》系双方真实意思表示，黄某甲虽然没有在卖方协议上签字，但黄某乙与潘某某签订的《担保协议》中明确载明"黄某甲与黄某乙属叔侄关系，房子由黄某甲购买，登记在黄某乙名下"，根据黄某甲自认的事实以及黄某乙签订的《担保协议》中的内容可以证实黄某甲与黄某乙对黄某甲就涉案房屋享有权利均无异议，且其收取了潘某某交付的房屋价款，应当认定黄某甲对该合同是予以认可。故黄某乙与潘某某签订的合同真实合法有效，双方签字确认后应该承担相应的法律后果，黄某乙依法应当按照合同约定协助办理按揭手续和转移登记手续，否则就应当承担违约责任。黄某乙入狱系黄某乙自身过错造成，并非客观上的不可抗力，因黄某乙不能履行合同义务导致本案房屋交易已不具备继续履行之可能，潘某某的合同目的已无法实现，故潘某某提起解除合同，要求黄某乙、黄某甲返还房款和支付违约金，应予得到支持。

相关法条

《中华人民共和国民法典》第一百三十一条　民事主体行使权利时，应当履行法律规定的和当事人约定的义务。

一房二卖两份合同都有效吗

（第 133 条）

基本案情

2015年2月4日，原告杜某与被告某房地产开发公司签订了商品房买卖合同，约定被告将坐落于锦州市古塔区案涉房屋出售给原告，房屋价款38万元，合同约定于2015年2月4日一次性付款。同日，被告为原告出具了收房款30万元的收款收据、收到入住费3275元的收款收据，原告杜某入住该房屋。2016年8月31日，被告为原告出具收房款1万元的收款收据。同时，2014年11月19日，第三人赵某与被告签订了商品房买卖合同，合同约定被告将坐落于锦州市古塔区的案涉房屋出售给第三人赵某，房屋价款512777元。2014年11月21日，被告为第三人赵某出具了收首付款242777元的收款收据，剩余房款系第三人赵某以中国工商银行商业贷款的方式支付。第三人赵某于2014年12月11日缴纳契税，办理案涉房屋商品房买卖合同预告登记及网上备案登记。被告于当日为第三人赵某出具了销售不动产统一发票，并于2014年12月15日为第三人赵某出具住房批准证及收入住费4847元的收款收据。第三人赵某与周某于2008年7月7日登记结婚，于2016年1月18日离婚，双方在2016年1月20日签订财产分割协议，约定本案诉争房屋归周某所有，房屋所欠贷款由赵某负责清偿。2018年3月，案涉房屋已具备办理房屋产权登记条件，而第三人周某、赵某未到锦州市不动产登记中心办理该诉争房屋的产权登记。由于出现一房二卖行为，杜某将某房地产开发公司诉到法院，周某与赵某以第三人身份应诉。

问题描述

本案的争议焦点是，杜某与某房地产开发公司签订的商品房买卖合同是否合法有效。

裁判情况

本案经过一审、二审。二审法院经审理认为，《中华人民共和国民法总则》第143条①规定，"具备下列条件的民事法律行为有效：（一）行为人具有相应的民事行为能力；（二）意思表示真实；（三）不违反法律、行政法规的强制性规定，不违背公序良俗"。本案中，周某与赵某并无证据证明被告某房地产开发公司与杜某签订的商品房买卖合同违背上述法律的规定，故被告某房地产开发公司与杜某签订的商品房买卖合同合法有效。同理，被告某房地产开发公司与周某、赵某签订的商品房买卖合同亦合法有效。关于周某与赵某提出杜某明知某房地产开发公司为无权处分人，仍与之签订商品房买卖合同，并非善意，合同应为无效合同的上诉理由，周某与赵某并无证据证明被上诉人杜某明知某房地产开发公司为无权处分人，最高人民法院《关于适用〈中华人民共和国物权法〉若干问题的解释（一）》第16条②规定的是不动产物权转让行为，而本案是普通消费者从房地产开发企业购买商品房以备物权设立登记的行为，本案并不适用该法条规定的情形，不能当然认定杜某明知某房地产开发

---

① 现《中华人民共和国民法典》第143条。——编者注
② 该解释已废止，现为最高人民法院《关于适用〈中华人民共和国民法典〉物权编的解释（一）》第15条。——编者注

公司为无权处分人。杜某系普通消费者，购买的是房地产开发企业开发的商品房，有理由相信其购买的商品房初始登记在房地产开发企业名下，购买初始登记在房地产开发企业名下的商品房不同于购买二手房，苛求普通消费者去房产登记部门调查了解房地产开发企业开发的商品房的登记情况是不现实的，也是不必要的，法律上也未有此要求。

裁判结论：杜某与某房地产开发公司签订的商品房买卖合同合法有效。

释法析理

《中华人民共和国民法典》第133条规定，"民事法律行为是民事主体通过意思表示设立、变更、终止民事法律关系的行为"；第215条确立了区分原则，即"当事人之间订立的房屋买卖合同除法律另有规定或者合同另有约定外，自合同成立时生效；未办理物权登记，不影响合同效力"。本案中，两份买卖合同均系当事人的真实意思表示，理应认定为有效。

相关法条

1. 《中华人民共和国民法典》第一百三十三条　民事法律行为是民事主体通过意思表示设立、变更、终止民事法律关系的行为。

2. 《中华人民共和国民法典》第一百四十三条　具备下列条件的民事法律行为有效：

（一）行为人具有相应的民事行为能力；

（二）意思表示真实；

（三）不违反法律、行政法规的强制性规定，不违背公序良俗。

3. 《中华人民共和国民法典》第二百一十五条　当事人之间订立有

关设立、变更、转让和消灭不动产物权的合同，除法律另有规定或者当事人另有约定外，自合同成立时生效；未办理物权登记的，不影响合同效力。

4. 最高人民法院《关于适用〈中华人民共和国民法典〉物权编的解释（一）》第十五条 具有下列情形之一的，应当认定不动产受让人知道转让人无处分权：

（一）登记簿上存在有效的异议登记；

（二）预告登记有效期内，未经预告登记的权利人同意；

（三）登记簿上已经记载司法机关或者行政机关依法裁定、决定查封或者以其他形式限制不动产权利的有关事项；

（四）受让人知道登记簿上记载的权利主体错误；

（五）受让人知道他人已经依法享有不动产物权。

真实权利人有证据证明不动产受让人应当知道转让人无处分权的，应当认定受让人具有重大过失。

发出悬赏广告后能后悔不付酬金吗

◆（第 134 条）◆

基本案情

朱某与李某甲是朋友关系，李某甲委托朱某代办汽车提货手续。1993 年 3 月 30 日中午，朱某在天津市和平区某电影院看电影时，将装有面值 80 万余元人民币的汽车提货单及附加费本等物品的公文包遗忘在座位上。位于后几排看电影的原告李某乙发现后，将公文包捡起，与同去看电影的第三人王某（原系李某乙同学）在现场等候良久，未见失主来寻，便将公文包带走，并委托王某予以保管。同年 4 月 4 日、5 日和 7 日，朱某先后在天津市《今晚报》和《天津日报》上刊登"寻包启事"，表示要"重谢"和"必有重谢"拾得人。4 月 12 日，李某甲得知失包情况后，在《今晚报》刊登内容相同的"寻包启事"，声明"一周内有知情送还者酬谢 15000 元"。当晚，李某乙得知以李某甲名义刊登的"寻包启事"，即告诉王某并委托其与李某甲联系。次日，双方在约定的时间和地点交接钱物。由于在给付酬金问题上，双方发生争执，李某乙遂向法院提起诉讼，要求朱某、李某甲依其许诺支付报酬 15000 元。朱某、李某甲辩称："寻包启事"许诺给付酬金不是其真实意思，且公文包内有李某甲单位及本人的联系线索，李某乙不主动寻找失包人，物归原主，却等待酬金，请求法院驳回李某乙的诉讼请求。王某表示，本人仅是替李某乙保管公文包，不要求酬金。

问题描述

本案的争议焦点是，如何认定朱某、李某甲在"寻包启事"中所称给付报酬的法律效力问题。

裁判情况

本案经过一审、二审。二审法院经审理认为，李某乙在影院内拾到的内装面值80余万元的汽车提货单、附加费本等物品的公文包，确属被告李某甲所在单位的财物，系被告朱某遗失，但朱某、李某甲在"寻包启事"中所称给付报酬的承诺并非真实意思表示，缺乏充分的依据，不予支持。经二审法院调解，双方当事人达成调解协议：朱某、李某甲一次性给付李某乙酬金人民币8000元。

裁判结论：朱某、李某甲一次性给付李某乙酬金人民币8000元。

释法析理

意思表示是民事法律行为据以成立的核心要素，民事法律行为的成立是一个事实判断问题，只需具备意思表示等形式要件即可。本案中，悬赏广告，系广告人以广告的方法，对完成一定行为的人给付报酬的行为，只要行为人依法完成了所指定的行为，广告人即负有给付报酬的义务。朱某、李某甲先后在天津《今晚报》《天津日报》上刊登的"寻包启事"，即为一种悬赏广告。李某甲还明确表示："一周内有知情送还者酬谢15000元"，系向社会不特定人的要约。诉讼人李某乙，即悬赏广告中的行为人，在广告规定的"一周内"完成了广告指定的送还公文包的行为，则是对广告人的有效承诺。从而在李某乙与朱某、李某甲之间形成了民事法律关系，即债权债务关系，朱某、李某甲负有广告中许诺的给付报酬义务，其辩称"寻包启事"许诺给付报酬不是真实意思表示，事后反悔，拒绝给付李某乙酬金15000元，有违诚实信用原则。

📖 相关法条

1.《中华人民共和国民法典》第一百三十四条　民事法律行为可以基于双方或者多方的意思表示一致成立，也可以基于单方的意思表示成立。

法人、非法人组织依照法律或者章程规定的议事方式和表决程序作出决议的，该决议行为成立。

2.《中华人民共和国民法典》第一百三十六条　民事法律行为自成立时生效，但是法律另有规定或者当事人另有约定的除外。

行为人非依法律规定或者未经对方同意，不得擅自变更或者解除民事法律行为。

口头订立的保证合同有效吗

（第 135 条）

基本案情

原告孙某以被告尹某出具的借条及银行和支付宝转账流水、微信聊天记录为据，要求尹某偿还借款10万元及利息，并要求被告王某承担连带保证责任。借条载明："借条，今借孙某人民币壹拾万元整（¥100000），借款人：尹某（注：之前欠条作废），2015年8月29日。"孙某与王某系同学关系，孙某称王某找自己向其老板尹某融资，承诺月息1.8分，自己先后转款35万元给王某，其间，尹某、王某陆续偿还借款本金25万元，现尚欠借款本金10万元及利息未予支付，故依法提起诉讼。王某对孙某出借款项的金额及尹某现拖欠孙某借款10万元的事实不持异议，但认为自己仅系中间人，孙某将款项转入自己的银行账户后，自己已转给了尹某，没有承诺担保及承担还款责任。因无法解决债务纠纷，孙某遂起诉至法院。

问题描述

本案的争议焦点是，王某对尹某的欠款是否应当承担保证责任。

裁判情况

本案经过一审、二审。二审法院经审理认为，孙某与尹某之间的借款关系有尹某向孙某出具的借条为证，事实清楚，可以认定。关于孙某要求王某对尹某的欠款承担共同偿还或连带偿还责任的主张,依据不足,不予支持。

裁判结论:(1)尹某偿还孙某借款本金 10 万元及利息;(2)驳回孙某对王某的诉讼请求。

释法析理

因私法自治原则的缘故,在民法上,法律行为以非要式为常态,以形式的强制性要求为例外。法律行为除法律有特别规定者,其成立无须特定形式。当然,当事人也可以通过契约的方式,约定某种法律行为的形式,这种约定的形式虽然必须遵守,但却不能改变非要式法律行为的性质,只有法律特别要求形式时,才是要式法律行为。本案中,孙某向王某银行账户转款的事实,因有转款凭证,可以认定;孙某与尹某之间存在借贷关系的事实,因有尹某出具的借条为证,亦可以认定。虽然孙某给王某转款的事实存在,但仅凭银行及支付宝转账凭证和微信聊天记录,不能证明孙某和王某之间的借贷关系或担保关系的成立,因孙某的诉状已自认系尹某业务转账融资,即尹某向孙某借款,且尹某最终亦认可拖欠孙某借款,并为此给孙某出具借条一张。虽然王某在微信聊天记录中有表述保证还款的言辞,但因法律规定"保证人与债权人应当以书面形式订立保证合同",所以不能推定王某保证人身份的成立。

相关法条

《中华人民共和国民法典》第一百三十五条 民事法律行为可以采用书面形式、口头形式或者其他形式;法律、行政法规规定或者当事人约定采用特定形式的,应当采用特定形式。

订立合同可以采取传真的方式吗

◆（第 137 条）◆

基本案情

2003年12月12日，被告韦某乙和某服装总厂签订《承包租赁合同》，某服装总厂将某厂房大楼全座（占地面积764平方米）租给韦某乙经营某超市，合同期限为12年，从2004年2月15日至2016年2月14日。2006年8月24日，双方签订《补充合同》，允许被告韦某乙在租赁期内对该场地有充分的使用权和自主经营权，包括前楼的第三层。2006年6月10日，被告韦某乙委托其弟弟即本案的被告韦某甲和原告王某签订《联营合同书》及《房屋租赁协议书》，实际内容为房屋及铺面租赁合同，约定被告韦某乙将原某超市经营场地一楼（面积约690平方米）及二楼宿舍（面积约100平方米）租赁给原告王某使用，年租金为15.5万元，每年9月1日前交清，共租赁6年，采取先交钱后使用的租赁方式，并收取原告5万元信誉金，合同期至2012年9月1日止。2012年9月1日合同到期后，原告王某以商场存货过多为由要求延期至2013年3月15日，被告韦某甲同意其延期，王某遂于2013年1月13日支付延期部分租金2.75万元。合同即将到期时，被告韦某甲以传真的方式给原告王某发了一份《补充合同》，内容为：（1）联营合同延期，自2012年9月1日起至2016年2月1日止，共41个月；（2）乙方王某从2012年9月15日起每年要付给甲方韦某甲一次场地费,共付四次,签订合同之前,乙方要付给甲方24.8万元作为首次场地费,即2012年9月15日至2013年9月14日止的场地费(共12个月)……后被告韦某甲以手机短信的方式将其银行账号发给原告王某,原告王某分别于2013年6月22日、9月1日两次汇入被告韦某甲开设在中国工商银行的账户共计15万元,但原告王某对被告韦某甲发出的要约没有作出承诺的意思表示。后被告韦某甲以重新装修店面为由要求原告王某搬离租赁场地,原告王某不同意搬离并要求被告韦某甲继续履行合同,双方为此发生争议,遂诉至法院。

问题描述

本案的争议焦点是,韦某甲以传真的方式给王某发的《补充合同》是否已生效。

裁判情况

本案经过一审、二审。二审法院经审理认为,原告王某与被告韦某甲之间没有达成合同要约承诺,即双方没有达成新的协议,未签订新的合同。反之,韦某乙、韦某甲提出请求判决解除双方2006年6月10日签订一楼铺面租赁的《联营合同书》和二楼《房屋租赁协议书》到期后形成的不定期租赁合同关系,责令停止侵占被告经营的一、二楼铺面及房屋,并搬离场地,与事实相符,于法有据,法院予以支持。

裁判结论:《补充合同》无效,驳回原告王某的确认《补充合同》合法有效,并判令被告韦某甲继续履行合同义务及支付5万元违约金给原告的诉讼请求。

释法析理

本案中，原告王某与被告韦某甲于2006年6月10日签订的《联营合同书》及《房屋租赁协议书》系双方真实意思表示，合法有效，应予遵守履行。2012年9月1日合同到期后，原告以商场存货过多为由要求延期至2013年3月15日，被告同意其延期，原告并于2013年1月13日支付延期部分租金2.75万元。延长租赁期限即将届满时，被告韦某甲以传真的方式向原告发出的《补充合同》中载明：合同期限自2012年9月1日到2016年2月1日止及签订合同之前，乙方要付给甲方24.8万元作为首次（即2012年9月15日至2013年9月14日止）场地费等。《中华人民共和国民法典》第137条规定，"以对话方式作出的意思表示，相对人知道其内容时生效。以非对话方式作出的意思表示，到达相对人时生效。以非对话方式作出的采用数据电文形式的意思表示，相对人指定特定系统接收数据电文的，该数据电文进入该特定系统时生效；未指定特定系统的，相对人知道或者应当知道该数据电文进入其系统时生效。当事人对采用数据电文形式的意思表示的生效时间另有约定的，按照其约定"。但原告收到被告传真的《补充合同》即收到被告的要约后，没有向被告作出承诺通知，也没有根据交易习惯或者要约的要求作出承诺的行为，即支付24.8万元的首次场地费，根据"承诺应以通知的方式作出，但根据交易习惯或者要约表明可以通过行为作出承诺的除外"的规定，应视为原告对被告发出的要约没有作出承诺的意思表示，不产生合同要约承诺双方意思表示的后果。虽然原告分别于2013年6月22日、9月1日两次汇入被告韦某甲开设在中国工商银行的账户共计15万元租金，但该租金数额明显与被告发出的要约中约定原告交付的首次场地费数额不符，不能认定该行为属于法律规定的"通过行为作出承诺"的情形。据此，法院遂作出上述判决。

相关法条

《中华人民共和国民法典》第一百三十七条 以对话方式作出的意思表示，相对人知道其内容时生效。

以非对话方式作出的意思表示，到达相对人时生效。以非对话方式作出的采用数据电文形式的意思表示，相对人指定特定系统接收数据电文的，该数据电文进入该特定系统时生效；未指定特定系统的，相对人知道或者应当知道该数据电文进入其系统时生效。当事人对采用数据电文形式的意思表示的生效时间另有约定的，按照其约定。

单方面作出承诺会产生什么法律后果

◆（第138条）◆

基本案情

2002年，唐某甲与被告郑某相识，后确定恋爱关系。2007年6月29日，唐某甲和被告郑某为乙方，某实业集团为甲方，签订了《商品房买卖合同》一份，约定乙方购买甲方开发建设的渝北区龙溪街道××路××号的富悦阳光××幢××层××号房屋，合同价款259328元，首付78328元，尾款由中国建设银行按揭支付。合同签订后，乙方办理了银行抵押按揭，缴纳了房款，缴纳了契税。唐某甲每月支付按揭费（唐某甲死后由唐某甲女儿唐某乙继续支付每月按揭款至今）。2007年12月28日，被告郑某出具承诺书一份，载明："我承诺位于渝北区龙溪街道××路×号的富悦阳光××幢××层××号房屋，因首付和今后的按揭款均由唐某甲一个人支付，所以我自愿无条件放弃本人对该房的所有权利，并愿意在唐某甲认为合适的时候无条件地配合唐某甲办理过户、买卖、继承等手续。愿意承担因该房屋在办理过户、买卖、继承手续完善前产生的产权纠纷案败诉的法律后果。"《承诺书》原件由原告曾某持有。2008年7月8日，涉案房屋取得产权证，权利人登记为唐某甲、郑某，产权份额各占50%。2012年8月13日，唐某甲突发死亡，无遗嘱。因案涉房屋的所有权问题，原告唐某乙与被告郑某产生纠纷，遂诉至法院。法院在审理中查明，唐某己与曾某育有儿子唐某甲，女儿唐某丙、唐某丁；唐某甲无配偶，与前妻育有女儿原告唐某乙、唐某戊。唐某于2012年11月16日脑出血死亡，留有遗嘱，自己对争议房屋的权利由孙女唐某乙继承，同时唐某丙、唐某丁也书面向法院表示放弃权利，不参与诉讼。唐某戊在本案诉讼中，同意参加诉讼，法院依法追加其为原告。

问题描述

本案的争议焦点是，如何认定2007年12月28日被告郑某出具的承诺书的法律效力。

裁判情况

本案经过一审、二审。二审法院经审理认为，郑某承诺书中记载的"在唐某甲认为合适的时候"并非条件，而是郑某对自己权利的进一步限制和放弃，即任何时候均可要求履行。

裁判结论：被告郑某协助将案涉房屋的50%产权过户登记给原告唐某乙、唐某戊。

释法析理

无相对人的意思表示，属于意思表示中的特殊情形，存在于部分类型的单方法律行为中，不存在表示的相对人，亦无须受领，也就不产生到达相对人、为相对人所知悉的问题。本案中，涉案的渝北区龙溪街道××路××号的富悦阳光××幢××层××号房屋《商品房买卖合同》是当事人真实意思表示，未违反法律法规禁止性规定，合法有效。房屋产权证上权利人虽然登记为唐某甲、郑某两人，产权份额各占50%，但是郑某出具的《承诺书》披露了唐某甲一个人支付了涉案房屋的全部资金的事实，也明确表示愿意放弃该房屋权利，配合办理相关过户、买卖、继承等手续。该承诺是郑某行使个人权利的单方民事法律行为，即放弃所有权，是其真实意思表示，不违反法律或者社会公共利益，合法有效。民事法律行为从成立时起具有法律约束力，行为人非依法律规定或者取得对方同意，不得擅自变更或者解除。被告郑某应当根据诚实信用原则，继续履行承诺。因此，三原告作为唐某甲的法定继承人要求郑某协助将郑某名下50%产权过户登记给原告的诉讼请求，符合法律规定。

相关法条

《中华人民共和国民法典》第一百三十八条 无相对人的意思表示，表示完成时生效。法律另有规定的，依照其规定。

发出竞猜悬赏海报会产生什么法律后果

◆（第 139 条）◆

📄 基本案情

2014年6月3日，乙公司发布海报，并在网上公布"尽享足球夜，畅赢百万礼，百万雪花免费派送"有奖竞猜活动，参与方式为：（1）扫描下载海报载有的二维码；（2）玩游戏闯关成功；（3）100%有奖。奖品设置：某品牌啤酒330ml（一听），下载App即可领奖，猜中任意比赛均有奖，多猜多得。在游戏内猜中世界杯任意一场比赛的胜负平结果即可（全国总量限100万份，送完即止）；积极参与游戏，更有机会赢取超级大奖：乙公司预付卡（10箱纯生330ml*24 + 3999.00元）。超级大奖规则为：在同一部手机中，猜中从1/8决赛至冠亚军决赛的全部16场比赛中的15场的胜负结果，玩家即可获得超级大奖。领奖方式：对于一、二、三等奖与下载奖，顾客可前往任意一家参加本次活动的乙公司门店，凭手机中的游戏中奖记录领取，奖品现场发送；对于超级大奖：顾客可前往任意一家参加本次活动的门店，凭手机中的中奖记录，由服务人员登记中奖人姓名、电话、地址，后续啤酒直接寄送给顾客。活动期间：2014年6月5日至7月31日。兑奖有效期：（1）下载奖的兑奖有效期至2014年7月13日；（2）一、二、三等奖和超级大奖兑奖有效期均至2014年7月31日。

2014年6月22日，原告李某在甲公司门店工作人员的宣传下下载了足球猜猜乐手机软件，参与该项活动竞猜，后李某以中得超级大奖为由到甲公司门店领取该活动奖品，被告甲公司门店工作人员以奖品发放完毕为由，拒绝兑付奖品，产生纠纷。原告遂将被告甲公司起诉至法院，要求甲公司履行兑奖义务。

问题描述

本案的争议焦点是，乙公司发布的海报的法律效力如何；甲公司并非发布海报单位，是否应当承担相应兑奖义务。

裁判情况

法院经审理认为，有奖竞猜活动的宣传海报明确载明本次有奖竞猜活动发布人为乙公司，乙公司应为本次竞猜活动的悬赏人，而甲公司仅是本次有奖竞猜活动宣传单位及领奖单位之一，并非实际悬赏人，故原告与被告之间不存在权利义务关系。

裁判结论：驳回原告李某的诉讼请求。

释法析理

公告方式，是指通过在报纸刊登、广告栏张贴、广播电视传播以及互联网发布等公共媒介形式发布意思表示。以公告方式发布意思表示后，法律视为已经到达了相对人的支配范围，处于相对人随时可以了解的状态，故采用发布生效原则。本案中，乙公司发布了有奖竞猜广告，以李某为代表的受众，只要根据海报或网络公告的程序，在规定时间参与了活动，就符合中奖条件，乙公司发布的这一海报及网上公告属于已发出的要约，对乙公司产生法律约束效力。但是，甲公司只是该有奖竞猜活动的一个宣传单位及领奖单位,并非实际悬赏人,所以原告李某不应向甲公司申请权利,而应当向乙公司申请履行相关义务。

相关法条

《中华人民共和国民法典》第一百三十九条 以公告方式作出的意思表示,公告发布时生效。

"默不作声"就可以否认有意思表示吗

◆(第140条)◆

基本案情

2010年9月10日,原告某银行与被告某电子公司、被告岑某分别签订了编号为温银9022010年高保字01×××号、01×××号的最高额保证合同,约定某电子公司、岑某自愿为某电器公司在2010年9月10日至2011年10月18日期间发生的余额不超过1100万元的债务本金及利息、罚息等提供连带责任保证担保。2011年10月12日,某银行与岑某、被告某塑模公司分别签署了编号为温银9022011年高保字00×××号、00×××号最高额保证合同,岑某、某塑模公司自愿为被告某电器公司在2010年9月10日至2011年10月18日期间发生的余额不超过550万元的债务本金及利息、罚息等提供连带责任保证担保。2011年10月14日,某银行与某电器公司签署了编号为温银9022011企贷字00×××号借款合同,约定某银行向某电器公司发放贷款500万元,到期日为2012年10月13日,并列明担保合同编号分别为温银9022011年高保字00×××号、00×××号。截至2013年4月24日,某电器公司尚欠借款本金250万元、利息141509.01元。另查明,某银行为实现本案债权而发生律师费用为95200元。原告某银行诉称:其与某电子公司、岑某、某塑模公司分别签订了"最高额保证合同",约定三被告为某电器公司一定时期和最高额度内借款提供连带责任担保。某电器公司从某银行借款后，不能按期归还部分贷款，故诉请判令被告某电器公司归还原告借款本金250万元，支付利息、罚息和律师费用；岑某、某塑模公司、某电子公司对上述债务承担连带保证责任。

问题描述

本案的争议焦点是，某电子公司签订的温银9022010年高保字01×××号最高额保证合同未被选择列入温银9022011企贷字00×××号借款合同所约定的担保合同范围，某电子公司是否应当对温银9022011企贷字00×××号借款合同项下债务承担保证责任。

裁判情况

法院经审理认为，某银行与某电器公司签订的温银9022011企贷字00×××号借款合同虽未将某电子公司签订的最高额保证合同列入，但原告某银行未以明示方式放弃某电子公司提供的最高额保证，故某电子公司仍是该诉争借款合同的最高额保证人。

裁判结论：某电子公司应对某电器公司的债务承担连带清偿责任，其承担保证责任后，有权向某电器公司追偿。

释法析理

意思表示由表示和意思两词组合而成，相应地，意思表示的构成可分为外部要素与内部要素。意思表示的外部要素即表示行为，根据表示方式的不同，一般可分为明示与默示，特定情况下沉默构成意思表示。依此，民事权利的放弃必须采取明示的意思表示才能发生法律效力，默示的意思表示只有在法律有明确规定及当事人有特别约定的情况下才能发生法律效力，不宜在无明确约定或者法律无特别规定的情况下，推定当事人对权利进行放弃。本案中，诉争借款合同签订时间及贷款发放时间均在某电子公司签订的编号温银9022010年高保字01×××号最高额保证合同约定的决算期内（2010年9月10日至2011年10月18日），某银行向某电子公司主张权利并未超过合同约定的保证期间，故某电子公司应依约在其承诺的最高债权限额内为某电器公司对某银行的欠债承担连带保证责任。

相关法条

《中华人民共和国民法典》第一百四十条　行为人可以明示或者默示作出意思表示。

沉默只有在有法律规定、当事人约定或者符合当事人之间的交易习惯时，才可以视为意思表示。

签订协议后想反悔怎么办

◆（第 141 条）◆

基本案情

曾某与张某平（系张某坚的代理人）签订了《云鸿山庄整体出让合同》，购买张某坚经营的云鸿山庄。之后张某坚起草了一份《确认云鸿山庄整体出让合同无效协议书》（以下简称《确认无效协议书》），曾某受张某平和张某坚胁迫欺骗在《确认无效协议书》上签名，次日曾某将《确认无效协议书》原件要回，张某平将协议私自复印后交给张某坚，张某坚在复印件上签名。曾某提交的其签名的协议原件上没有张某坚的签名。之后，当事人因为《确认无效协议书》的效力问题发生争议，遂起诉至法院。

问题描述

本案的争议焦点是，《确认无效协议书》是否发生法律效力。

裁判情况

本案经过一审、二审、再审。再审法院经审理认为，由于曾某签字的《确认无效协议书》在其交给张某平后，又由曾某本人要回，表明曾某签字的《确认无效协议书》的要约已经撤销，该要约已失效，当事人未就协议内容达成一致意见。

裁判结论：《确认无效协议书》未依法成立。

释法析理

在生活实践中，行为人可能在作出意思表示后感到后悔，如出卖人以某价格发出要约，但不久就有第三人愿意以更高的价格成交，或者承租人找到价格更为合适的房屋等情形。这时法律在一定条件下允许行为人撤回意思表示，但是前提条件是撤回的通知应当在意思表示到达相对人前或者与意思表示同时到达相对人。本案中，张某坚应向张某平、曾某索要协议原件后签字承诺，其亦应知道曾某已经要回了《确认无效协议书》的原件，并且该复印件已不能代表对方真实签约意思的事实。张某坚在该协议复印件上的签字应视为新的要约，曾某对此协议不予认可，所以协议并未生效。不过，并非所有的要约都能够撤销，如《中华人民共和国民法典》第476条规定，"要约可以撤销，但是有下列情形之一的除外：（一）要约人以确定承诺期限或者其他形式明示要约不可撤销；（二）受要约人有理由认为要约是不可撤销的，并已经为履行合同做了合理准备工作"。这主要是为了保护相对人的依赖利益，如果因为撤销要约而给受要约人造成损害，要约人应当承担赔偿责任。

相关法条

1. 《中华人民共和国民法典》第一百四十一条　行为人可以撤回意思表示。撤回意思表示的通知应当在意思表示到达相对人前或者与意思表示同时到达相对人。

2. 《中华人民共和国民法典》第四百七十六条　要约可以撤销，但是有下列情形之一的除外：

（一）要约人以确定承诺期限或者其他形式明示要约不可撤销；

（二）受要约人有理由认为要约是不可撤销的，并已经为履行合同做了合理准备工作。

合同部分条款约定不明时怎么处理

◆（第 142 条）◆

📄 基本案情

2004年3月16日，某杉里煤矿与某贸易公司、某银行××分行签订《合作经营印尼木材协议》，该协议第3条约定："乙方（即某杉里煤矿）负责为本次合作提供资金人民币1000万元，于2004年3月18日前按甲方（即某贸易公司）的要求将该笔资金汇往丙方（即某银行××分行），由甲方办理国际贸易开证申请。但在办理国际贸易开证申请时须同时有某杉里煤矿负责人温某的书面同意意见，丙方见到温某的书面同意意见后，按照甲乙申请的条款办理信用证开证事宜。"在实际履行中，某杉里煤矿并未按规定将1000万元开证保证金直接汇入某银行××分行，而是将银行汇票直接交给了某贸易公司。某贸易公司收取该汇票后，将汇票款存入了其在某银行××分行开立的一般结算账户上，后某贸易公司违反合同约定，擅自动用了该笔款项。某杉里煤矿请求判令解除《合作经营印尼木材协议》，某贸易公司返还某杉里煤矿1000万元、承担违约金200万元，某银行××分行对1000万元承担连带清偿责任。

🔍 问题描述

本案的争议焦点是，某银行××分行是否对本案1000万元资金具有监管责任。

裁判情况

本案经过一审、二审。二审法院经审理认为，根据《合作经营印尼木材协议》第3条规定，当某银行××分行为某贸易公司办理开具信用证的相关事宜时，应审查是否有某杉里煤矿负责人温某的书面同意意见。协议没有明确约定某贸易公司以申请开证以外的其他用途支取该笔资金时，某银行××分行是否具有监管义务，属于合同约定不明。某银行××分行对某贸易公司并非以开证用途而从其一般结算账户上支取该笔资金行为无监管义务。

裁判结论：某银行××分行对1000万元不承担连带清偿责任。

释法析理

解释意思表示需要探求当事人的真意，根据意思表示有无相对人而有所不同。有相对人的意思表示解释应当按照所使用的词句，确定词句的意义。无相对人的意思表示解释不能拘泥于所使用的词句，因为不涉及相对人的信赖保护的问题，应当尽可能按照表意人的真意赋予其法律效果。本案中，某杉里煤矿主张其签订三方协议的目的在于保障专款专用和出资安全，按照目的解释，应认定某银行××分行对1000万元资金负有不可推卸的监管责任和使用审查义务，无论某贸易公司是否用于开证，某银行××分行均应负责监管。法院认为，对合同约定不明而当事人有争议的合同条款，可以根据合同目的等多种解释方法，综合探究当事人的缔约真意。但就目的解释而言，并非只按一方当事人期待实现的合同目的进行解释，而应按照与合同无利害关系的理性第三人通常理解的当事人共同的合同目的进行解释，且目的解释不应导致对他人合法权益的侵犯或与法律法规相冲突。

相关法条

《中华人民共和国民法典》第一百四十二条 有相对人的意思表示的解释,应当按照所使用的词句,结合相关条款、行为的性质和目的、习惯以及诚信原则,确定意思表示的含义。

无相对人的意思表示的解释,不能完全拘泥于所使用的词句,而应当结合相关条款、行为的性质和目的、习惯以及诚信原则,确定行为人的真实意思。

严重精神病人签订的买卖合同有效吗
（第 144 条）

基本案情

原告哈某为重度残疾人，精神不正常、视力低下，残疾等级为二级，监护人系乌某（原告父亲）。2015 年 1 月 12 日，哈某经新疆精卫法医精神病司法鉴定所确定为无民事行为能力人。2014 年 8 月 22 日，原告哈某与被告曾某签订一份《房地产买卖协议》，将原告名下位于昌吉市某地的房屋以人民币 23 万元的价格向被告转让。被告曾某于合同签订之日向原告支付了 23 万元房款，并由原告哈某向其出具了一份收条。后原、被告在昌吉市房地产管理局办理了房屋过户登记手续，将本案诉争房屋过户到了被告曾某名下，原告的法定代理人乌某得知此况后，遂诉至法院，要求确认原、被告于 2014 年 8 月 22 日签订的《房地产买卖协议》无效。

问题描述

本案的争议焦点是，无民事行为能力人的民事法律行为是否有效。

裁判情况

本案经过一审、二审。二审法院经审理认为，根据相关法律规定，无民事行为能力人实施的民事法律行为无效，原告哈某于 2015 年 1 月 12

日经鉴定机构确认为无民事行为能力人,故原告哈某与被告曾某于 2014 年 8 月 22 日签订的《房地产买卖协议》的行为,应属无效民事行为。

裁判结论:哈某与曾某于 2014 年 8 月 22 日签订的《房地产买卖协议》无效。

释法析理

《中华人民共和国民法典》第 144 条规定,"无民事行为能力人实施的民事法律行为无效"。条文中无但书,亦未附条件,其意思是,凡无民事行为能力人所实施的民事法律行为无条件、无例外地归于无效。故只要能够认定实施民事法律行为的民事主体系无民事行为能力人,即可认定其民事法律行为无效。本案中,哈某被具有合法资质的鉴定机构认定为无民事行为能力人,因为构成无效民事法律行为仅需满足主体要件即可,即行为人系无民事行为能力人。因此,哈某签订的房屋出售协议无效。同时还应当明确,无民事行为能力人所为民事法律行为,即便经法定代理人追认,也不可能归于有效。即无民事行为能力人所实施的民事法律行为之无效,无可补救,其不同于效力待定的民事法律行为,并不存在待人追认或拒绝追认之必要和可能。

相关法条

《中华人民共和国民法典》第一百四十四条　无民事行为能力人实施的民事法律行为无效。

精神病人签订的买卖合同有效吗

◆（第 145 条）◆

基本案情

被告赵某甲、张某系夫妻关系，第三人赵某乙系二被告之子。原告刘某甲为精神残疾人，残疾等级为三级，自 2001 年起陆续在多所医院治疗，2012 年 2 月 29 日刘某甲被人民法院宣告为限制民事行为能力人，刘某乙担任原告刘某甲的监护人。2011 年 5 月 3 日，原告刘某甲在监护人未知情的情况下与第三人赵某乙在某房屋信息服务部（此服务部经营者系被告张某）签订购房协议，将原告所有的某房产有偿转让给第三人赵某乙，转让价格为 32.5 万元。2011 年 5 月 4 日，原告与二被告签订了房地产转让合同，并办理了诉争房产的过户手续。第三人赵某乙称诉争房产登记在其父母名下，是因为以第三人的名义只能进行商业贷款，而以被告赵某甲名义可以公积金贷款，所以才以二被告名义与原告签订房地产转让合同并过户。二被告向原告支付了定金 5000 元、交纳所欠取暖费 13854.69 元、共用部位维修费 209.9 元、房产过户等费用合计 43047.2 元，上述费用合计为 62111.79 元，此费用均包含在房产转让价款之中，其余房款尚未支付。原告主张，二被告及第三人利用开办房产中介之机，与有明显患有精神残疾的原告签订购房协议、房地产转让合同将房屋卖给自己，且未支付原告购房款，显然二被告及第三人具有欺诈行为，有严重过错，房地产转让合同应属无效。二被告及第三人应当负担房产两次过户所需的全部费用。被告主张的原告收取其定金、收取部分房款43000元,其主张不能成立。原告属精神残疾人,系限制民事行为能力人,收取定金和所谓房款的行为,是不能独立实施的。二被告及第三人在整个交易过程中具有明显欺诈行为,诉争房产的交易价格为32.5万元,房产评估价为35万元,而按市场价来讲,至少应为39万元左右。在房产交易中,不论是买方发生的税费,还是卖方发生的税费,均由买方承担,是不争的事实,而原告作为卖方承担了税费,与房产交易实践不符,且其余房款尚未给付。被告对此不予认可,认为原告在房屋买卖期间有认知能力,双方交易价格合理,不存在欺诈,故原、被告间签订的房屋购买协议是真实意思体现,应当依法成立并生效。当事人双方各抒己见,未能达成协议。

问题描述

本案的争议焦点是,如何认定限制民事行为能力人所实施的民事法律行为的效力。

裁判情况

本案经过一审、二审。二审法院经审理认为,刘某甲系限制民事行为能力人,售房行为未经法定代理人同意或追认,不发生法律效力。对二被告所交纳的取暖费用、共用部分维修费原告应当返还。对于已交付的过户费用,按照公平原则,双方平均负担。

裁判结论:(1)原告刘某甲与被告赵某甲、张某签订的房地产转让合同无效。(2)被告赵某甲、张某将该房屋返还给原告刘某甲,被告赵某甲、张某协助原告刘某甲办理涉案房产过户手续。(3)原告刘某甲返还被告赵某甲、张某所交纳的取暖费、公共部位维修费和定金合计

19064.59元。房产过户费用43047.2元，原告负担21523.6元，二被告负担21523.6元。

释法析理

本案中，刘某乙作为原告刘某甲的监护人，其事先并未同意刘某甲实施的售房行为，事后也未给予追认，所以刘某甲与被告之间签订的房地产转让合同应属无效合同，被告取得的房产应予以返还。实践中，关于限制民事行为能力人实施的民事法律行为是否与其年龄、智力、精神健康状况相适应的判断，实际上应分"两步走"：首先，应综合考虑年龄、智力、精神健康状况等因素对限制民事行为能力人的认知能力和判断能力作出评价；其次，考察限制民事行为能力人所实施的民事法律行为是否与其认知能力和判断能力相匹配。

相关法条

《中华人民共和国民法典》第一百四十五条　限制民事行为能力人实施的纯获利益的民事法律行为或者与其年龄、智力、精神健康状况相适应的民事法律行为有效；实施的其他民事法律行为经法定代理人同意或者追认后有效。

相对人可以催告法定代理人自收到通知之日起三十日内予以追认。法定代理人未作表示的，视为拒绝追认。民事法律行为被追认前，善意相对人有撤销的权利。撤销应当以通知的方式作出。

为借款签订的房产转让协议有效吗
(第 146 条)

基本案情

2017年9月7日,王某某向孙某某借款30万元,王某某向孙某某出具30万元借条,双方约定每月利息15000元。同时,王某某、孙某某签订了三套楼房的转让协议,后王某某处置了其中的两套楼房。2018年7月21日,王某某、孙某某又签订了两套楼房(某社区某楼三单元101、102号楼房)的转让协议,两套楼房的钥匙未交付给孙某某,王某某也未收取孙某某房款。2018年7月24日,王某某偿还孙某某借款本金10万元并支付利息1万元,仍欠被告孙某某借款本金20万元未还。2018年8月14日,孙某某将涉案两套楼房(即某社区某楼三单元101、102号楼房)以20万元价格转让给第三人韩某某。2018年8月15日,孙某某给王某某打电话称王某某再不还钱就把房子给他卖了。王某某因孙某某出售涉案楼房产生纠纷,诉至法院,请求依法确认其与孙某某签订的两份房产转让协议无效。

问题描述

本案系确认合同效力纠纷。王某某认为,该房产转让协议系抵押合同,双方之间真实的意思表示是抵押而非买卖,房产转让协议因意思表示虚假应当无效。孙某某认为,该房产转让协议实质上是以物抵债协议,合法有效。本案的争议焦点是,王某某与孙某某签订的两份房产转让协议是否构成虚假意思表示。

裁判情况

本案经过一审、二审。二审法院经审理认为，双方虽然签订了房产转让协议，但涉案楼房产权并没有转移，仍系原告所有，房产转让协议约定王某某偿清孙某某的借款后将涉案房屋退还王某某，效力自行消灭，房产转让协议并非原、被告之间真实的意思表示，双方真实意思是将涉案两套楼房作为借款的抵押担保，由于双方在房产转让协议中的意思表示均不真实，故两份房产转让协议无效。

裁判结论：原告王某某与被告孙某某于2018年7月21日签订的某社区某楼三单元101、102号楼房房产转让协议无效。

释法析理

《中华人民共和国民法典》第146条第1款规定，"行为人与相对人以虚假的意思表示实施的民事法律行为无效"。本案中，判断双方签订的房产转让协议是以物抵债的买卖合同还是为借款设定抵押的担保合同，是认定该协议效力的关键。以物抵债的交易习惯是欠债在先，以物抵债在后，并且双方达成以物抵债协议后债务归于消灭，抵债物交付债权人。本案中，双方发生借款的同时签订了三套楼房的转让协议，二者并没有先后顺序。原、被告双方在2018年7月21日签订房产转让协议后，原告王某某在此后的7月24日照就按借条约定偿还了被告孙某某本金10万元及利息1万元，王某某还欠孙某某本金20万元。表明双方签订房产转让协议后债务既没有消灭，也没有减少，且本案中，案涉两套楼房没有交付给孙某某，借条也没有退还给王某某，这一点也不符合以物抵债的交易习惯。另外，本案事实显示王某某先给孙某某三套楼房，后来王某某卖了两套，又给其补上了两套，这说明被告孙某某作为债权人并不在意债务人王某某怎么处置担保楼房，只要有价值足额的楼房担保债务的实现即满足其要求。因此，涉案楼房在王某某与孙某某之间的借款中发挥的是抵押担保效用，涉案楼房不是买卖合同的标的物，而是借款合同的担保物。双方虽然签订了房产转让协议，但涉案楼房产权并没有转移，仍系原告王某某所有，在其还清孙某某的借款后房产转让协议效力自动消灭，房产转让协议并非原、被告之间真实的意思表示，将涉案两套楼房作为借款的抵押担保才是双方一致的真实意思表示。因双方在房产转让协议中的意思表示虚假，故涉案两份房产转让协议应属无效。

相关法条

《中华人民共和国民法典》第一百四十六条　行为人与相对人以虚假的意思表示实施的民事法律行为无效。

以虚假的意思表示隐藏的民事法律行为的效力，依照有关法律规定处理。

商家以工作人员失误导致重大误解要求撤销促销合同可行吗

◆（第 147 条）◆

基本案情

2017 年 12 月 29 日，某商业公司在该公司 App 上推出了 500 升 600 升值券的限时抢购活动。活动当日，该公司 App 上 500 升 600 升值券商品详情页面显示情况如下：商品图片栏用大号加粗字体显示 500 升 600 字样；商品名称用黑体字显示为［500 升 600］新年旺 500 升 600 升值券 12 月 29 日 10 时开抢。商品名称下方为一段普通小号字体说明：此券单个 ID 限购 1 份，不可退换，不找零，不兑现，不享受 VIP 折扣，本金部分可享受 VIP 积分，升值部分不享受 VIP 积分；此券增值部分不开具发票，如遇商品退货，100 元增值部分不以现金形式退货。说明下方为金额 ¥500，在金额旁有一文字框，内有文字"购买返 250000 积分"，该部分内容字体为普通小号字体未加粗。蒋某于活动当日购买了 500 升 600 升值券，订单详情页面显示商品总额 ¥500，返积分 250000，实付款 ¥500。蒋某下单后，账户内收到了某商业公司返的 250000 积分，后该公司将该积分收回。蒋某购买的 500 升 600 升值券已经用于个人消费使用。2017 年 12 月 29 日下午，该公司发现系统对 500 升 600 升值券的订单发放 250000 积分后，随即在系统中进行了修正，收回发放出去的 250000 积分，并在原 500 升 600 升值券商品页面上发布致歉声明，告知消费者由于工作人员操作失误，系统设定错误，页面显示误返每位订购客户250000积分，造成重大误解。此后，该商业公司向购买的客户发送短信并电话联系，告知客户其愿意给予500元现金券的补偿。后双方发生纠纷，蒋某诉至法院，请求判令某商业继续履行双方合同，给付250000积分；该商业公司反诉请求撤销其与蒋某之间"500升600升值券，购买返250000积分"网购合同。

问题描述

本案系确认合同效力纠纷。原告认为，涉案合同真实有效，被告单方取消，应当承担违约责任；被告认为，本案符合重大误解的构成要件，该合同依法可以撤销。本案的争议焦点是，涉案合同是否构成重大误解；是否可以撤销。

裁判情况

本案经过一审、二审。二审法院经审理认为，某商业公司在促销活动的基础上再赠送250000积分的促销力度之大前所未有，而如此吸引人的促销内容该公司并没有用显著字体在网页显著位置予以标明，与商家促销目的明显不符。该商业公司提供的活动细则与企划方案中均没有要赠送250000积分的意思表示，仅是因为其工作人员的操作失误导致活动页面显示"返250000积分"字样，基于这一失误订立的网购合同明显与该商业公司的真实意思相悖，该商业公司对订立的合同内容存在重大误解。

裁判结论：撤销某商业公司与蒋某订立的"500升600升值券，购买返250000积分"合同；某商业公司自愿补偿蒋某500元现金券。

释法析理

《中华人民共和国民法典》第147条规定,"基于重大误解实施的民事法律行为,行为人有权请求人民法院或者仲裁机构予以撤销"。行为人因对行为的性质、对方当事人、标的物的品种、质量、规格和数量等的错误认识,使行为的后果与自己的意思相悖,并造成较大损失的,可以认定为重大误解。本案中,"500升600升值券"限时抢购活动系某商业公司开展的常规促销活动,该公司在以往开展的类似促销活动中,从未出现过向消费者赠送250000积分的情况,而本次活动除"500升600升值券"外,还额外赠送250000积分,如此巨大的促销活动,该公司并未在宣传页面中对赠送250000积分一事使用显著字体或以其他方式突出显示;相反,从该公司提供的活动细则、企划方案及传送发布的原稿来看,返还250000积分并未在方案中提及或说明,说明该公司没有向消费者赠送250000积分的本意,系公司工作人员App后台操作时,两次将"500"输入至积分系数,导致销售页面发出返还250000积分,该公司发现积分设置错误后,便立即采取措施,停止购买,冻结积分,发布致歉声明,足以认定该公司对涉案购物合同返还250000积分一事存在错误认知,该商业公司的真实意思是"500升600升值券"活动中消费者可以获得500积分,返还250000积分严重背离了其真实意愿,完全符合重大误解的构成要件,故对涉案合同该商业公司有权申请人民法院予以撤销。

相关法条

《中华人民共和国民法典》第一百四十七条 基于重大误解实施的民事法律行为,行为人有权请求人民法院或者仲裁机构予以撤销。

受对方欺诈签订的买卖合同有效吗
（第 148 条）

📄 基本案情

2009年10月26日，原告郭某与被告某公司签订《南京市商品房预售合同》，约定：甲方预售给乙方的商品房为南京市××区××路××号××大厦地下负三层××室；该商品房设计用途为办公；房屋总价为191526.45元；该份合同尾部"甲乙双方的其他约定"中约定：甲、乙双方确认本房屋规划用途为办公用房。此后，郭某付清购房款项。2012年3月29日，郭某取得上述房屋所有权，房屋所有权证上记载房屋规划用途为办公。2015年，南京市公安局消防局向××大厦部分业主答复称××大厦地下三层、使用性质为复式汽车库、办公和设备用房。郭某遂起诉至法院，诉称：2009年，某公司在南京市××路××号推出××大厦项目，其利用报纸、宣传彩页、售楼人员口头介绍等形式宣传，项目为地上四层、地下三层，共七层贯通的商业中庭设计，地下负三层均为商铺，且定位为商铺活动中心。郭某在听信某公司的宣传后，于2009年10月26日与某公司签订《商品房预售合同》5份，购买了××大厦负三层的房屋。房屋交付后，某公司指定的物业公司亦按照商铺的标准收取郭某的物业管理费。2011年5月，某公司的招商部与郭某及其他负三层签订了《委托招商协议书》，协议书也载明负三层为商铺。2015年初，郭某接物业公司工作人员通知，告知负三层不能作为商铺使用，否则消防部门将予以处罚。2015年3月11日，郭某及其他业主向南京市公安局消防局申请对负三层消防验收的信息公开。2015年3月24日，南京市公安局消防局答复称××大厦于2011年4月15日通过消防验收，地下三层使用性质为复式汽车库、办公及设备用房。郭某认为，某公司明知××大厦负三层不能作为商铺使用，却在销售过程中一再虚构事实欺骗业主，构成欺诈，郭某在受到某公司误导及欺诈的情况下签订的合同并非郭某真实意思表示，应予撤销。故诉至法院，请求判令：撤销郭某与某公司签订的《南京市商品房预售合同》；某公司返还郭某购房款192612.45元；按中国人民银行同期贷款利率标准赔偿郭某上述购房款自2009年10月26日至实际返还之日止的利息；赔偿郭某物业费损失947.71元。

问题描述

本案的争议焦点是，某公司售房行为是否构成欺诈；郭某与某公司签订的合同是否有效。

裁判情况

本案经过一审、二审。二审法院经审理认为，某公司采取欺诈手段掩盖房产的实际用途，导致郭某在违背真实意思的情况下买受了该房产，受欺诈方郭某有权请求予以撤销买卖房产的行为。郭某要求撤销涉案合同、返还购房款的主张符合法律规定，要求公司支付利息亦应当予以支持，支付利息的时间应当从郭某主张合同撤销时计算。因涉案房屋实际无法使用，故郭某交纳的物业服务费及公摊水电费系其损失，某公司应当予以赔偿。

裁判结论：（1）撤销郭某与某公司签订的案涉合同；（2）某公司返还郭某原购房款及相应的利息；（3）某公司赔偿郭某物业服务费、公摊水电费等损失。

释法析理

本案中，郭某提供了某公司的招商手册，该手册载明：涉案房屋营业面积为地面四层、地下三层，负三层经营内容为影音电子产品二手交易，经营模式采用分区引导、商家独立经营的模式等。同时，郭某还提供了2009年10月16日的《金陵晚报》，第46版中名为《城中旺铺难求——珠江路挑高6米商铺开盘竟打折?》的报道文章称：某项目是目前珠江路上唯一在售的商铺项目，项目一共七层，地下三层地上四层，共有600多个商铺……一审审理中，郭某申请2007年至2010年在涉案公司从事销售工作的证人冯某到庭作证，冯某证实，其参与涉案房屋销售，其在销售前经统一培训，负三层以商铺形式出售，对外宣传是商铺。另外，涉案房屋物业管理服务合同中约定，商铺按每月4.8元/m^2的标准收取物业服务费；某公司在2011年5月12日向业主发出《南京××商品房（地下负三层至地上四层）交付入住通知书》，要求负三层业主按商铺标准，以4.8元/m^2×房屋建筑面积×6个月的计算方式预交半年物业管理费。郭某提供了其2011年5月交纳物业服务费的收据，证明某公司已按照商铺标准向上诉人收取了物业管理费。根据上述收据记载，上诉人于2011年5月15日缴纳半年物业管理费355.39元及半年公摊水电费592.32元，合计947.71元，该物业管理费收取标准与商铺相同。2011年9月16日，因涉案房屋返潮问题，某公司向业主发出《关于负三层返潮的处理的回复》，某公司在该回复中向业主表明了拟采取的解决措施，并表示"经专家论证通过上述措施能够解决潮气大的问题，并将不会影响到商铺的整体开业"。上述种种事实均可以证明，某公司故意隐瞒事实，采取欺诈手段进行销售和日常管理。

相关法条

《中华人民共和国民法典》第一百四十八条 一方以欺诈手段，使对方在违背真实意思的情况下实施的民事法律行为，受欺诈方有权请求人民法院或者仲裁机构予以撤销。

受第三人欺诈签订的合同有效吗
(第149条)

📋 基本案情

2013年5月31日,原告徐某、刘某,第三人卢某及案外人那某、潘某等与被告某银行签订《联保体授信合同》一份,约定:徐某、卢某、那某、潘某4人为联保体各成员,任一联保体成员及其在本合同中指定的控制企业均对联保体整体授信额度与期限内的非本人融资提供最高额连带责任保证;某银行给予本合同联保体所有授信提用人的整体授信额度为人民币800万元,联保体各成员每人的授信额度为200万元,授信额度使用期限自2013年5月31日至2015年5月31日。合同签订后,被告向联保体各成员发放了贷款,贷款到期后,第三人卢某未按期还款。2015年5月28日,被告在原告徐某账户扣款5000元用于归还第三人卢某所欠贷款;2015年6月1日,被告在原告刘某账户扣款424823.2元用于归还第三人卢某所欠贷款。原告认为,原告虽签订了联保体授信合同,但第三人卢某在签订及履行借款合同过程中存在欺诈行为,第三人卢某并不具备贷款资格及还贷能力,并且其提供的所有材料都是不真实的或不具备法律效力的,而银行在审批过程中对第三人欺诈或提供虚假材料行为是明知或应知的,因二者的原因导致原告受损。上述情形根据法律规定,原告不应承担担保责任,故银行从原告账户中进行扣款行为无事实及法律依据,银行及第三人行为侵犯原告的合法权益,现诉至法院请求依法判决。诉讼请求：（1）判令被告返还保证金429823.2元；（2）判决撤销联保体授信合同中的担保及保证条款，判决原告不承担担保或保证责任。

问题描述

本案的争议焦点是，卢某在签订合同过程中是否存在欺诈行为；如果存在欺诈行为，如何认定案涉合同的效力。

裁判情况

本案经过一审、二审。二审法院经审理认为，原告并无证据证明第三人在签订合同过程中存在欺诈行为，亦无证据证明被告存在放任第三人进行欺诈的行为，原告的诉讼请求无事实及法律依据，对原告诉讼请求不予支持。

裁判结论：驳回原告徐某、刘某的诉讼请求。

释法析理

和受相对人欺诈一样，受第三人欺诈亦构成行为人意思表示不自由的情形，行为人因受欺诈而为的与自己真实意思相违背的民事法律行为亦可被撤销，但撤销权的获得条件有所不同：须在对方知道或应当知道第三人欺诈行为的情况下，受欺诈方才有权请求人民法院或仲裁机构予以撤销。本案虽然驳回了原告徐某、刘某的诉讼请求，但是源于举证责任分配的原因，如果有证据足以认定第三人卢某实施了欺诈行为，则判决结论必将是另一种情形。同时，本条区分相对人恶意、善意之情形，若相对人知道或者应当知道第三人欺诈之事实，其已违背了诚实信用原则，故无信赖利益可言，民事法律行为的效力应交由作为受欺诈人的行为人决定,以保障意思自治;若相对人不知道也不可能知道第三人欺诈之事实,则应当优先保护相对人的信赖利益,以维护交易安全。

相关法条

《中华人民共和国民法典》第一百四十八条 一方以欺诈手段,使对方在违背真实意思的情况下实施的民事法律行为,受欺诈方有权请求人民法院或者仲裁机构予以撤销。

为筹措医疗费签订不公平赔偿协议可以申请撤销吗

（第 151 条）

基本案情

2017年1月2日17时许，汤某某驾驶小型面包车与毕某甲推行的电动三轮车（乘员毕某乙）相撞，造成毕某甲及毕某乙受伤和两车受损。毕某甲在医院花去医疗费191805.41元、抢救费1859.10元。2017年2月14日，公安机关认定汤某某应承担事故的全部责任。在毕某甲治疗期间，经过中间人调解，双方于2017年5月3日签订协议"甲方汤某某赔偿乙方毕某甲医疗费、误工费及今后的一切治疗费用等总计人民币67.9万元整。乙方不得因此次事故而再以任何理由向甲方主张任何权利……"此协议签订后汤某某父亲将67.9万元全部给付完毕。协议书签订后，毕某甲一直处于治疗中，各种费用也在持续发生，实际支出费用远超过协议书约定赔偿金额。后毕某甲等人以签订协议时被告有乘人之危的情形，此协议显失公平为由，诉至法院，要求撤销此协议。

问题描述

本案系确认合同效力纠纷。原告认为，被告乘原告妻子急于筹钱给原告治病之机，迫使原告妻子违背真实意思，与之签订了一次性补偿协议书，故依法可以撤销；被告认为，协议书是双方在自愿基础达成的，是双方真实意思表示，且已履行，不存在显失公平和乘人之危的情形，不同意撤销协议书。本案的争议焦点是，双方达成的协议书是否系乘人之危签订，是否可以撤销。

裁判情况

本案经过一审、二审。二审法院经审理认为，由于双方签订协议书时毕某甲尚在医院治疗未终结，无法确定未来恢复情况，且抢救病人急需大量资金，在此危急状态下，双方在中间人调解情形下签订了赔偿协议书，属于一方利用对方处于危困状态、缺乏判断能力情形，而现在毕某甲重度颅脑损伤术后持续性植物生存状态，已构成一级伤残。汤某某仅赔偿原告67.9万元与应赔偿的数额差距较大，确已显失公平。

裁判结论：撤销原、被告签订的协议书。

释法析理

《中华人民共和国民法典》第151条规定，"一方利用对方处于危困状态、缺乏判断能力等情形，致使民事法律行为成立时显失公平的，受损害方有权请求人民法院或者仲裁机构予以撤销"。本案中，发生交通事故后，毕某甲在医院抢救，急需大量资金，将来恢复情况无法确定，其家人对其病情无法做出专业预测和精准判断，在此危困紧急情形下，经中间人调解与被告汤某某签订协议书，约定一次性赔偿67.9万元。目前，毕某甲重度颅脑损伤术后持续性植物生存状态，已构成一级伤残。毕某甲伤情如此严重是当时其家人无法预料的，67.9万元的赔偿数额与重伤一级的伤残赔偿相差甚远，该赔偿协议书显失公平，毕某甲及其家人有权申请法院撤销。

相关法条

《中华人民共和国民法典》第一百五十一条 一方利用对方处于危困状态、缺乏判断能力等情形,致使民事法律行为成立时显失公平的,受损害方有权请求人民法院或者仲裁机构予以撤销。

可撤销的合同随时都可以申请撤销吗
（第 152 条）

基本案情

原告陈某与被告文某系母女关系。原告陈某于1999年购买了位于翠屏区下江北电厂新建村二幢××单元××层××号房产。该房产系原告陈某与其配偶（已故）合并计算工龄后购买的房改房。其中，原告陈某工龄计算为5年，其配偶工龄计算为33年。2011年初，被告文某利用原告年事已高（84岁）不明白法律利害关系，且其掌握原告户口簿、房产证的便利条件，谎称需要原告陈某签名，将原告陈某的房产过户至被告文某名下（合同金额6.5万元，现房产价值15万元左右），被告文某并未将上述房款交付于原告。原告虽在《房屋买卖合同》及《房款收据》上签字，但被告未向原告告知签字文书中的内容，原告对签字所产生的法律效果并不知情。因陈某身体较好，老人大部分时间都是独居于该房屋内，子女有时间或方便时便来探望陈某。2016年4月，宜宾发电厂正式进入棚户区改造。端午节家人聚餐时，文某将陈某把诉争房屋过户于自己的事告知其他兄妹，原告随后得知诉争议房产的产权人于2011年已变更为被告，向法院提出请求撤销原、被告于2011年签订的《房屋买卖合同》。被告主张，原告提起的诉讼已超过除斥期间，其诉请不应得到法院的支持。

问题描述

本案的争议焦点是，原告是否还能行使撤销权。

裁判情况

法院经审理认为，原告于2016年端午节才得知诉争房产变更为被告的事实，原告行使的撤销权并未超过除斥期间的规定。

裁判结论：撤销原告陈某与被告文某于2011年签订的《房屋买卖合同》。

释法析理

撤销权的性质系形成权，其存在影响撤销权人与相对人之间法律关系的稳定性。撤销权的消灭主要有两种情形：一是因除斥期间经过而消灭；二是因权利人抛弃而消灭。民事法律将撤销权的除斥期间由民事法律行为"成立之日"的客观起算时间点变成了"知道或应当知道"的主观起算时间点，主要是为了更利于对撤销权人的保护，同时对于受胁迫情形的起算时间点作了特别规定，以"自胁迫行为终止之日"作为起算点。本案中，原告陈某在2016年端午节家庭聚会时才知道房产过户的事情，所以除斥期间的起算应从端午聚会这天开始，因此原告陈某的起诉没有超过法定期间。同时，有撤销权的当事人于除斥期间经过前抛弃权利，撤销权因而消灭，可撤销法律行为即变为完全有效的民事法律行为。

相关法条

《中华人民共和国民法典》第一百五十二条　有下列情形之一的，撤销权消灭：

（一）当事人自知道或者应当知道撤销事由之日起一年内、重大误解的当事人自知道或者应当知道撤销事由之日起九十日内没有行使撤销权；

（二）当事人受胁迫，自胁迫行为终止之日起一年内没有行使撤销权；

（三）当事人知道撤销事由后明确表示或者以自己的行为表明放弃撤销权。

当事人自民事法律行为发生之日起五年内没有行使撤销权的，撤销权消灭。

他人恶意串通损害我方利益签订的合同有效吗

◆（第154条）◆

📋 基本案情

甲公司与乙公司因买卖大豆发生争议，2005年6月26日双方在国际油类、种子和脂类联合会仲裁过程中达成《和解协议》，约定乙公司将在五年内分期偿还债务，并将乙公司旗下丙公司的全部资产，包括土地使用权、建筑物和附着物、所有的设备及其他财产抵押给甲公司，作为偿还债务的担保。2005年10月10日，国际油类、种子和脂类联合会根据该《和解协议》作出第3929号仲裁裁决，确认乙公司应向甲公司支付1337万美元。2006年5月，因乙公司未履行该仲裁裁决，丙公司也未配合进行资产抵押，甲公司向福建省厦门市中级人民法院申请承认和执行第3929号仲裁裁决。2007年6月26日，厦门市中级人民法院经审查后裁定对该仲裁裁决的法律效力予以承认和执行。该裁定生效后，甲公司申请强制执行。2006年5月8日，丙公司与丁公司签订一份《国有土地使用权及资产买卖合同》，约定丙公司将其国有土地使用权、厂房、办公楼和油脂生产设备等全部固定资产以2569万元人民币（以下未特别注明的均为人民币）的价格转让给丁公司，其中国有土地使用权作价464万元、房屋及设备作价2105万元，应在合同生效后30日内支付全部价款。王某丙和柳某分别作为丙公司与丁公司的法定代表人在合同上签名。丙公司曾于 2001 年 12 月 31 日以 482.1 万元取得本案所涉 32138 平方米国有土地使用权。2006 年 5 月 10 日,丙公司与丁公司对买卖合同项下的标的物进行了交接。同年 6 月 15 日,丁公司通过在中国农业银行漳州支行的账户向丙公司在同一银行的账户转入 2500 万元。丙公司当日从该账户汇出 1300 万元、1200 万元两笔款项至乙公司旗下大连戊公司账户,用途为往来款。同年 6 月 19 日,丁公司取得上述国有土地使用权证。2008 年 2 月 21 日,丁公司与漳州开发区戊公司签订《买卖合同》,约定戊公司购买上述土地使用权及地上建筑物、设备等,总价款为 2669 万元,其中土地价款 603 万元、房屋价款 334 万元、设备价款 1732 万元。戊公司于 2008 年 3 月取得上述国有土地使用权证。戊公司仅于 2008 年 4 月 7 日向丁公司付款 569 万元,此后未付其余价款。丁公司、丙公司、大连戊公司及乙公司旗下其他公司的直接或间接控制人均为王某甲、王某乙、王某丙、柳某。王某甲与王某丙、王某乙系父女关系,柳某与王某丙系夫妻关系。2009 年 10 月 15 日,某粮油公司取得丁公司 80% 的股权。戊公司成立于 2008 年 2 月 19 日,原股东为宋某、杨某。2009 年 9 月 16 日,某粮油公司和宋某、杨某签订《股权转让协议》,约定某粮油公司购买戊公司 80% 的股权。同日,某粮油公司(甲方)、戊公司(乙方)、宋某和杨某(丙方)及某食品公司(丁方)签订《股权质押协议》,约定:丙方将所拥有戊公司 20% 的股权质押给甲方,作为乙方、丙方、丁方履行"合同义务"之担保;"合同义务"系指乙方、丙方在《股权转让协议》及《股权质押协议》项下因"红豆事件"而产生的所有责任和义务;"红豆事件"是指甲公司与乙公司就进口大豆中掺杂红豆原因而引发的乙公司涉及的一系列诉讼及仲裁纠纷,以及与此有关的涉及戊公司的一系列诉讼及仲裁纠纷。还约定,下述情形同时出现之日,视为乙方和丙方的"合同义务"已完全履行:(1)因"红豆事件"而引发的任何诉讼、仲裁案件的全部审理及执行程序均已终结,且乙方未遭受财产损失;(2)甲公司针对乙方所涉合同可能存在的撤销权因超过法律规定的最长期限(5年)而消灭。2009年11月18日,某粮油公司取得戊公司80%的股权。戊公司成立后并未进行实际经营。由于丙公司已无可供执行的财产,导致无法执行,甲公司遂向福建省高级人民法院提起诉讼,请求:(1)确认丙公司与丁公司签订的《国有土地使用权及资产买卖合同》无效;(2)确认丁公司与戊公司签订的国有土地使用权及资产《买卖合同》无效。

问题描述

本案的争议焦点是,丙公司、丁公司、戊公司相互之间订立的合同是否构成"恶意串通,损害第三人利益"的行为;案涉合同是否有效。

裁判情况

本案经过一审、二审。二审法院经审理认为,丙公司与丁公司签订的《国有土地使用权及资产买卖合同》、丁公司与戊公司签订的《买卖合同》属于恶意串通、损害甲公司利益的合同。

裁判结论:丙公司与丁公司之间的《国有土地使用权及资产买卖合同》、丁公司与戊公司之间的《买卖合同》无效。

释法析理

本案中,(1)丙公司、丁公司在签订和履行《国有土地使用权及资产买卖合同》的过程中,其实际控制人之间系亲属关系,且王某丙、柳某夫妇分别作为两公司的法定代表人在合同上签字。因此,可以认定在签署以及履行转让丙公司国有土地使用权、房屋、设备的合同过程中,丁公司对丙公司的状况是非常清楚的,对包括丙公司在内的乙公司因"红豆事件"被仲裁裁决确认对甲公司形成1337万美元债务的事实是清楚的。(2)《国有土地使用权及资产买卖合同》订立于2006年5月8日,其中约定丁公司购买丙公司资产的价款为2569万元,国有土地使用权作价464万元、房屋及设备作价2105万元,并未根据相关会计师事务所的评估报告作价。根据丙公司2006年5月31日资产负债表,以其中载明固定资产原价44042705.75元、扣除折旧后固定资产净值为32354833.7元,而《国有土地使用权及资产买卖合同》中对房屋及设备作价仅2105万元,应当认定《国有土地使用权及资产买卖合同》中约定的购买丙公司资产价格为不合理低价。在明知债务人丙公司欠债权人甲公司巨额债务的情况下,丁公司以明显不合理低价购买丙公司的主要资产,足以证明其与丙公司在签订《国有土地使用权及资产买卖合同》时具有主观恶意,属恶意串通,且该合同的履行足以损害债权人甲公司的利益。(3)《国有土地使用权及资产买卖合同》签订后,丁公司虽然向丙公司在同一银行的账户转账2500万元,但该转账并未注明款项用途,且丙公司于当日将2500万元分两笔汇入其关联企业大连戊公司账户;又根据丙公司和丁公司当年的财务报表,并未体现该笔2500万元的入账或支出,而是体现出丁公司尚欠丙公司"其他应付款"121224155.87元。据此认定,丁公司并未根据《国有土地使用权及资产买卖合同》向丙公司实际支付价款是合理的。(4)从公司注册登记资料看,戊公司成立时股东构成似乎与丙公司无关,但在戊公司股权变化的过程中可以看出,戊公司在与丁公司签订《买卖合同》时对转让的资产来源以及丙公司对甲公司的债务是明知的。《买卖合同》约定的价款为2669万元,与丁公司从丙公司购入该资产的约定价格相差不大,但戊公司除已向丁公司支付569万元外,其余款项未付。综上,丙公司与丁公司签订的《国有土地使用权及资产买卖合同》、丁公司与戊公司签订的《买卖合同》属于恶意串通、损害甲公司利益的合同,应当认定为无效,法院遂作出上述判决。

相关法条

《中华人民共和国民法典》第一百五十四条　行为人与相对人恶意串通,损害他人合法权益的民事法律行为无效。

合同部分无效时其他部分还有效吗
(第156条)

📋 基本案情

1997年第二轮土地承包时,二原告尚某、景某乙(二原告系母女关系)在某宝山村分得承包地10.9亩。2004年,尚某与景某甲经人民法院民事调解书调解离婚,原告尚某、景某乙母女俩迁往外地,所分承包地由被告景某甲耕种。2014年,尚某、景某乙回到某宝山村后才得知,被告景某甲没有经过二原告同意私自将二原告的承包地连同被告景某甲的承包地转包给被告李某、毕某耕种。二原告遂起诉至法院,请求法院确认景某甲、李某、毕某三被告之间所签承包合同部分无效;退还二原告10.9亩土地承包经营权。

🔍 问题描述

本案的争议焦点是,当民事法律行为部分无效时,其他部分是否有效。

⚖️ 裁判情况

法院经审理认为,被告景某甲转包土地时,原告尚某与被告景某已经离婚,尚某与景某乙的土地已经不属于景某甲的家庭承包地,被告李某、毕某在签订土地转包合同时均知晓尚某与景某甲离婚的事实,景某甲未经二原告同意擅自处分二原告的土地经营权,且二原告对景某甲转包土地的行为不予认可,故景某甲与李某的土地转包合同、景某甲与毕某的土地转包合同部分无效。即涉及二原告土地承包经营权的部分无效,不影响其他部分的效力。

裁判结论:(1)被告景某甲与被告李某签订的土地转包合同部分无效(涉及原告尚某、景某乙土地承包经营权的部分无效),被告李某于判决生效后返还原告尚某、景某乙一等地4.8亩。(2)被告景某甲与被告毕某签订的土地转包合同部分无效(涉及原告尚某、景某乙土地承包经营权的部分无效),被告毕某于判决生效后返还原告尚某、景某乙二等地6亩。

释法析理

民事法律行为部分无效,对于原整体行为(即原合同)的影响应区分两种情况处置:一种是无效部分去除后,将影响其他部分效力的,应全部归于无效;另一种是无效部分去除后,不影响其他部分效力的,则其他部分仍然有效。也就是说,法律行为部分无效时,原则上应全部归于无效,只有在部分无效不影响其他部分效力这一例外情形时才部分有效。本案中,因景某甲已与尚某离婚,且子女景某乙由尚某抚养监护,那么景某甲无权处置涉及尚某、景某乙的财产,其与李某、毕某的土地承保合同部分无效。因为本案涉案土地具有可分割性,李某、毕某原签订的土地承包合同仍然部分有效。在生活实践中,我们要正确理解不影响"其他部分效力的"情形,正确考虑一个合同当事人的主要意思表示和主要缔约目的是什么,如果无效部分是合同当事人的主要目的或者主要意思表示,当这一部分无效时,整个合同就没有存在的意义,这时就不能主张其余部分仍然有效。例如,在一个买卖合同中同时规定了定金条款和违约金条款,当定金条款和违约金条款无效时,可以认定其余部分仍然有效;反之,如果其余部分无效而仅定金条款和违约金条款有效时,这种有效对当事人已无任何意义,则应认定整个合同无效。

相关法条

《中华人民共和国民法典》第一百五十六条 民事法律行为部分无效,不影响其他部分效力的,其他部分仍然有效。

合同被认定为无效受到的损失怎么办
（第 157 条）

基本案情

2013年8月7日，被告胡某（甲方）与原告沈某（乙方）签订了一份《租房协议》，协议约定：甲方将某花园小区××栋半地下室232平方米、一楼48平方米及二楼232平方米的房屋出租给乙方从事洗浴经营；房屋租赁期限自2013年10月8日起至2021年10月7日止，其中2013年10月8日至2015年10月7日年租金为128800元，租金六个月一付，租金需提前30日缴纳；水电费则每月按实际使用量向甲方缴纳。签订协议之日，乙方缴纳了2013年10月8日至2014年4月7日计六个月租金64400元，同年8月8日缴纳了租房押金10000元。合同还约定，协议终止后，房屋装修部分不得损坏并无偿交给甲方。协议签订后，沈某就开始购买浴场经营所需要的相关设备，并进行房屋装饰装修，同时对供水、燃气工程进行改造安装。2013年9月3日，支付供水工程款20000元、供水设计费500元；2013年10月28日，支付工程款45000元、用气保证金5000元。2013年10月1日，某公安消防大队以沈某经营的浴场未经消防设计备案为由，责令其停止施工并限期改正。2013年10月17日，某公安消防大队对沈某申请的建设工程消防设计进行审核，以缺少建设工程规划许可证明文件为由，作出不予受理的决定。沈某经营的浴场于2013年11月6日开业，同年12月16日因行政执法被责令停业。2012年3月，因某房地产开发公司未经规划许可，在某花园小区二期项目××楼违法建设地下室，某城市管理行政执法局对其进行了行政处罚。2013年1月19日，胡某与某房地产开发公司签订商品房预售合同，购买某花园小区××栋101号至105号房屋，该房总面积为232.13平方米。同时还签订《某花园小区××幢订购协议》一份，其中约定附赠地下室，面积为232.13平方米。后胡某将房屋一层改造为两层，用于出租。经胡某申请，原审法院委托某价格认证中心对申请鉴定项目进行鉴定。2015年1月21日，某价格认证中心出具《关于某市××浴场物品及装潢部分的价格鉴定结论》，确定物品价格总计为210963.40元；工程造价汇总合计280355.85元，上述共计491319.25元。同年2月2日，该价格认证中心出具《关于某市××浴场恢复工程的价格鉴定结论》，确定恢复工程鉴定价格为96741元。胡某共支付鉴定费6500元。原告沈某诉请判令：（1）确认原被告签订的《租房协议》无效；（2）被告胡某返还原告沈某租金64400元、押金10000元，赔偿损失491319.25元；（3）被告胡某赔偿自来水、天然气开户费合计70500元；（4）按月利率2.2%支付自2013年8月7日至生效判决确定给付之日的上述费用的利息。

问题描述

本案的争议焦点是：（1）双方签订的《租房协议》是否合法有效；（2）对于《租房协议》经确认无效或被依法解除的后果，沈某是否有过错，应否承担相应的民事责任；（3）《租房协议》经确认无效或被依法解除后，双方由此造成的损失应如何确定和承担。

裁判情况

本案经过一审、二审。二审法院经审理认为，胡某在明知沈某承租房屋系用于从事洗浴经营的情况下，仍将不具备合法建设手续的半地下室及一楼房屋出租给沈某，对导致《租房协议》无效有重大过错，应承担相应的民事责任；同时，沈某存在疏于审查和谨慎订立合同的责任。沈某在公安消防部门已责令停工整改的情况下，仍然继续施工并开始营业，故沈某对《租房协议》无效造成的后果，主观上有一定的过错，应承担相应的民事责任。

裁判结论：（1）沈某、胡某于2013年8月7日签订的《租房协议》无效。（2）沈某腾空案涉房屋内的物品，同时将上述房屋返还给胡某。（3）胡某返还沈某房屋租金49731元及租房押金10000元，合计59731元。（4）胡某赔偿沈某已形成附合的装饰装修物现值损失224284.68元、燃气安装费用36000元，合计260284.68元。

释法析理

被宣告无效、被撤销或确定不发生法律效力的法律行为，只是不能发生当事人希望发生的法律后果，但并不是不发生任何法律后果。可撤销法律行为一旦行使撤销权、效力待定法律行为一旦拒绝追认，则其效力都会追溯到法律行为成立之时，产生与无效法律行为一样的法律后果，一般都可能会产生返还财产、折价补偿、赔偿损失等法律后果。

本案中，《租房协议》因无效而终止履行，双方基于该协议取得的财产应相互承担返还义务，对不能返还或没有必要返还的财产应折价给予对方补偿，对造成的损失应由双方根据过错责任比例分担。沈某继续占有案涉房屋没有合法依据，其应将该房屋返还给胡某。自2013年11月6日开业起至同年12月16日停业时止，沈某占有使用房屋获得了经营收益，该经营收益属于财产性收益，属于返还财产范围。根据最高人民法院《关于审理城镇房屋租赁合同纠纷案件具体应用法律若干问题的解释》第4条的规定，沈某应当向胡某支付该期间的房屋占有使用费。停业后，沈某虽未交还房屋，但亦未通过使用房屋获取财产性收益，依法不应支付房屋占有使用费。对于沈某已经支付的房屋租金64400元及缴纳的押金10000元，因《租房协议》无效，胡某占有该财产缺乏合法依据，应在扣除房屋占有使用费14669元后全部返还。

相关法条

1. **《中华人民共和国民法典》第一百五十七条** 民事法律行为无效、被撤销或者确定不发生效力后，行为人因该行为取得的财产，应当予以返还；不能返还或者没有必要返还的，应当折价补偿。有过错的一方应当赔偿对方由此所受到的损失；各方都有过错的，应当各自承担相应的责任。法律另有规定的，依照其规定。

2. **最高人民法院《关于审理城镇房屋租赁合同纠纷案件具体应用法律若干问题的解释》第四条** 房屋租赁合同无效，当事人请求参照合同约定的租金标准支付房屋占有使用费的，人民法院一般应予支持。

当事人请求赔偿因合同无效受到的损失，人民法院依照民法典第一百五十七条和本解释第七条、第十一条、第十二条的规定处理。

附条件民事法律行为的效力如何判断

◆（第 158 条）◆

基本案情

被告刘某与路某系朋友关系。2012 年末至 2013 年初，被告刘某通过银行贷款以现金和转账方式陆续借钱给路某使用，二人没有出具借款手续。2013 年 8 月 30 日，路某因涉嫌职务侵占被公安机关刑事拘留，同年 11 月 27 日开庭审理，11 月 29 日以贪污罪被人民法院判处有期徒刑 10 年。2013 年 11 月 20 日，原告王某与被告刘某、何某签订债务抵押协议书。约定："甲方（王某）将挖掘机和东方红 1044 两台大型农用车，抵押给乙方（何某）替路某还债，甲方自愿将乙方在某银行和信用社的贷款还清，车价以市场行情而定，多退少补，双方同意，立此协议书为据。注明：信用社贷款 400000 元，某银行贷款 300000 元，合计 700000 元，利息 70000 元。"当日，双方签订补充协议书，约定："王某与刘某债务抵押协议书一事，与路某核实之后如债务属实，王某自愿还款生效，否则王某与刘某债务抵押无效。挖掘机大约价值 550000 元，大型农用车大约价值 250000 元，一切以市场行情而定。"2013 年 11 月 27 日，路某在法院开庭期间，原、被告及路某的妻子、母亲、温某等人均与路某进行了会见。2013 年 12 月 7 日，二被告到原告家要车，原告将挖掘机交付给被告，被告何某、刘某为原告出具收据，内容为"今收到王某替路某用钩机还给刘某贷款账，钩机作价 510000 元整，钩机以前的一切债务问题由王某负责，在此之后归刘某所有，以此为据，从今日起钩机再有任何问题由刘某负责，与王某无关"。2013 年 12 月 11 日，路某母亲与被告刘某签订车辆抵押合同，双方约定："甲方路某欠刘某贷款人民币 770000 元整（包括利息），用路某名下两辆大型货车，车号为黑 R5××××、黑 M3×××× 和王某名下挖掘机抵销路某欠刘某的一切债务，以后互不相欠任何债务，以此为据。车辆的一切手续由甲方提供。"王某于当日将 2 辆货车交付给被告刘某、何某。后王某反悔，认为路某与被告刘某之间是共同贷款关系，要求刘某将案涉挖掘机和大型货车返还，双方产生纠纷，遂诉至法院。

问题描述

本案的争议焦点是，路某与被告刘某之间是共同贷款关系还是借贷关系；原、被告签订的抵押协议是否为附生效条件合同，条件是否成就，抵押协议是否有效。

裁判情况

本案经过一审、二审。二审法院经审理认为，路某与被告刘某之间是借贷关系而非共同贷款。原、被告双方签订的抵押协议中含有附条件的约定，所附条件已经成就，该抵押合同成立、有效。

裁判结论：驳回原告王某要求返还抵押物的诉讼请求。

释法析理

法律行为附条件，是在意思表示当中附有决定该行为效力发生或者消灭条件的民事法律行为，但并非所有的民事法律行为都可以附条件。

若条件与行为相违背的，不得附条件，如在民事合同中，法定抵销不得附条件；以违反法律强制性或禁止性规定或公序良俗的事项为事实，不能设定为条件。

本案中，原、被告签订的抵押协议书中明确约定："王某将挖掘机抵押给何某替路某还债。"该协议书双方意思表示一致，已经形成合意，且意思表示真实，不违反法律规定，该抵押合同已经成立。抵押合同成立后，双方随后补充签订协议书，即"与路某核实之后如债务属实，王某自愿还款生效"。该协议书属于附生效条件的合同。所谓附条件合同，是指当事人在合同中特别规定一定的条件，以条件是否成就来决定合同效力的发生或消灭的合同。附条件是双方用来限制合同法律效力的意思表示，所附条件将来可能发生，所附条件必须合法。本案中，双方当事人签订的附条件合同符合法律规定的附条件生效的要件，该条件属于附生效条件，当原、被告在路某开庭当天与路某会见核实债务属实之后，该条件即成就，合同即生效。

相关法条

《中华人民共和国民法典》第一百五十八条　民事法律行为可以附条件，但是根据其性质不得附条件的除外。附生效条件的民事法律行为，自条件成就时生效。附解除条件的民事法律行为，自条件成就时失效。

对方故意阻止合同所附条件成就如何认定合同效力

（第 159 条）

基本案情

上海某国际贸易公司（以下简称 A 公司）和上海某国际航空服务有限公司（以下简称 B 公司）签订《国际航空货物运输代理协议》，约定 A 公司委托 B 公司从事国际货物航空运输事项及相关业务，B 公司收到委托后应根据 A 公司的要求将货物安全运抵目的地。后期，在运输过程中发生了货损事故，双方遂签订《备忘录承诺书》，约定 B 公司在限期内先行支付 A 公司相应赔偿款，剩余运费的认定及支付方式，待赔偿处理事宜得到共同认可，经双方书面形式确认后，再商定解决方式。但自《备忘录承诺书》签订两年来，B 公司迟迟得不到运费，遂向法院提起诉讼。

问题描述

本案的争议焦点是，对于附条件的民事法律行为，何时可以被认定为条件已成就。

裁判情况

本案经过一审、二审。二审法院经审理认为，自《备忘录承诺书》签订两年来，双方始终未就赔偿事宜达成一致，委托人亦未以诉讼方式要求受托人承担赔偿责任,致使《备忘录承诺书》中约定的条件始终不能成就。我国法律规定,当事人为自己的利益不正当地阻止条件成就的,视为条件已成就。

裁判结论:委托人A公司向受托人B公司支付相应运费。

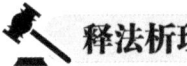
释法析理

附条件的民事法律行为成立后条件成就前,当事人负有必须顺应条件的自然发展而不是加以不正当地干预的义务,亦即不作为。在实践中,可以从以下几个方面来认定条件成就或不成就的抑制效力:一是主体应为因条件的成就或不成就而获得利益或损失利益的当事人,排除了第三人。当事人虽不是行为人,第三人受当事人指使而为的行为,视为当事人的条件拟制行为。无利害关系人对条件的成就或不成就作出影响的行为并非条件拟制。二是当事人须故意不正当行为。如果当事人在无意情形下,作出了影响条件成就的行为,而此行为恰好有利于其自身的利益,该行为不应认定为不正当行为。本案中,A公司与B公司双方所签订的代理协议合法有效,货损发生后,双方又签订了《备忘录承诺书》,将"赔偿处理事宜得到共同认可"作为委托人A公司支付剩余运费的条件。双方当事人均有义务按约促使解决争议的条件成就,以便妥善解决纠纷。A公司故意拖延的行为应视为阻止条件成就,这时B公司可以依法申请A公司支付剩余运费款项。

相关法条

《中华人民共和国民法典》第一百五十九条 附条件的民事法律行为,当事人为自己的利益不正当地阻止条件成就的,视为条件已经成就;不正当地促成条件成就的,视为条件不成就。

附期限民事法律行为的效力如何判断

(第160条)

📄 基本案情

原告A公司（乙方）与被告B公司（甲方）于2012年9月签订《新型建材生产线建设工程输送系统工程设备供货合同》，约定原告向被告供应皮带机、斗式提升机等设备，约定合同总价款798000元，后因更改高磁设备，于2013年3月18日增加合同价款4000元，合同总价变更为802000元。同时合同中关于支付方式约定为："本合同项下甲方对乙方的支付以人民币支付。本合同分三次付款：第一次付款：合同生效后30天内，甲方将付给乙方合同价款的30%……第三次付款：甲方将在质保期满后30天内，支付合同价款10%的质保金（质保期为设备连续负荷运转满12个月），即人民币80000元（大写：人民币捌万元整）。"合同第13条对检验的约定为："在交货前，乙方应对设备的质量、规格、性能、数量等进行详细全面的检验，并出具一份证明设备符合合同规定要求的检验证书，检验证书是付款必要的文件组成部分，但不作为有关质量、规格、数量的最终检验。设备交付后甲方应向有关部门申请对设备的质量、数量等进行检验，并出具检验证书。"合同签订后，原告于2013年8月27日、9月10日，2014年5月19日及7月16日向被告指定的丙公司发货，王某、张某、谭某在发货清单的收货人处签字。原、被告均认可，被告共计向原告支付的货款金额为728000元。原告认为被告尚欠原告74000元货款，而被告认为此款系质保金，质保金付款条件未成就，故不应支付。原告诉至法院，请求判令被告向原告支付货款74000元。

问题描述

本案的争议焦点是，附期限的民事法律行为的效力认定问题，被告应否向原告支付作为合同质保金的74000元货款。

裁判情况

法院经审理认为，合同显示"第三次付款：甲方将在质保期满后30天内，支付合同价款10%的质保金（质保期为设备连续负荷运转满12个月），即人民币80000元（大写：人民币捌万元整）"，这一约定属于附期限合同，被告的付款义务是必然的，只是何时付款而已。如此，原告的合同目的才能得以实现。目前，合同约定的期限已到，被告应当履行相应的付款义务。

裁判结论：乙公司向原告甲公司支付货款74000元。

释法析理

本案中，原、被告签订的《新型建材生产线建设工程输送系统工程设备供货合同》系其真实意思表示，内容不违反法律、行政法规的强制性规定，属有效合同。之所以被法院认定该附期限合同，理由如下：附条件的民事法律行为，是指行为人在民事法律行为中以将来可能发生也可能不发生的客观情况作为附加条件，并以此条件的成就与否作为该民事法律行为是否生效或失效的依据。附期限的民事法律行为，是指当事人在法律行为中设定一定的期限，并将期限的到来作为民事法律行为效力的发生或消灭的依据。就本案而言,被告认为系附条件的合同,则可能产生两种后果:条件成就时,被告须履行付款义务;条件不成就时,被告得以永远免责,永不负担付款义务,原告实体权利消灭。反之,若为附期限合同,则只产生一种后果:被告当然负有付款义务,只是履行时间早晚的问题。被告仅能行使期限未届至的抗辩权,但其付款义务仍存在,原告实体权利并不消灭。

相关法条

《中华人民共和国民法典》第一百六十条 民事法律行为可以附期限,但是根据其性质不得附期限的除外。附生效期限的民事法律行为,自期限届至时生效。附终止期限的民事法律行为,自期限届满时失效。

可以委托他人代理实施民事法律行为吗

◆（第 161 条）◆

基本案情

2012年5月2日，被告乙公司与原告甲公司签订展品运输委托代理协议，委托原告甲公司负责被告乙公司参加巴西展会（于同年7月18日至21日举行）的展品从深圳工厂到巴西展会展位往返的运输、报关等事宜。协议约定：被告应及时向原告提供委托事项所需的全部展会与展品信息及完整的单证资料，确保所提供单证的真实性、合法性和有效性，并承担因违反合约内容而给原、被告双方造成的全部损失的赔偿责任；被告应当在原告要求的时间之前备妥参展展品，对参展货物进行妥善牢固的包装，确保货物包装适合于海运、空运、陆运等多式联运的运输要求。如果被告完全按照原告运输指南的要求交付货物，并按时提供准确完善的相关文件，保证所有申报项目单货相符，原告必须确保货物准时到达展位。还约定收费标准按附件中的原告报价单收取，在货物运展前5天被告支付去程费用，在回运到深圳工厂前5天支付完毕回程费用，同日，原、被告双方签订展运接受确认书，约定去程费用为56952元，回程费用为43048元，总费用为100000元，并明确了展品运输的特殊要求及包装要求等，要求："巴西的进口手续相当严格，故每家参展商必须按照我们的要求提供所有需要单证，所申报的清单要求产品名称、重量、体积、价格都完全准确,如果因参展商提供的品名、重量、价格等不准确而造成巴西方面的处理费用,及重新估价费用,将由参展商自行承担";"请务必使用航空箱或木箱等牢固的外包装妥善包装货物,以适应展品的国际多式运输、反复搬倒和反复装卸。如因包装不牢固导致货物受损,责任由参展商负责。我司原则上不接受裸装货物"……在上述的报关、运输过程中,原告预先支付了履行协议义务的各项费用。2012年12月14日,原告向被告发去催款通知函,要求被告按照协议约定支付去程、回程的运杂费共计100000元。2013年4月18日,被告在向原告提出《2012年巴西广告展损失处理方案》,确认"2012年6月16日,货物到达巴西桑托斯港口,巴西海关查货时告知我们的货物装箱数量与申报的装箱单不一致",并表示涉案货物不能顺利通关的责任不在于被告,而在于原告,因为原告"作为具有多年物流报关经验的大公司,应该比我方更懂各个国家的货物清关条例,应该事先告知我们要注意哪些方面的条款,然而贵方在我方把货物交由贵方代理运输时却没有得到任何关于电脑不能用纸箱包装在航空箱里面的提醒。出货前也没帮我们把展品和装箱清单核实是否符合要求",据此拒绝对运杂费作出全额支付,双方当事人因此诉之法院。

问题描述

本案的争议焦点是,如何认定代理双方的权利和义务。

裁判情况

法院经审理认为,原、被告双方之间的货运代理合同关系成立,根据约定,被告应向原告提供委托事项所需的全部展会与展品信息及完整的单证资料,确保所提供单证的真实性、合法性和有效性,并承担因违反约定内容造成损失的赔偿责任，原告甲公司的诉求有事实和法律依据，应予支持。

裁判结论：乙公司向甲公司支付运费及相应利息。

释法析理

代理是以扩张及补充私法自治为目的，依他人行为而取得权利或承担义务之制度。代理制度的产生与发展具有经济社会发展的历史必然性，代理制度的发达与近代企业所有者和经营者的分离、财产归属于与财产管理的分化，都具有密切联系。本案是一宗货运代理合同纠纷案，原、被告双方签订了展品运输委托代理协议和展运接受确认书，其中约定了原告安排被告的巴西展会展品从深圳工厂到巴西展会展位往返的运输、报关等事宜。该货运代理合同是原、被告的真实意思表示，没有违反我国法律和行政法规的强制性规定，合法有效，对双方当事人具有约束力。被告应当支付合同约定的运费及自2012年7月19日起至本判决确定的支付之日止按照中国人民银行同期流动资金1年期贷款利率计算的去程运费的利息，以及自2012年11月10日起至本判决确定的支付之日止按照中国人民银行同期流动资金1年期贷款利率计算的回程运费的利息。

相关法条

《中华人民共和国民法典》第一百六十一条　民事主体可以通过代理人实施民事法律行为。

依照法律规定、当事人约定或者民事法律行为的性质，应当由本人亲自实施的民事法律行为，不得代理。

代理人实施的民事法律行为对被代理人发生效力吗

（第 162 条）

基本案情

2013年12月至2014年1月期间，被告某货物运输公司委托原告某供应链管理公司办理一票货物的订舱出运事宜。原告接受委托后，转委托甲公司处理订舱事宜，甲公司随后通过乙公司向丙公司进行了订舱。涉案货物于2014年1月4日以编号为HLCUSHA1401FTNG9的提单出运，起运港为中国上海，目的港为哥伦比亚布埃纳文图拉，托运人为兆丰公司，船名/航次为BUSANEXPRESS/1401E，货物装载于编号分别为TCLU××××××、GATU××××××的两个20英尺集装箱内。涉案货物运抵目的港后因无人提货，致两个集装箱滞留目的港多日。2014年2月7日，两个集装箱在布埃纳文图拉卸货；同年5月29日在布埃纳文图拉空箱返还。根据丙公司网站公布的哥伦比亚当地20英尺集装箱的超期使用费收费标准，集装箱进口免费期为10天，自第11天起每天收取100美元。针对因此产生的集装箱超期使用费，乙公司在向丙公司支付16320美元后，向甲公司收取了18778.8美元。2014年9月3日，原告某供应链管理公司向上海海事法院对被告某货物运输公司提起诉讼，请求判令被告支付包括涉案业务在内共计四票业务的货代费用。

问题描述

本案的争议焦点是，如何认定直接代理行为的效力。

裁判情况

法院经审理认为，被告委托原告办理的货物代理事项仅限于出口订舱，原告不能证明其诉请的目的港集装箱超期使用费系其为处理受托事务垫付的必要费用，亦未能证明被告负有支付前述费用的合同义务，其向被告追索该费用的诉请缺乏事实与法律依据，不予支持。

裁判结论：驳回原告的诉讼请求。

释法析理

代理是以扩张及补充私法自治为目的，依他人行为而取得权利或承担义务之制度。代理人是在代理权限内独立地向第三人为意思表示。根据代理权的取得方式，有委托代理与法定代理之分。通过委托代理，被代理人可以不亲自参与民事活动而直接与第三人产生法律关系，极大地扩大了被代理人的活动领域。对于行为能力有缺陷的人，法定代理弥补了其不能通过自身活动从事民事法律行为的不足。本案中，基于原、被告之间的货运代理合同关系，原告在对外支付了目的港集装箱超期使用费之后，是否有权向作为委托方的被告追偿，取决于两个因素：其一，该费用是否属于原告为处理委托事务垫付的必要费用；其二，双方就该费用支付义务方是否有明确约定。在海上货运代理合同中，受托人有权要求委托人返还的垫付费用，至少应符合两个条件：一是为委托人利益支出；二是完成受托事项所必要。在本案中，首先，被告委托原告办理的货物代理事项仅限于出口订舱，在原告将货物订舱出运之后，即已完成其受托事项；至于目的港所发生的集装箱超期使用费的支付，既非被告的委托范畴,亦非货物出运所必需,更难称是为被告利益所为,并不属于原告为处理委托事务垫付的必要费用。其次,关于费用支付的约定。原、被告未曾就目的港集装箱超期使用费的支付加以约定,双方甚至并未订立书面协议;在此情况下,原告却与甲公司明确约定因目的港无人提货所致的一切费用均由原告负担,前述差异足见原告在订约时的不周详和不谨慎。因此,本案中原案的行为超出了代理权限的范围,其诉求未能得到支持。

相关法条

《中华人民共和国民法典》第一百六十二条 代理人在代理权限内,以被代理人名义实施的民事法律行为,对被代理人发生效力。

委托代理授权采用书面形式应当符合什么具体要求

◆（第165条）◆

基本案情

2012年5月29日，被告某建设公司与某实验中学就"芜湖市某实验中学艺术楼"工程项目签订《建设工程施工合同》。约定由被告某建设公司承接该工程的建筑施工，而被告某市政公司作为某建设公司的"委托代理人"在该合同上盖章，但该合同对某市政公司的代理权限（处理事项）未作具体规定。同年9月，原告某物资公司（甲方）与被告某市政公司（乙方）签订《供货协议》，约定甲方就某实验中学艺术楼工程向乙方供应建筑钢材，该协议对所供应钢材的品种、数量均作出具体约定；关于价格，协议约定按市场价格波动确定每次供应价格，甲方在每批钢材供应前应将其价格报乙方同意，送货时在送货单上注明数量、单价和总金额，乙方现场施工人员签字后生效；关于付款方式，协议约定乙方在当月内现金结算，如乙方不能按时付款，按每吨钢材每天4元承担甲方损失。2013年3月10日，被告某市政公司再次向原告发出《供货通知》（补充协议），要求继续提供建筑钢材（计65吨），并说明供货方式、结算方式等按原供货协议条款执行。根据上述《供货协议》和《供货通知》，2012年9月26日至2013年8月10日期间，原告向某实验中学艺术楼工程工地送钢材计20批次，共计352.648吨，货款总额1472299.26

元，2013年1月26日，被告某市政公司支付原告货款200000元，剩余货款1272299.26元至今未付。因某实验中学艺术楼工程建设存在诸多问题需要处理，2013年9月6日，某实验中学召集施工单位开会处理工程相关事宜（监理单位同时与会），此次会议形成"会议纪要"，"会议纪要"记载的施工单位（被告某建设公司）意见如下：（1）因总公司（某建设公司）大意，本工程实际管理由芜湖子公司负责，实际管理人员除项目经理岳某行外其余人员为子公司安排的人员；（2）以前的多次变更、委托，法人并不知情，但由其承担责任，在芜湖所有章都不是总公司的，但总公司承担其责任……因索要剩余钢材货款未果，原告遂诉至法院。审理中，就钢材送货单的收货方签名问题，原告解释送货单不论是否系"毛某"本人签字，都系被告某建设公司工地人员签收，钢材确已实际送到本案工程现场。被告某市政公司对原告诉称的钢材供应事实不持异议。原告并补充说明，其主张的逾期损失计算至2014年5月31日。

问题描述

本案的争议焦点是，能否认定被告某建设公司与某市政公司系委托代理关系。

裁判情况

本案经过一审、二审。二审法院经审理认为，虽委托代理授权不明，但相关事实能够证明某市政公司系某建设公司的"委托代理人"。

裁判结论：被告某建设公司给付原告某物资公司钢材货款1209299.16元及逾期损失费386869.44元。

释法析理

根据代理权的取得方式,有委托代理与法定代理之分。委托代理是商业活动中最常见到的一类代理,被代理人可以不亲自参与民事活动而直接与第三人产生法律关系,极大地扩大了被代理人的活动领域。本案中,原告主张某市政公司在本案所涉建设工程中系某建设公司的代理人有事实依据:其一,在某建设公司与某实验中学的建设施工合同中,已载明某市政公司系某建设公司的"委托代理人";其二,在解决本案建设工程存在问题的《会议纪要》中,某建设公司明确表态,该工程前期的实际管理系由芜湖子公司负责;其三,本案原告所供应的钢材全都用于某建设公司承建的本案所涉建设工程。以上三点事实可以证明某市政公司在本案所涉建设工程中系某建设公司的代理人,代其处理相关事务(包括签订本案钢材买卖合同)。但是还需要说明一个问题,根据本案所涉建设施工合同及会议纪要等记载,均未能明确某市政公司的代理权限(职责范围)。

相关法条

《中华人民共和国民法典》第一百六十五条 委托代理授权采用书面形式的,授权委托书应当载明代理人的姓名或者名称、代理事项、权限和期限,并由被代理人签名或者盖章。

代理人能否以被代理人名义和自己签订合同

（第 168 条）

基本案情

原告郑某与被告廖某经人介绍相识。2012 年 2 月 21 日，被告向原告借款，并向原告出具了 500000 元借条一张，担保人余某在借条上签了名。同日，原、被告在某公证处办理了委托公证，委托书内容主要是：原告全权委托被告代为办理坐落在某县××路××号××住宅区××栋××单元两套房产的还贷、解除抵押登记、领取他项权证和房屋所有权证等一切相关手续；代为办理上述房产的买卖、过户、领证、拆迁及收取房款等一切相关手续；代为协助购房方办理银行按揭及房产的土地证过户、领证及相关事宜；被告在上述代理权限范围内所签署的一切有关法律文件，原告均予以承认。委托期限自即日始至上述事宜办完为止。受托人无转委托权。2013 年 7 月 2 日，被告以自己为受让方，代理原告为出让方，签订了上述两套房屋的《××市存量房屋买卖合同》两份，将原告上述两套房产，其中一套 79.51 平方米合同房价为 160000 元，一套 45.16 平方米合同房价为 90000 元，转让过户至自己名下，并替原告还清银行按揭贷款 131500 元、缴纳各种税费 9776.75 元。实际上销售不动产统一发票，一套 79.51 平方米商品房价为 261919 元、一套 45.16 平方米商品房价为 148764 元，合计 410683 元。2013 年 9 月 6 日，原告以被告以原告代理人的名义与自己签订的《××市存量房屋买卖合同》违背了原告的真实意思，侵害了原告的权益，诉请法院撤销被告自己代理所签订的两份《××市存量房屋买卖合同》，返还原告所有的位于某县××路××号××住宅区××栋××单元的两套室房屋。

问题描述

本案的争议焦点是，如何认定代理人以被代理人名义和自己签订合同的法律效力。

裁判情况

法院经审理认为，被告以原告代理人的名义与自己签订《××市存量房屋买卖合同》，违背了原告的真实意思，事后又未经原告追认，在法律上属自己代理，不履行代理职责属无效代理行为，应依法撤销。

裁判结论：（1）撤销被告廖某于2013年7月2日自己代理所签订的位于某县××路××号××住宅区××栋××单元的两套房屋《××市存量房屋买卖合同》；（2）被告廖某在上述合同撤销之日，同时返还原告郑某位于某县××路××号××住宅区××栋××单元的两套房屋；并协助原告郑某过户，过户房产地税费用由被告廖某负担。

释法析理

自己代理与双方代理的禁止作为维护被代理人利益的重要规则，为各国民法所普遍承认。自己代理与双方代理都属于与本人利益冲突的代理。因代理人所为的代理行为与自己有利益冲突，违背最大限度维护被代理人利益的规定要求，构成代理权滥用。本案中，代理人以被代理人名义和代理人自己设立、变更、终止民事权利和民事义务，违反了民事法律规定，代理人应当承担民事责任。当事人行使权利、履行义务应当遵循诚实信用原则，代理人必须在授权和法律规定的范围内行使权利。

相关法条

《中华人民共和国民法典》第一百六十八条　代理人不得以被代理人的名义与自己实施民事法律行为，但是被代理人同意或者追认的除外。

代理人不得以被代理人的名义与自己同时代理的其他人实施民事法律行为，但是被代理的双方同意或者追认的除外。

履行职务中实施的民事法律行为其效力如何认定

◆（第170条）◆

基本案情

2011年11月27日，原告詹某平与被告侯某建经协商签订了《水泥购买合同》，合同约定价格为350元/吨，由原告向其提供水泥用于某大桥项目建设需要。合同签订后，原告按约将水泥运往被告侯某建指定地点即某大桥施工处，截至2012年1月1日，原告已提供水泥2633吨。2012年3月29日，双方约定将价格变更为355元/吨，货款共计934715元。2012年5月21日，侯某建向原告出具结算单，注明当天已支付原告45万元，尚欠484715元，双方在结算单上签名捺印。后在各方协调下，某大桥承建方即被告山东某公司给付300多万元用于该项目所欠款项清偿，原告就此共取得货款69万元，现仍有244715元未支付，遂起诉至法院，要求支付欠款。另查明，侯某建2011年8月29日被任命为山东某公司承建某大桥项目部常务副经理，其工作为协助项目经理。2012年3月27日，因工作需要负责某大桥项目的安全生产工作。

问题描述

本案的争议焦点是，侯某建职务行为的效力应当如何认定。

裁判情况

法院经审理认为,本案证据《任命书》与《关于调整某大桥项目部安全生产负责人的函》相互印证可证实,被告侯某建在与原告订立合同时已是被告山东某公司承建的某大桥项目部的常务副经理,其订立合同的行为属履行项目建设需要的职务行为。

裁判结论:被告山东某公司支付原告詹某平货款244715元。

释法析理

职务代理是代理制度的重要内容,之前民法通则并没有关于职务代理的规定,民法典在总结理论研究成果和实务经验的基础上,并借鉴域外立法经验,对职务代理及其法律后果作了规定。本案中,被告侯某建在与原告签订合同时,被告山东某公司就已经任命侯某建为公司承建的某大桥项目部的常务副经理了,在《任命书》中注明其工作就是协助项目经理,只是后来由于工作变动,侯某建后期负责安全生产工作,鉴于《任命书》中并未对侯某建的具体工作进行说明,也未禁止其协助项目部经理购买建筑材料等工作,可见被告侯某建的职务行为并未超越职责,并对外代表山东某公司从事某大桥的建设工作,故法院认定侯某建对外签订购买建筑材料的买卖合同是在履行项目部副经理的职务行为,而不构成表见代理,应由被告山东某公司承担支付所欠货款的责任。

相关法条

《中华人民共和国民法典》第一百七十条 执行法人或者非法人组织工作任务的人员,就其职权范围内的事项,以法人或者非法人组织的名义实施的民事法律行为,对法人或者非法人组织发生效力。

法人或者非法人组织对执行其工作任务的人员职权范围的限制,不得对抗善意相对人。

谁应当为超越代理权限的代理行为买单

（第 171 条）

基本案情

A 市某汽车修理公司授权委托本公司业务员刘某和孙某二人外出订购一批汽车零配件，并对所购汽车零配件的型号、品种、价格以及质量要求等事项在补充协议中作了详细说明。刘某和孙某二人各持一份授权委托书分别在甲乙两座城市寻找符合要求的货源。后来，孙某在乙市找到了一批货，型号、品种、质量均符合要件，但价格较高，超出预定价格约 20%。孙某拿不定主意，于是与在甲市的刘某通电话协商，经两人反复讨论，觉得这批货值得，于是由孙某代表某汽车修理公司在乙市与 B 公司签订了价值 8 万余元的购货合同。后来刘某、孙某二人回到 A 市向汽车修理公司报告了签订合同的情形，并把合同交给公司经理。公司认为刘某、孙某二人所订合同价格过高，不能接受，于是拒绝履行合同。供货方经几次交涉无果，遂向人民法院提起诉讼，要求某汽车修理公司履行合同。供货方诉称：孙某是某汽车公司的业务员，有某汽车修理公司的授权委托书，因此，孙某代为签订购货合同的行为的法律后果应当由汽车修理公司承担，请求法院判决某汽车修理公司履行合同。

问题描述

本案的争议焦点是，如何认定孙某代理行为的法律效力。

裁判情况

本案经过一审、二审。二审法院经审理认为，刘某、孙某二人系共同代理，但某汽车修理公司对刘某、孙某二人的授权范围在授权委托书中规定得非常明确，孙某的行为构成了无权代理，是超越代理权的行为，某汽车修理公司没有予以追认，因此，越权代理行为产生的法律后果应当由无权代理人自己承担。刘某与孙某是某汽车修理公司的共同代理人，孙某与供货方签订合同的行为是与刘某协商过的，是全体代理人共同的意思表示，刘某与孙某对供货方损失承担连带责任。

裁判结论：刘某与孙某对供货方损失承担连带赔偿责任。

释法析理

根据代理权的行使是一人还是数人，可以将代理分为单独代理和共同代理。本案原为一个关系比较简单的越权代理案件，但涉及共同代理的问题。共同代理，是指数人同时接受被代理人的委托而成为代理人，或者依法律规定而使数人同时成为被代理人的代理人。例如，父母是其未成年子女的监护人，对未成年子女的法定代理权由父母双方共同行使，这也属于共同代理。共同代理中的代理权是由数个代理人共同行使，这是共同代理最重要的特征，也涉及共同代理人中的一个代理人或者数个代理人如果未经与其他代理人协商而擅自单独行使代理权，由此给被代理人造成损失的，应当由谁来承担责任的问题。我国民事法律规定，"数个委托代理人共同行使代理权的，如果其中一人或者数人未与其他委托代理人协商，所实施的行为侵害被代理人权益的，由实施行为的委托代理人承担民事责任"。本案中，孙某的行为是经过与刘某协商而决定的，是二人共同的意思表示，因此应当由刘某和孙某对供货方的损失负连带责任。

相关法条

《中华人民共和国民法典》第一百七十一条 行为人没有代理权、超越代理权或者代理权终止后,仍然实施代理行为,未经被代理人追认的,对被代理人不发生效力。

相对人可以催告被代理人自收到通知之日起三十日内予以追认。被代理人未作表示的,视为拒绝追认。行为人实施的行为被追认前,善意相对人有撤销的权利。撤销应当以通知的方式作出。

行为人实施的行为未被追认的,善意相对人有权请求行为人履行债务或者就其受到的损害请求行为人赔偿。但是,赔偿的范围不得超过被代理人追认时相对人所能获得的利益。

相对人知道或者应当知道行为人无权代理的,相对人和行为人按照各自的过错承担责任。

无代理权人签订的合同就一定无效吗

（第 172 条）

基本案情

2013 年 5 月 29 日，被告王某乙假冒被告某学院的名义，与被告刘某签订房屋认购协议，约定被告刘某购买涉案房屋，总金额 583703.4 元，被告刘某支付了全款。2013 年 8 月 18 日，原告王某甲与被告刘某签订《房产证补充协议》，并与被告某公司签订房屋买卖委托协议，由原告购买涉案房屋，金额 580000 元整。同日原告交付被告刘某定金 50000 元，余款原告分三次支付给被告刘某。2014 年 12 月 29 日，原告收到被告某学院告知函，得知被告刘某无权处分涉案房屋，被告王某乙涉嫌合同诈骗案发。2015 年 12 月 10 日，被告王某乙因犯合同诈骗罪，被法院判处有期徒刑 10 年。现涉案房屋登记在被告某学院名下。因无法办理房屋过户手续，王某甲遂将相关当事人起诉至法院。

问题描述

本案的争议焦点是，王某乙的行为是否构成表见代理，王某乙与被告刘某签订的房屋认购协议是否有效。

裁判情况

法院经审理认为，被告王某乙出卖房屋的行为构成表见代理，被告王某乙的行为后果，应由被告某学院承担。

裁判结论：（1）被告某学院支付原告购房款 580000 元。（2）被告某学院在承担责任后，可向被告王某乙追偿。

释法析理

表见代理是代理制度的重要内容，原民法通则对此并没有规定，原合同法弥补了这一漏洞，而后续民法典在此基础上，从民法典总则编的高度对表见代理作了规定，使表见代理制度不仅能够适用于合同法领域，而且能够直接适用于其他可以通过代理实施民事法律行为的领域，科学有效地扩张了表见代理制度的适用范围。表见代理的形成，需要以下构成要件：（1）客观要件，即代理人具有代理权的外观；（2）主观要件，即第三人信赖的正当性和被代理人的可归责性。

本案中，被告王某乙出售涉案房屋时任华宇公寓物业副主任，华宇公寓 2010 年已撤售楼处，某学院在被告刘某办理缴纳水费手续时为其出具认可其房屋所有权的证明，且在涉案房屋的《城市供用水合同》中被告王某乙对外代表某学院在供水委托代理人处签字。因此，被告王某乙具有某学院代理权的外观，符合表见代理的客观要件。虽被告刘某与某学院签订的《房屋认购协议》中某学院的公章是王某乙伪造的，但被告刘某作为普通购房者并无辨别的能力，其有理由相信能够合法地从王某乙手中购买涉案房屋。因此被告刘某作为第三人，主观上是善意的，其对王某乙的代理行为的信赖是正当的。同时，被告某学院作为被代理人在主观上也具有过失，招录王某乙时未认真核实其身份，且根据某学院会计韩某某的笔录，仅凭认购协议就可购得华宇公寓房屋。因此某学院在管理上存在过错，导致王某乙能够对外以某学院的名义出售房屋，因此被代理人某学院在主观上具有可归责性。

相关法条

《中华人民共和国民法典》第一百七十二条　行为人没有代理权、超越代理权或者代理权终止后，仍然实施代理行为，相对人有理由相信行为人有代理权的，代理行为有效。

委托代理在什么情形下终止

（第 173 条）

基本案情

2014年1月23日，原告王某甲与刘某甲（已去世）出具委托书一份，委托被告王某乙代为办理出售二人共有的案涉房屋的相关手续，王某甲与刘某甲在委托书上签字。当日，该委托书经某公证处予以公证。2014年5月5日，案涉房屋因刘某乙诉刘某甲、王某甲民间借贷纠纷一案被法院查封。现案涉房屋不能出售，无法实现原告与被告履行合同的目的，原告王某甲向法院提起诉讼，请求判决解除原告与被告签订的委托书。

问题描述

本案的争议焦点是，王某甲与王某乙之间的委托代理关系能否终止；在什么情形下终止。

裁判情况

法院经审理认为，原告要求解除其向被告出具的委托书，目的在于取消被告委托代理权。我国民事法律规定，被代理人取消委托或者代理人辞去委托，委托代理即行终止，故原告仅需单方取消被告委托代理权，即可发生委托代理终止的效果。原告该权利并未因受到妨害而引起民事权益争议,其起诉不符合起诉条件,应驳回其起诉。

裁判结论:驳回王某甲的起诉。

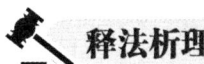
释法析理

中华人民共和国民法典规定了五种可导致委托代理终止的情形。其中,被代理人取消委托或者代理人辞去委托,只需被代理人或者代理人单方作出意思表示即可,从性质上属于单方行为。当然,代理人或者被代理人要求解除委托关系,都应当提前通知对方,以免造成对方的损失,若因通知不及时,造成对方损失时,应负赔偿责任。需要注意的是,为保护第三人权益,对于委托关系解除之前的代理人与第三人所实施的民事行为,被代理人不能因解除委托而拒绝承担责任。如果被代理人取消委托,对第三人未尽及时通知之责,致使第三人不知代理人丧失代理权而仍与之进行民事活动,从而构成表见代理的,被代理人应当按表见代理关系承担法律后果。

相关法条

《中华人民共和国民法典》第一百七十三条 有下列情形之一的,委托代理终止:

(一)代理期限届满或者代理事务完成;

(二)被代理人取消委托或者代理人辞去委托;

(三)代理人丧失民事行为能力;

(四)代理人或者被代理人死亡;

(五)作为代理人或者被代理人的法人、非法人组织终止。

被代理人死亡后的代理行为还有效吗

◆（第 174 条）◆

基本案情

杜某育有 5 个子女，为本案原告洪某甲、被告洪某乙、被告洪某丙、被告洪某丁及被告洪某戊，洪某己系洪某丙之子。1997 年杜某老伴去世。杜某原居住房屋因拆迁被安置于××路××弄××号××室房屋，并于 2008 年取得该房屋的产权证。2012 年 4 月 10 日，杜某及被告洪某丙、洪某丁共同至公证处办理系争房屋出售的委托手续。公证员卢某某就委托事项与杜某进行谈话，作谈话笔录并拍照，杜某在委托书上盖章并捺指印，公证处于 4 月 17 日出具公证书。该委托书的内容为："委托人杜某、受托人洪某丙，我是坐落××路××弄××号××室房屋的产权人。该房屋欲出售，我因故不能亲自办理有关手续，特委托洪某乙代为办理如下事宜：代为签订《××市房地产买卖合同》、办理房屋产权过户手续、收取房款、交房、支付上述房产出售过程中应付之相关税费、办理水电煤和有线电视及物业过户；委托期限为一年，自委托书签署之日起满一年止；委托人无转委托权；受托人在其权限范围内依法所做的一切行为及签署的有关文件，受托人均予以承认。"2012 年 7 月 10 日，杜某因病死亡。2013 年 3 月 16 日，被告洪某丙持委托书代杜某与被告洪某己签订《××市房地产买卖合同》，将案争房屋出售给其子即被告洪某己，转让价格为人民币 80 万元，双方约定于 2013 年 6 月 15 日之前向房地产交易中心申请办理转让过户手续。该合同关于交房时间、价款支付、违约责任等内容处均为空白,未予填写。同年4月1日,被告洪某丙及洪某己办理了系争房屋的变更登记手续;4月11日,案争房屋过户登记至被告洪某己名下。原告洪某甲起诉至法院,请求判令:(1)被告洪某丙代杜某与被告洪某己就××路××弄××号××室签订的房屋买卖合同无效;(2)被告将房屋产权登记恢复原状。

问题描述

本案的争议焦点是,被告洪某丙在杜某已经死亡的情况下,其作为杜某代理人签订的买卖合同是否有效。

裁判情况

法院经审理认为,被告洪某丙于被代理人死亡后签订该合同,不属于法律规定的有效情形,洪某丙属无权代理。又因杜某已死亡,其继承人未能对该买卖合同达成一致意见予以追认,该买卖合同应属无效。

裁判结论:(1)被告洪某丙与被告洪某己签订的《××市房地产买卖合同》无效;(2)被告洪某丙、被告洪某己将房屋产权恢复登记至原产权人名下。

释法析理

本案中,根据杜某出具的委托书,杜某委托被告洪某丙出售房屋,委托期限为一年,即自2012年4月10日起至2013年4月9日止,在此期限内被告洪某丙作为杜某的代理人与被告洪某己签订买卖合同,并办理了系争房屋的过户手续。但该买卖合同及产权变更的时间在杜某死亡之后,根据法律规定,此时洪某丙的代理行为无效。需要注意的是,如果被代理人死亡后,基于法律规定,委托代理人实施的代理行为被认定为有效的,将产生有权代理的法律效果,此时是法律直接认定为有权代理,而非表见代理,这一法律效果将直接归属于被代理人的继承人。

相关法条

《中华人民共和国民法典》第一百七十四条 被代理人死亡后,有下列情形之一的,委托代理人实施的代理行为有效:

(一)代理人不知道且不应当知道被代理人死亡;

(二)被代理人的继承人予以承认;

(三)授权中明确代理权在代理事务完成时终止;

(四)被代理人死亡前已经实施,为了被代理人的继承人的利益继续代理。

作为被代理人的法人、非法人组织终止的,参照适用前款规定。

律师因自身工作失误造成当事人损失需要承担赔偿责任吗

◆(第176条)◆

基本案情

原告王某富向人民法院诉称，经被告某律师事务所见证的原告父亲王某智生前所立的遗嘱，由于缺少两个以上见证人这一法定形式要件，在之前的继承诉讼中被法院认定为无效，致使原告成为继承诉讼中的败诉方，不仅不能按遗嘱继承得到父亲的遗产，还得按法定继承向其他继承人付出所继承房屋的折价款。被告在见证原告父亲立遗嘱的过程中有过错，侵害了原告的遗嘱继承权利，给原告造成了财产损失，请求判令被告赔偿房屋折价款、遗嘱见证代理费、两审继承诉讼的代理费、诉讼费等损失共计134893.75元。被告辩称，王某智委托被告代理的事项是见证签字，不是见证代书遗嘱。被告是根据王某智的委托，才指派了一名律师去见证王某智签字，已经履行了自己的义务，且在见证过程中没有过错。至于经被告见证签字的遗嘱，其内容和形式是否符合法律规定，被告没有提示义务。王某智所立的遗嘱，是因代书人未签字而被认定无效。被告不是该遗嘱的代书人，不应该承担代书人的法律责任。

问题描述

本案的争议焦点是，某律师事务所提出的其与王某智约定的"代为见证"，只是见证签字者的身份和签字行为的真实性，而非对遗嘱见证的理由是否成立；某律师事务所对原告王某富所受的损害是否存在过错，其是否应当承担责任。

裁判情况

本案经过一审、二审。二审法院经审理认为，律师与普通公民都有权利做代书遗嘱的见证人，但与普通公民相比，由律师作为见证人，律师就能以自己掌握的法律知识为立遗嘱人服务，使所立遗嘱符合法律要求，这正是立遗嘱人付出对价委托律师作为见证人的愿望所在。原告王某富的父亲王某智与被告某律师事务所签订代理协议，其目的是通过律师提供法律服务，使自己所立的遗嘱产生法律效力。某律师事务所明知王某智这一委托目的，应当指派两名以上的律师作为王某智立遗嘱时的见证人，或者告知王某智仍需他人作为见证人，其所立遗嘱方能生效。被告某律师事务所在履行与王某智签订的《非诉讼委托代理协议》时，未尽代理人应尽的职责，给委托人及遗嘱受益人造成损失，应当承担赔偿责任。

裁判结论：被告某律师事务所赔偿原告王某富经济损失114318.45元。

释法析理

法律责任分为民事责任、行政责任和刑事责任。民事责任，是指由于违反民事义务所应承担的责任。违反民事义务包括违反法律规定的民事义务和违反当事人约定的民事义务。本案中，原告王某富之父王某智与被告某律师事务所签订了《非诉讼委托代理协议书》一份，约定某律师事务所接受王某智的委托，指派律师张某作为王某智的代理人；代理事项及权限为：代为见证；协议上还有双方约定的其他权利义务。某律师事务所不能以证据证明其与王某智约定的"代为见证",只是见证签字者的身份和签字行为的真实性;也不能以证据证明在签约时,该所已向王某智明确告知其仅是对签字见证而非对遗嘱见证,故应当承担举证不能的不利后果。

相关法条

《中华人民共和国民法典》第一百七十六条　民事主体依照法律规定或者按照当事人约定,履行民事义务,承担民事责任。

多人造成他人损害赔偿责任如何确定

◆（第 177 条）◆

基本案情

原告吴某甲系本案受害人张某甲之妻，原告张某乙系张某甲之女，原告吴某乙系张某甲之母。2005 年 5 月 5 日，吴某甲、张某乙、张某甲等 17 人参加了由被告某旅行社组织的牛姆林二日自驾游。进入牛姆林景区游览时天色变阴，原告一行建议导游调整行程，但导游坚持带队上山。不久下了暴雨，导游没有就近安排避雨，而是要求大家原路返回，致使张某甲在返回的途中被一棵折断的马尾松砸伤，经医治无效死亡。因损害赔偿双方产生纠纷，遂诉至法院。原告诉称，某旅行社负有保障游客安全的法定义务，其导游没有充分考虑天气情况和游客意见，谨慎、安全地安排行程，而是为完成任务，在极为不利的天气情况下坚持要求游客上山，其错误行为与事故的发生有重大的因果关系，故某旅行社应当对张某甲的死亡承担责任；被告某公司应知天气、林木是影响旅游安全的重要因素，却未作任何防范，且在事故发生后连最基本的救护措施都不能提供，延误了最佳救治时机，亦应对张某甲的死亡承担责任。请求判令二被告连带赔偿原告方赔偿金共计 70 万余元。被告某公司辩称，案发当时，系不可预测的原因导致大树折断，砸伤受害人张某甲致其死亡，该事件的发生属不可抗力；被风吹断的马尾松原本长势良好，某公司对该树木的管理没有瑕疵,故对事件的发生没有过错;事件发生后,某公司对被害人的救护措施并无不当。

🔍 问题描述

本案的争议焦点是,某旅行社、某公司对被害人张某甲的死亡是否存在过错;如果存在过错,某旅行社、某公司责任如何划分。

⚖️ 裁判情况

人民法院经审理认为,导游不顾恶劣天气的影响,坚持带游客冒险进入林区的错误行为,导致游客处于遭受风雨困扰的险境,并实际导致张某甲被折断的马尾松砸伤致死,其主观上具有过错。某旅行社承诺提供优秀导游服务,在其未安排全陪导游的情况下,本案导游既代表某公司也代表某旅行社,故某旅行社对于张某甲的死亡也具有过错,应当承担相应的民事责任。关于被告某公司应否承担责任的问题,某公司本应对该树给予特别的注意,采取必要的防护加固等措施,防止危险的发生。现某公司未能提供证据证明其已对该马尾松采取了必要的防范措施,其提供的证据不足以证明该马尾松折断系不可抗力引起,亦不能证明张某甲本人对于事故的发生具有过错,故对其免责抗辩不予采纳,某公司应对其管理的马尾松折断砸伤张某甲致死承担相应的民事责任。导游不顾恶劣天气坚持带游客冒险进入林区的错误行为,被告某公司管理不善致使马尾松折断伤人,事件发生后又未尽最大救助努力,三个因素均是导致被害人张某甲死亡后果发生的原因。其中,导游的错误行为是导致事故发生的次要原因,其原因力酌定为20%;某公司管理不善致使马尾松折断以及事后救助不力的行为是导致事故发生的主要原因,原因力酌定为80%。本案中,导游既代表被告某旅行社,又代表某公司,故基于导游的错误行为而产生的责任应由二被告共同承担，各自负担10%，并互负连带责任；某公司管理不善致使马尾松折断伤人及事后救助不力，相应责任由某公司自行承担。原告方要求某旅行社对全部损害后果承担连带责任的诉讼请求缺乏法律依据，不予采纳。

裁判结论：张某的赔偿金额合计550515.8元，由某旅行社对其中的10%承担赔偿责任，金额为55051.58元；某公司对其中的90%承担赔偿责任，金额为495464.22元；在55051.58元范围内两被告互负连带责任。某公司已支付给原告方的2万元、丧葬费2872.2元，应从某公司承担部分抵扣。

释法析理

按份责任，是指责任人为多人时，各责任人按照一定的份额向权利人承担民事责任，各责任人之间无连带责任。本案中，原告方认为被告某旅行社违反保障游客安全义务，应对某旅行社具有过错承担举证责任。导游对恶劣天气的防患意识应当高于游客，且负有保障游客安全的责任，应以游客安全第一为宗旨，依诚实信用原则并结合当时的天气情况对是否调整行程作出正确判断。某旅行社与原告吴某某、张某甲及张某乙等人建立了旅游服务合同关系，在合同责任与侵权责任竞合的情况下，原告方可选择要求对方承担违约责任或侵权责任。现原告方选择了侵权之诉，以某旅行社、某公司为被告，主体适格。游客受伤后，某公司负有以最大努力加以救助的义务。张某甲受伤后，同伴立即打电话联系景区工作人员救助，一段时间后，景区工作人员才抬来一张桌子。在救护车到来之前，景区工作人员联系景区医生施救，但景区医生始终没有出现，现场未采取任何急救措施。某公司只采取抬救措施，而未提供担架、专业医师进行现场施救，违反了自己制定的规定，没有尽到救助义务。某公司虽已与某医院签订医疗协议建立紧急救援体系，但救护车在报警后近一小时才到达，不符合紧急救援的要求。某公司在张某受伤后，并未尽到最大救助努力，导致损害后果进一步扩大，应承担相应的民事责任。

相关法条

《中华人民共和国民法典》第一百七十七条 二人以上依法承担按份责任，能够确定责任大小的，各自承担相应的责任；难以确定责任大小的，平均承担责任。

儿子儿媳共同借婆婆的钱离婚后儿媳还应当偿还吗

◆（第 178 条）◆

基本案情

黄某某之子李某某与王某某原系夫妻，双方于 2008 年 3 月 19 日登记结婚。李某某与王某某婚后，于 2013 年 5 月 16 日向其母亲黄某某借款 720000 元，用于改善住房，新购房屋登记在李某某名下。2014 年 8 月 1 日，李某某向其母亲黄某某借款 80000 元整用于进货。2016 年 12 月 27 日，李某某与王某某协议离婚。后黄某某诉至法院，要求王某某偿还上述两笔借款共计 800000 元。

问题描述

本案的争议焦点是，黄某某是否可以单独起诉王某某，要求其返还两笔借款。

裁判情况

法院经审理认为，本案中涉及的两笔借款，720000 元借款系王某某和李某某婚姻关系存续期间用于购买房屋，属于夫妻共同生活支出，应认定为王某某与李某某的夫妻共同债务；80000 元借款用于王某某与李某某共同生产经营及家庭日常生活，亦应认定为夫妻共同债务。王某某与李某某应就800000元共同借款承担连带还款责任。王某某在承担还款义务后，可以根据法律规定向李某某进行追偿。

裁判结论：王某某偿还黄某某借款800000元。

释法析理

《中华人民共和国民法典》第178条第1款规定，"二人以上依法承担连带责任的，权利人有权请求部分或者全部连带责任人承担责任"。本案中，王某某与李某某在婚姻关系存续期间向黄某某借款用于购买房屋及共同生产经营和家庭日常生活，依法属于夫妻共同债务，二人离婚后，依然要对婚姻关系存续期间的共同债务承担连带还款责任。债权人黄某某有权利要求王某某与李某某中的任何一人或者两人偿还其借款。黄某某仅起诉王某某要求偿还借款，属于黄某某的权利，依法应予支持。王某某在承担还款义务后，可以根据法律规定向李某某进行追偿。

相关法条

《中华人民共和国民法典》第一百七十八条　二人以上依法承担连带责任的，权利人有权请求部分或者全部连带责任人承担责任。

连带责任人的责任份额根据各自责任大小确定；难以确定责任大小的，平均承担责任。实际承担责任超过自己责任份额的连带责任人，有权向其他连带责任人追偿。

连带责任，由法律规定或者当事人约定。

承担民事责任的方式有哪些

◆（第 179 条）◆

基本案情

"黄皮肤"中药乳膏系原告甲公司法定代表人卢某郁始创和使用的名称。2009 年 8 月，原告甲公司将"黄皮肤"中药乳膏产品的外包装申请了外观设计专利，并在 2010 年 5 月 19 日获得国家知识产权局的授权。2013 年，原告取得"黄皮肤"注册商标专用权，核定使用的商品类别为第 5 类，包括膏剂、人用药、卫生消毒剂等商品。自 2008 年原告将"黄皮肤"产品投入市场以来，凭借优异的产品质量和大量的广告宣传，"黄皮肤"产品在全国范围获得了广泛的知名度和盛誉。原告发现，被告乙公司未经许可，擅自在其生产的同类产品显著位置标注有"黄皮肤"的商标字样，并在全国多个地区大量批发销售，以及通过电商网站如淘宝网、快易捷药品交易网等网站进行销售，且该产品的包装装潢与原告产品也近乎一致，侵犯了原告的商标权。被告杨某青、聂某英为被告乙公司的侵权行为提供账号、收取款项，构成共同侵权。为此，原告诉至法院，请求判令三被告立即停止侵权行为，召回并销毁侵权包装物和标识，赔礼道歉，并共同赔偿原告经济损失 80 万元。被告乙公司和被告聂某英共同辩称，其认可侵权事实，也同意召回和销毁侵权产品，但认为原告主张的赔偿数额过高；被告杨某青未发表答辩意见。

问题描述

本案的争议焦点是，如何合理确定被告承担民事责任的方式。

裁判情况

法院经审理认为，经国家工商行政管理总局商标局核准，原告甲公司注册了第 7642945 号"黄皮肤"商标，核定使用商品类别为第 5 类，包括膏剂、汞软膏、人用药、卫生消毒剂等商品，商标注册有效期自 2013 年 3 月 14 日起至 2023 年 3 月 13 日止。原告取得"黄皮肤"注册商标之后，先后在安徽省阜阳市、河北省迁西县、河北省迁安市、重庆市、江西省乐平市、云南省昆明市等地，向工商部门举报当地存在销售侵犯其涉案商标权的商品的行为，经工商部门查处，作出了对相关当事人的行政处罚决定。同时查明，原告法定代表人卢某郁于 2009 年 8 月 28 日向国家知识产权局申请了名为"包装盒"的外观设计专利，并于 2010 年 5 月 19 日授权公告。后卢某郁将该专利独占许可本案原告实施。该外观设计的图形和原告提供的其自己生产的"黄皮肤"乳膏的包装基本相同。本案原告依法取得了"黄皮肤"注册商标专用权，应受保护，未经原告许可，任何人不得在相同或类似商品上使用与该商标相同或近似的商标。本案中，涉案被控侵权商品在外包装以及产品的显著位置标注有"黄皮肤"的字样，虽然字体与原告商标并不相同，但足以构成近似，并且该商品与原告商标注册受保护的商品类别属于同一类。故涉案"黄皮肤中药乳膏"商品构成对原告"黄皮肤"商标的侵权。关于赔偿数额的问题，本案侵权产品的销售范围分布全国多个省份地市，数量较大，其中仅安徽太和县一地销售货值即达到 8 万余元。因原告未能提供证据证明被告准确的侵权获利情况，或其因被告侵权所遭受的实际损失，法院综合考虑原告涉案商标的知名度和影响力、被告侵权行为的性质和情节以及主观过错程度，酌情确定被告乙公司向原告赔偿经济损失共计人民币20万元。因被告乙公司生产销售的侵权商品遍布全国多地，为有效制止侵权，乙公司应立即召回并去除侵权商品的包装标识。关于被告杨某青和聂某英是否应承担共同侵权责任的问题，共同侵权系指主观上有共同侵权的意思联络，客观上共同实施了侵权行为。杨某青和聂某英在经营乙公司时，对乙公司的侵权行为应属明知，其在向代理商发函时，明确要求对方将货款转入其个人账户，该行为为乙公司的侵权提供了便利，应认定其与乙公司构成共同侵权，与乙公司承担连带侵权责任。另外，原告在诉讼中主张各被告在媒体上刊登致歉声明，法院认为，原告的商标在本案中受到侵害的主要是财产权属性，并未涉及人身权，而赔礼道歉的民事责任针对的是人身权受到侵犯后的法律救济，故原告主张赔礼道歉的诉讼请求无事实和法律依据。

裁判结论：（1）被告乙公司、被告杨某青、被告聂某英立即停止生产、销售侵犯原告甲公司"黄皮肤"注册商标专用权的商品；（2）被告乙公司、被告杨某青、被告聂某英召回并去除已生产的侵犯原告甲公司"黄皮肤"注册商标专用权的商品的包装标识；（3）被告乙公司、被告杨某青、被告聂某英共同赔偿原告甲公司经济损失20万元。

释法析理

民法典规定了11种承担民事责任的方式，各有特点，其中，可以单独采用一种方式，也可以采用多种方式，具体适用民事责任的原则是：如果一种方式不足以合理救济的，就应当同时适用其他方式予以救济。

相关法条

《中华人民共和国民法典》第一百七十九条　承担民事责任的方式主要有：

（一）停止侵害；

（二）排除妨碍；

（三）消除危险；

（四）返还财产；

（五）恢复原状；

（六）修理、重作、更换；

（七）继续履行；

（八）赔偿损失；

（九）支付违约金；

（十）消除影响、恢复名誉；

（十一）赔礼道歉。

法律规定惩罚性赔偿的，依照其规定。

本条规定的承担民事责任的方式，可以单独适用，也可以合并适用。

因政策变化导致合同不能履行需要承担违约责任吗

(第180条)

基本案情

广东某镍业有限公司与河南某商贸公司于2018年7月27日签订兰炭购销合同,合同总价款2420万元,2018年10月30日前完成全部交货量,交货地点为广东某镍业公司指定阳江某仓库。2018年8月15日,河南某商贸公司向广东某镍业公司支付履约保证金100万元。后该商贸公司积极联系货源和运输公司。最终该批兰炭由沧州某电力燃料公司汽运至黄骅港外围堆场,河南某商贸公司所租货轮到港,等待装船运输。2018年8月11日,沧州渤海新区管理委员会下发文件,明确禁止黄骅港接受一切公路运输的煤炭,严禁渤海新区全域物流企业接收"汽运煤"到港区外围堆场再装入集装箱集港。河南某商贸公司所购兰炭无法在黄骅港集港运输,后经广东某镍业公司与河南某商贸公司多方协调,依然无法实现兰炭集港运输。河南某商贸公司于2018年9月4日函告广东某镍业公司,要求解除合同,退还100万元履约保证金。广东某镍业公司于2018年9月8日签收该邮件。后双方发生纠纷,河南某商贸公司诉至法院,请求依法解除原、被告之间签订的兰炭购销合同;要求被告返还原告履约保证金100万元及利息。

问题描述

原告认为合同目的不能实现,是因政府行为导致,系不可抗力;被告认为沧州渤海新区管理委员会下发文件内容对本案合同的履行不属于"不可预见""不能避免并且不能克服的客观情况"的情形,不属于不可抗力。本案的争议焦点是,涉案合同履行是否存在不可抗力。

裁判情况

本案经过一审、二审。二审法院经审理认为,原告与被告签订合同后,积极履行合同义务,后因受政府行为的影响,无法实现集港运输,合同目的不能实现。该政府行为具有不能预见、不能避免并且不能克服的客观情况,且发生在原被告合同签订后,合同履行期间,应属不可抗力。

裁判结论:解除原告河南某商贸有限公司与被告广东某镍业有限公司之间的兰炭购销合同;被告返还原告履约保证金100万元。

释法析理

《中华人民共和国民法典》第180条第1款规定,"因不可抗力不能履行民事义务的,不承担民事责任。法律另有规定的,依照其规定"。本案中,原被告双方签订合同后,原告河南某商贸公司积极履行合同义务,为实现合同目的创造条件。后沧州渤海新区管理委员会下发文件,导致其兰炭无法进行集港运输。该政府行为具有不可预见性,原告河南某商贸有限公司不能避免且不能克服,应属不可抗力,不构成违约,不承担违约责任。因不可抗力致使不能实现合同目的的,依法可以解除合同。故河南某商贸公司要求与广东某镍业公司解除双方之间的兰炭购销合同,且其解除合同告知函已送达广东某镍业公司,依法应当予以支持。双方解除合同后，尚未履行的，终止履行；已经履行的，当事人可以要求对方返还。故河南某商贸公司要求广东某镍业公司返还100万元履约保证金，也应当予以支持。

相关法条

1. 《中华人民共和国民法典》第一百八十条　因不可抗力不能履行民事义务的，不承担民事责任。法律另有规定的，依照其规定。

不可抗力是不能预见、不能避免且不能克服的客观情况。

2. 《中华人民共和国民法典》第五百六十三条第一款　有下列情形之一的，当事人可以解除合同：

（一）因不可抗力致使不能实现合同目的；

（二）在履行期限届满前，当事人一方明确表示或者以自己的行为表明不履行主要债务；

（三）当事人一方迟延履行主要债务，经催告后在合理期限内仍未履行；

（四）当事人一方迟延履行债务或者有其他违约行为致使不能实现合同目的；

（五）法律规定的其他情形。

3. 《中华人民共和国民法典》第五百六十六条第一款　合同解除后，尚未履行的，终止履行；已经履行的，根据履行情况和合同性质，当事人可以请求恢复原状或者采取其他补救措施，并有权要求赔偿损失。

正当防卫造成他人损害是否承担民事赔偿责任

(第 181 条)

基本案情

石某某与李某某系同村前后邻居。2017 年 5 月 29 日下午,石某某因对到李某某家办事的案外人高某某的三轮车的气味不满,持刀进入李某某家中,在院内猪栏门口用刀将高某某下腹部划伤,后又持刀追逐李某某。李某某用铁钩将石某某手中的尖刀打掉后,石某某又持竹竿与李某某互殴,被李某某打伤头部。石某某受伤后住院治疗 9 天,花医疗费 11688.9 元,其伤情经某县公安局刑事科学技术室鉴定构成轻伤二级。后石某某因寻衅滋事罪,被人民法院判处有期徒刑 1 年 2 个月;李某某被检察机关作出不起诉决定。石某某诉至法院,请求判令李某某赔偿医疗费等经济损失 13683.9 元。

问题描述

石某某认为,李某某的故意伤害行为不具有防卫性质,应当同时承担民事、刑事责任;李某某认为,自己的行为构成正当防卫,不应承担民事责任。本案的争议焦点是,李某某的行为是否构成正当防卫,是否应当承担民事赔偿责任。

⚖️ 裁判情况

本案经过一审、二审。二审法院经审理认为,李某某为保护自己及高某某合法权益不受非法侵害,持铁钩与石某某打斗,其行为具有正当防卫性质,不承担民事赔偿责任。

裁判结论:驳回原告石某某的诉讼请求。

🔨 释法析理

《中华人民共和国民法典》第181条第1款规定,"因正当防卫造成损害的,不承担民事责任"。本案中,原告石某某因对案外人高某某拉种猪的三轮车气味不满,就持尖刀到被告李某某家中将高某某下腹部划伤,而后又持刀追逐被告,在被告李某某用铁钩将其手中的尖刀打掉后又拿起竹竿与李某某互殴,原告石某某的行为构成寻衅滋事罪,已经被法院定罪处罚。原、被告作为前后邻居,本应和睦相处,团结互助,而原告却稍有不满就手持尖刀进入被告家中大打出手,不论在此次纠纷的起因上还是对自己伤害后果的造成上都负有不可推卸的责任。李某某在此次纠纷中并无过错,其为保护自己及高某某合法权益不受石某某正在进行的非法侵害,在紧迫情况下,持铁钩与石某某打斗,其行为依法构成正当防卫,检察机关亦对被告的行为作出了不起诉的决定。故被告李某某因正当防卫造成原告石某某损害,不承担民事责任,原告应当对自己的伤情自行承担责任。

📖 相关法条

《中华人民共和国民法典》第一百八十一条 因正当防卫造成损害的,不承担民事责任。

正当防卫超过必要的限度,造成不应有的损害的,正当防卫人应当承担适当的民事责任。

紧急避险造成损害民事责任由谁承担
（第 182 条）

基本案情

2001年1月8日13时许，案外人柳某某驾驶案外人卞某某所有的苏CB×××号半拖挂汽车，沿苏239线由西向东行驶至80公里+700米处时，发现由南向北横过公路的骑车人王某，立即采取向左打方向并刹车的避让措施。因有雪路滑和车速高，苏CB×××号的车头越过公路中心线，车尾向右甩尾侧滑。苏CB×××号的车头越过公路中心线后，与相向而行由原告周某某驾驶的苏CM×××号大货车发生碰撞，致周某某受伤，两汽车不同程度损坏；车尾向右侧滑时，又将王某连人带车撞倒，造成王某当场死亡。交通事故当事人对于赔偿金额产生纠纷，周某某起诉请求由王某某、李某某（死者王某的父母）替死者王某承担20%的事故赔偿责任。

问题描述

本案的争议焦点是，这起交通事故中的紧急避险行为造成的损害应当由谁承担责任。

裁判情况

本案经过一审、二审。二审法院经审理认为，本案中导致两车相撞的根本原因，系柳某某超速驾驶和采取的紧急避险措施不当。因紧急避险造成损害的，由引起险情发生的人承担民事责任。如果危险是由自然原因引起的，紧急避险人不承担民事责任或者承担适当的民事责任。因紧急避险采取措施不当或者超过必要的限度，造成不应有的损害的，紧急避险人应当承担适当的民事责任。道路交通事故处理机关认定周某某是正常驾驶，对事故不负责任，那么紧急避险事故的责任，自然应当由柳某某全部承担，与王某无关。周某某起诉请求由王某某、李某某为死者王某承担20%的事故赔偿责任，理由不能成立。

裁判结论：驳回原告周某某的诉讼请求。

释法析理

本案中，险情虽然是由违规横过公路的王某引起，但在宽阔的路面上，王某的违规行为不会迫使柳某某只能采取两车相撞的办法去避险。紧急避险是为了使本人或者他人的人身、财产权利免受正在发生的危险，不得已采取的紧急避险行为，造成损害的，不承担责任或者减轻责任的情形。此次事故中，苏CB×××号汽车驾驶员柳某某在雪天路滑的情况下超速行驶，发现险情时采取的避让措施不当，致使车辆侧滑后发生事故，违反了道路交通管理条例的相关规定，应负事故主要责任；苏CM×××号汽车驾驶员周某某正常驾驶，对事故不负责任。

相关法条

《中华人民共和国民法典》第一百八十二条　因紧急避险造成损害的，由引起险情发生的人承担民事责任。

危险由自然原因引起的，紧急避险人不承担民事责任，可以给予适当补偿。

紧急避险采取措施不当或者超过必要的限度，造成不应有的损害的，紧急避险人应当承担适当的民事责任。

因保护他人权益而使自己受到损害民事责任由谁承担

（第 183 条）

基本案情

原告曹某甲、葛某某系夫妻关系，只生有一子曹某乙。曹某乙与被告间某某原系夫妻关系，婚后生有原告曹某丙。2008 年 3 月 17 日，曹某乙与间某某在某县民政局登记离婚；同年 4 月 6 日下午，被告间某某与曹某乙在某县某镇见面，双方在该镇某桥西侧的水泥路上交谈，被告要求与曹某乙复婚，曹某乙不同意，双方未能谈拢。后曹某乙要离开，被告感到复婚无望，遂有轻生之念。被告翻过某桥上的栏杆，跳入河中。曹某乙见状，即跳入河中营救被告。后被告被路人救上岸而存活，而曹某乙则在被他人救上岸后送入医院抢救。曹某乙因多脏器功能衰竭，次日因治疗无效出院后死亡。曹某乙治疗共花费医疗费 19318.65 元。事发后，被告共给付原告 37900 元。

问题描述

本案的争议焦点是，曹某乙因保护间某某权益而使自己受到损害，因没有侵权人，民事责任应当由谁承担。

裁判情况

法院经审理认为，虽然死者与被告曾经是夫妻，但这并不必然衍生出其负有对被告法定或约定救助义务之结论。本案中，被告感到复婚无望而产生轻生念头，跳河自杀，死者曹某乙不顾个人安危，出手相救，最终导致自己溺水身亡，其行为属于见义勇为。尽管被告系因他人获救而避免丧生，但这丝毫不影响曹某乙见义勇为的成立。死者曹某乙的行为不仅是社会主义道德的要求，更应得到法律的肯定。

裁判结论：被告间某某补偿原告曹某甲、葛某某、曹某丙有关曹某乙的一切费用共139152.34元，减去被告间某某已给付的37900元，尚应给付原告曹某甲、葛某某、曹某丙101252.34元。

释法析理

我国现行法律规定中，对于见义勇为者遭受的损失补偿，尤其如本案中没有加害人的情形下见义勇为者遭受损失的补偿问题，没有明确的规定。司法实践中，对此类案件的处理由于无章可循而莫衷一是，较多类推适用民法中有关无因管理的规定。但见义勇为与无因管理无论在内涵上还是在外延上都有较大的区别。按照一般的侵权理论，将受害人的损失恢复到如损失没有发生应有的状态，即填平原则，系处理侵权纠纷案件普遍适用的原则，亦为社会公众普遍接受。尽管原告曹某甲、葛某某老年丧子，值得同情，主观上因曹某乙之死而认为应归责于被告，但平等保护是现代法治社会对司法的基本要求，对于本没有过错的被告，要求通过司法强制力强制其赔偿原告因死者死亡造成的一切损失，显然是不公平的。见义勇为者的损失得不到弥补，不仅对见义勇为者不公平，也不利于发挥道德的感召力。这应当是一个系统的社会工程，非作为司法机关的法院一家力量而能成就。现实生活中，对见义勇为者的损失，一般通过以下途径予以弥补：一是由侵权者赔偿；二是通过社会力量来适当弥补，如设立并通过见义勇为基金、社会捐助等方式；三是由受益人适当补偿。本案中，原告的损失因没有侵权人而不能通过这一途径弥补。由于社会求助渠道的缺失或不完备，原告尚未能获得社会求助渠道对其损失的弥补。对于原告的损失，只剩下受益人弥补这一途径，而受益者补偿仅仅是适当，必须把握一定限度，只有这样才能体现公平并兼顾各方利益的平衡。根据本案的实际情况，法院遂确定被告补偿的份额为50%。

 相关法条

《中华人民共和国民法典》第一百八十三条　因保护他人民事权益使自己受到损害的，由侵权人承担民事责任，受益人可以给予适当补偿。没有侵权人、侵权人逃逸或者无力承担民事责任，受害人请求补偿的，受益人应当给予适当补偿。

侵害英雄烈士等名誉需要承担民事责任吗

(第 185 条)

基本案情

2013年9月9日，洪某某在财经网发表《小学课本"狼牙山五壮士"有多处不实》一文，对狼牙山五壮士事迹中的细节提出质疑。2015年8月17日，"狼牙山五壮士"两名幸存者的后人葛某某和宋某某分别向北京市西城区人民法院提起诉讼，要求被告洪某某立即停止侵权行为并公开道歉。

问题描述

本案的争议焦点是，洪某某的行为是否构成民法意义上的侵权以及承担责任的范围。

裁判情况

本案经过一审、二审。二审法院经审理认为，抵制历史谣言，还原历史真相，追求历史正义，满足公众知情权，我国现行法律均予以保护和支持。但从本院查明的事实看，洪某某之所以要写案涉文章，其目的是要为散布历史谣言、污蔑"狼牙山五壮士"的张某某鸣不平，这在洪某某的文章中有明确表述。要还原历史真相，追求历史正义，满足公众的知情权，应当建立在严肃认真地对历史的研究上，但洪某某在没有充分证据的情况下，极不严肃地、轻率地否认"狼牙山五壮士"英勇抗敌的事迹和舍生取义的精神这一基本事实，误导社会公众对"狼牙山五壮士"的认知。

裁判结论：（1）被告洪某某立即停止侵害葛某某、宋某某名誉、荣誉的行为。（2）被告洪某某公开发布赔礼道歉公告，向原告葛某某、宋某某赔礼道歉，消除影响。该公告须连续刊登5日，公告刊登媒体及内容需经法院审核，逾期不执行，法院将在相关媒体上刊登判决书的主要内容，所需费用由被告洪某某承担。

释法析理

满足公众的知情权与保护公民的人格权不受侵害并不矛盾。本案中，洪某某以满足公众知情权为由主张免责不能成立，洪某某提出的满足公众知情权的行为，是建立在否认"狼牙山五壮士"英勇抗敌事迹和舍生取义精神这一基本事实基础上，且这种否认无确凿真实的证据，这就决定了他的所谓"满足公众知情权"的行为不可避免地会成为误导社会公众的侵权行为。被告洪某某发表的两篇文章对"狼牙山五壮士"在抗日战争中所表现的英勇抗敌的事迹和精神这一主要事实，自始至终未作出评价，而是以考证"在何处跳崖""跳崖是怎么跳的""敌我双方战斗伤亡"以及"'五壮士'是否拔了群众的萝卜"等细节为主要线索，通过援引不同时期的材料、相关当事者不同时期的言论甚至"文革"时期红卫兵迫害宋某某的言论为主要证据，全然不顾基本历史事实。在无充分证据的情况下，文章多处作出似是而非的推测、质疑乃至评价。文章虽然未使用侮辱性的语言，但被告采取的行为方式却是通过强调与主要事实无关或者关联不大的细节，引导读者对"狼牙山五壮士"这一英雄人物群体及其事迹产生质疑,从而否定主要史实的真实性,进而降低他们的英勇形象和精神价值。因此,被告的行为是一种侵害他人名誉、荣誉的加害行为。案涉文章经由互联网传播,产生了较大的影响,伤害了原告的个人感情,在一定范围和程度上伤害了社会公众的民族和历史情感,同时也损害了社会公共利益。据此,法院遂作出上述判决。

相关法条

《中华人民共和国民法典》第一百八十五条　侵害英雄烈士等的姓名、肖像、名誉、荣誉,损害社会公共利益的,应当承担民事责任。

因对方违约行为造成自身权益受损害能否同时请求违约责任和侵权责任

◆（第 186 条）◆

基本案情

原告谢某星、赖某某因其子谢某超（未成年）在被告某公司开办的游泳池游泳期间死亡产生纠纷，遂诉至法院。原告诉称：被告某公司开办游泳池，不按规定配备相关设施，救生员也不在现场值班，以致原告之子谢某超溺水后，因得不到及时救助而死亡。原告认为，谢某超交费进入被告开办的游泳池游泳，双方已形成服务合同关系，被告有义务保障谢某超的人身安全，谢某超是因被告提供的服务有瑕疵而死亡的，被告不履行保障人身安全的义务，应当承担违约责任。特依法提起诉讼，请求判令被告给付谢某超的死亡赔偿金 56390 元、丧葬费 3500 元、被扶养人生活补助费 32000 元，共计 91890 元。

问题描述

谢某星、赖某某因其子谢某超在被告某公司开办的游泳池游泳期间死亡，原告既可以请求某公司承担违反服务合同的违约责任，亦可以请求某公司承担造成谢某超死亡的侵权责任。本案的争议焦点是，违约责任与侵权责任竞合时的法律适用选择问题。

裁判情况

法院经审理认为，死者谢某超和他人到被告某公司开办的游泳池游泳，属生活消费范畴，谢某超等四人与某公司形成了消费和服务关系。在接受服务过程中发生的人身伤害，受害人有权依照上述法律规定要求经营者承担侵权损害的赔偿责任。谢某超到某公司的游泳池游泳，双方同时还形成以消费和服务为内容的合同关系，原告谢某星、赖某某现已明确选择依合同法律关系起诉，请求判令某公司承担违约责任，该请求合法，应当支持。谢某超是在接受某公司有瑕疵的服务过程中死亡的，某公司不能提供谢某超是因自身过错致死的任何证据，因此可以推定谢某超的死亡与某公司的瑕疵服务具有因果关系。某公司未尽保障游泳者人身安全的合同附随义务，应当承担赔偿损失的违约责任。某公司既然接受了未成年人进场游泳，作为经营者，理应对未成年人的人身安全给予更多的注意。某公司以原告谢某星和赖某某监护不到位、谢某超未经监护人同意就去游泳本身有过错为由，主张自己无须承担本案的民事责任，理由不能成立，不予支持。

裁判结论：被告某公司给付原告谢某星、赖某某死亡赔偿金51390元。

释法析理

同一行为或同一事实符合多个法律规范的要件，从而能够适用多个法律规范的现象，这就是规范竞合，但当事人只能选择其一而为请求，当事人不能双重请求，否则构成不当得利。本案系违约责任和侵权责任的竞合，被告某公司虽然为自己经营的游泳池配备了足额的救生员，但没有按《市游泳池管理暂行规定》的要求配备医务人员、建立抢救溺水事故的应急制度、配备安全防护器材和急救药品；事故发生当晚，游泳池的灯光较暗，不能从较远处见到池底，照明不符合规定的要求，事故发生时,救生员不在瞭望高台上观察游泳池动态,以致没有救生员看到死者谢某超的溺水过程,该公司应当按照受害人家属谢某星和赖某某的申请,依法承担赔偿责任。

相关法条

《中华人民共和国民法典》第一百八十六条　因当事人一方的违约行为,损害对方人身权益、财产权益的,受损害方有权选择请求其承担违约责任或者侵权责任。

借条未约定还款期限诉讼时效如何计算

(第 188 条)

基本案情

1995年3月和6月，蔡某分别向朋友文某借款1.6万元和3万元，共计4.6万元，并出具了相应的两张借条。2016年，二人电话确认双方之间借款的利息按两分半计算。由于蔡某一直未还款，无奈之下，2019年文某向法院起诉，请求判令蔡某立即返还借款本金46000元及利息（利息按月利率2%，其中16000元自1995年3月3日起算、30000元自1995年6月20日计算至实际还款之日止）。此时蔡某辩称，根据合同法的规定，利息支付时间约定不明的，视为一年一付，故借条出具之日至起诉之日期间的利息已经超过诉讼时效；讼争借款已超过最长诉讼时效期限，不应得到法律保护。

问题描述

本案的争议焦点是，在借款没有约定还款期的前提下是否能以已过诉讼时效为由不予偿还。

裁判情况

本案经过一审、二审。二审法院经审理认为，普通诉讼时效具有严格的法律强制性，它属于民事法律事实中的事件，以法定的事实状态，即权利人不行使权利的事实的连续存在作为适用依据，不为当事人的意志所决定，其法律后果是消灭了权利人的胜诉权。本案的借条并未约定还款期限，而且义务人也未拒绝还款，因此就本案而言，在借款发生后20年方起诉并未超过诉讼时效。利息作为本金的孳息，在本案借款未约定借款期限的情况下，不能作为利息诉讼时效的计算依据，且诉讼时效与本金之债的诉讼时效相同，不存在就利息之债单独计算诉讼时效问题。

裁判结论：蔡某偿还文某借款本金46000元及利息（利息按月利率2%，其中16000元自1995年3月4日起算、30000元自1995年6月21日计算至实际还款之日止）。

释法析理

诉讼时效，是指民事权利受到侵害的权利人在法定的时效期间内不行使权利，当时效期间届满时，债务人获得诉讼时效抗辩权。诉讼时效是权利人在法定期间内不行使权利，该期间届满后，发生义务人可以拒绝履行其给付义务效果的法律制度。该制度有利于促使权利人及时行使权利，维护交易秩序和安全。中华人民共和国民法典明确诉讼时效的起算期间从权利人知道或者应当知道权利受到损害以及义务人之日起计算。

相关法条

《中华人民共和国民法典》第一百八十八条　向人民法院请求保护民事权利的诉讼时效期间为三年。法律另有规定的，依照其规定。

诉讼时效期间自权利人知道或者应当知道权利受到损害以及义务人之日起计算。法律另有规定的，依照其规定。但是，自权利受到损害之日起超过二十年的，人民法院不予保护，有特殊情况的，人民法院可以根据权利人的申请决定延长。

分期履行的债务应当如何计算诉讼时效

（第 189 条）

基本案情

李某某从 1996 年至 1997 年从梁某处赊买饲料用于养鱼、养猪，李某某在欠条上签名，欠条上写明：今欠梁某饲料款定于 1999 年 12 月 26 日归还，如到期不还，按月息 3% 计算，超过两个月不还，欠款人应自愿以房屋及家庭财产抵押以及其家庭成员有责任交清欠款。2001 年，李某某写下还款计划书，承认共欠梁某饲料款 69763 元。李某某承诺每年还款 12000 元，即从 2001 年 1 月开始，每月还款 1000 元，其家庭成员有责任还款。李某某写下还款计划后没有按时还款，之后全家搬到外地居住，原告多方追讨未果。2019 年，梁某将李某某及其家人起诉至法院。

问题描述

本案中，债务双方没有约定支付货款时间，但签订了还款计划书约定分期还款。本案的争议焦点是，原告的诉讼请求是否已过诉讼时效。

裁判情况

本案经过一审、二审和再审。再审法院经审理认为，案涉饲料买卖行为发生于 1996 年至 1997 年间，李某某签字确认的欠条上没有确定货款支付期限。2001年,李某某自书还款计划书给梁某收执。还款计划书载明李某某欠梁某饲料款69763元,计划"每年还款12000元,即每月还1000元,由2001年1月开始"。本案中还款计划书表明双方达成了对案涉债务分期偿还的合意,虽然没有直接写明还款的最后期限,但可以计算得出,最后一期履行期限为2006年10月31日前,诉讼时效期间应自2006年10月31日起算两年,至2008年10月31日届满。梁某于2019年起诉追索案涉债务,已超过诉讼时效。李某某等人提出的诉讼时效抗辩理由成立。

裁判结论:驳回原告的诉讼请求。

释法析理

分期履行债务是按照当事人事先约定,分批分次完成一个债务履行的情形。分期付款买卖合同是最典型的分期履行债务。分期履行债务具有整体性和唯一性,这就是《中华人民共和国民法典》第189条规定的"同一债务"。诉讼时效制度的立法目的在于稳定交易秩序,而不是限制甚至剥夺权利人的权利。当事人约定分期履行债务的目的在于全面履行合同约定的义务。债权人之所以同意债务人分次偿还同一债务,有可能是当事人之间存在长期友好合作关系或是比较熟悉的关系,债权人为了使债务人能够全面履行债务,给予债务人一定的宽限期;或者是债权人为了促成合同的达成与交易的顺利完成,同意债务人分期履行义务。债权人没有及时主张权利是出于与债务人之间的信赖关系,这种信赖关系能够产生经济利益。因此,法律应尽量维持当事人之间的债权债务关系和信任关系,促进双方的友好合作。如果对分期履行的每笔债务分别计算诉讼时效,有可能导致债权人因为担心债权"过期"而频繁主张权利,不仅不利于维持当事人之间债权债务关系的稳定,还可能损害信赖利益。

规定从最后一期履行期限届满之日起算诉讼时效期间，可以保护权利人的合理信赖利益。

📖 相关法条

《中华人民共和国民法典》第一百八十九条　当事人约定同一债务分期履行的，诉讼时效期间自最后一期履行期限届满之日起计算。

父母损害未成年子女合法权益诉讼时效期间从何时起算

◆（第 190 条）◆

基本案情

被告陈某甲、第三人瞿某某原系夫妻关系，共同生育女儿陈某乙。2004 年 1 月 13 日，陈某甲和瞿某某协议离婚并签订自愿离婚协议，约定陈某乙由陈某甲方抚养，坐落于某市某区房屋一套双方自愿赠与女儿陈某乙所有。2007 年 10 月 18 日，陈某甲将该房产出售给案外人吴某某、沈某，房产价款 300000 元。2007 年 11 月 5 日，某区不动产登记事务中心将房屋产权核准登记于案外人吴某某、沈某名下。2016 年 8 月 29 日，陈某乙年满 18 周岁。2019 年 4 月，原告陈某乙得知案涉房屋已被出售，遂诉至法院，请求判令被告陈某甲返还售房款人民币 300000 元及利息损失。

问题描述

陈某甲认为，房屋在 2007 年 10 月 18 日已经转让了，按照中华人民共和国民法典的相关规定，诉讼时效期间为 3 年，陈某乙提出的诉讼请求时效已过。本案的争议焦点是，陈某乙提出的诉讼请求是否已过时效。

裁判情况

法院经审理认为，原告陈某乙在 2019 年 4 月得知权利受到侵害后随即提起诉讼，未超过诉讼时效。

裁判结论：被告陈某甲返还原告陈某乙房屋出售款 300000 元。

释法析理

《中华人民共和国民法典》第 188 条规定，向人民法院请求保护民事权利的诉讼时效期间为 3 年。诉讼时效期间自权利人知道或者应当知道权利受到损害以及义务人之日起计算。本案中，原告陈某乙于 2019 年 4 月得知涉案房屋被出售，从此时开始计算 3 年诉讼时效，并未超过时效。且依据《中华人民共和国民法典》第 190 条，无民事行为能力人或者限制民事行为能力人对其法定代理人的请求权的诉讼时效期间，自该法定代理终止之日起计算。本案中，陈某甲作为陈某乙的法定监护人，应当维护陈某乙的合法权利，但是陈某甲却于 2007 年 10 月 18 日将房屋转让，侵害了陈某乙的合法权益。陈某乙于 2016 年 8 月 29 日年满 18 周岁，其对陈某甲请求权的诉讼时效期间即便从 2016 年 8 月 29 日开始计算，至 2019 年 4 月其到法院起诉时为止，也并未超过 3 年诉讼时效。

相关法条

1. 《中华人民共和国民法典》第三十五条第一款　监护人应当按照最有利于被监护人的原则履行监护职责。监护人除为维护被监护人利益外，不得处分被监护人的财产。

2. 《中华人民共和国民法典》第一百八十八条　向人民法院请求保护民事权利的诉讼时效期间为三年。法律另有规定的，依照其规定。

诉讼时效期间自权利人知道或者应当知道权利受到损害以及义务人

之日起计算。法律另有规定的，依照其规定。但是，自权利受到损害之日起超过二十年的，人民法院不予保护，有特殊情况的，人民法院可以根据权利人的申请决定延长。

3.《中华人民共和国民法典》第一百九十条　无民事行为能力人或者限制民事行为能力人对其法定代理人的请求权的诉讼时效期间，自该法定代理终止之日起计算。

未成年人遭受性侵成年后请求损害赔偿晚不晚

◆（第 191 条）◆

基本案情

杨某甲 2002 年出生，2015 年徐某在某市出租房内对杨某甲实施性侵害两次，迫于徐某的压力，杨某甲直到 2019 年才将事情原委告诉父亲杨某乙，杨某乙得知后报警，后公安局以徐某涉嫌强奸立案侦查，因被告徐某实施性侵害时未满 14 周岁，公安局以徐某未满 14 周岁，不应对其追究刑事责任为由作出撤销案件决定。杨某甲的父亲、母亲带杨某甲到多家医院的门诊治疗，支出医疗费合计 2000 余元，伤情诊断为：创伤后应激障碍，出院医嘱为：长期心理治疗等。杨某甲一家将徐某诉至法院，请求损害赔偿。

问题描述

未成年少女被性侵后，由于受社会传统观念影响，不少遭受性侵害的未成年人及其监护人有所顾忌，从未成年人名誉、声誉、健康成长、成年结婚等现实角度思考，往往不愿、不敢公开寻求法律保护。随着年龄的增长，社会阅历增加，受害人往往成年后想要寻求法律救济。本案的争议焦点是，原告的诉讼请求是否已过诉讼时效。

裁判情况

法院审理过程中,徐某以诉讼时效为由抗辩。法院经审理认为,杨某甲受到徐某性侵害时为未成年人,根据法律规定,相关的损害赔偿请求权的诉讼时效期间应自杨某甲年满18周岁之日起计算,因此本案未过诉讼时效,对徐某已过诉讼时效的抗辩理由不予支持。

裁判结论:本案未过诉讼时效。

释法析理

近年来,我国未成年人遭受性侵害的形势越发严峻,受害人及其监护人出于种种考虑,通常未能及时起诉请求损害赔偿,而当受害人成年之后想要寻求法律保护时,却往往面临因诉讼时效期间届满而被法院拒绝受理或驳回诉讼请求的窘境。为此,《中华人民共和国民法典》第191条规定,"未成年人遭受性侵害的损害赔偿请求权的诉讼时效期间,自受害人年满十八周岁之日起计算"。需要注意的是,诉讼时效是权利人在法定期间内不行使权利,该期间届满后,义务人拒绝履行其给付义务的法律制度,即诉讼时效期间是权利人可以行使权利的"最晚"期间。在权利受到损害后、诉讼时效期间届满前的时间范围内,权利人都可以主张权利。因此,未成年人遭受性侵害的,在年满18周岁之前,其法定代理人当然可以代为行使请求权。此处的请求权应当认为是法定代理人代为向人民法院的请求,人民法院依法作出的生效判决具有既判力,受害人在年满18周岁之后对相关处理不满意要求再次处理的,应当符合民事诉讼法等法律的规定。如果年满18周岁之前,其法定代理人选择与侵害人"私了"的方式解决纠纷,受害人在年满18周岁之后,可以依据本条的规定请求损害赔偿。

相关法条

《中华人民共和国民法典》第一百九十一条 未成年人遭受性侵害的损害赔偿请求权的诉讼时效期间,自受害人年满十八周岁之日起计算。

诉讼时效届满还可以向法院起诉吗
（第 192 条）

基本案情

杨某有一套建筑面积为 83.46 平方米的房屋，房屋性质为商业用房。某物业公司根据与某房地产开发有限公司签订的《物业管理委托合同》对上述房屋提供物业服务。自 2008 年起至 2017 年，每年物业公司都向涉案房屋发出以"业主杨某"为抬头的物业费催款单。2010 年，杨某将上述房屋出售给李某。直到 2018 年物业公司才知道杨某已卖出该房屋。2019 年，物业公司以追缴物业费为由，将杨某诉至法院。

问题描述

本案的争议焦点是，诉讼时效期间已届满，物业公司的诉讼请求是否应当支持。

裁判情况

人民法院经审理认为，本案中，物业公司自 2008 年至 2017 年每年都向涉案房屋发出以"业主杨某"为抬头的物业费催款单。但根据物业公司的陈述及已查明的事实，物业公司并未提供与催缴相关的通话记录、短信截屏、邮寄签收回执、张贴单据的照片或视频，以及起诉材料等充分证据证明其向杨某进行过催缴。因此，物业公司连续发出催款单的事实认定欠缺相应的证据证明,对此事实不予认定。且杨某于2010年已经将涉案房屋出售,物业公司也没有证据证明其催缴通知已实际到达杨某,因此物业公司并无证据证明本案诉讼时效中断。因本案诉请物业费的对应期间为2008年2月10日至2010年6月12日,物业公司所要求的物业费诉讼请求,已超过3年的诉讼时效,因此不予支持。

裁判结论:驳回物业公司的诉讼请求。

释法析理

《中华人民共和国民法典》第192条第1款规定,"诉讼时效期间届满的,义务人可以提出不履行义务的抗辩"。这就意味着,对于已过诉讼时效的权利,权利人享有起诉权,可以向法院主张,法院应当受理。如果义务人不提出时效已过的抗辩,法院将以公权力维护权利人的利益;如果义务人行使抗辩权,法院审查后会依法保护义务人的抗辩权,不得强制义务人履行义务。但是,义务人行使时效抗辩权不得违反诚实信用原则,否则即使诉讼时效完成,义务人也不能取得时效抗辩权。例如,在诉讼时效期间届满前,义务人通过与权利人协商,营造其将履行义务的假象,及至时效完成后,立即援引时效抗辩拒绝履行义务。该种行为违反诚实信用,构成时效抗辩权的滥用,不受保护。

相关法条

《中华人民共和国民法典》第一百九十二条 诉讼时效期间届满的,义务人可以提出不履行义务的抗辩。

诉讼时效期间届满后,义务人同意履行的,不得以诉讼时效期间届满为由抗辩;义务人已经自愿履行的,不得请求返还。

法院可以主动适用诉讼时效规定吗

(第193条)

基本案情

李某和刘某系夫妻关系。2008年9月9日,张某介绍李某向王某借款50000元,12月1日李某又向王某借款150000元,双方约定月利率均为2分,其中150000元李某在出具借条时书写为壹拾元整,后在张某家由李某添加万字;刘某在两张借条上均未签字;借款后李某没有向王某偿还本金和利息。2009年李某和刘某离婚。2010年王某多次找刘某索要该借款,刘某给付过1000元,刘某也曾让其小姨子给付过10000元,之后王某丈夫也给被告刘某打电话要过该借款。2019年,王某诉至法院,要求李某和刘某偿还借款及利息。

问题描述

庭审中,被告刘某辩称,本案借款为李某个人借款,并不属于夫妻共同债务;被告李某未到庭应诉,视为其放弃诉讼权利,没有提出诉讼时效抗辩。本案的争议焦点是,案件诉讼时效期间已过,在案件审理过程中,当事人没有提出诉讼时效抗辩,法院应不应该主动适用诉讼时效的规定进行裁判。

裁判情况

法院经审理认为，本案借款虽未约定还款日期，但王某自述在2012年向李某索要借款，应视为从2012年开始已知道权利受到损害，应开始计算诉讼时效，王某于2019年向法院提起诉讼，又不能提供证明诉讼时效中断、中止的证据，已经超过法定诉讼时效。但本案借款人李某未到庭应诉，视为其放弃诉讼权利，没有提出诉讼时效抗辩。刘某虽提出诉讼时效抗辩，但本案借款不属于夫妻共同债务，刘某也不属于共同债务人，其提出的诉讼时效抗辩不适用于本案。根据法律规定，法院不得主动适用诉讼时效的规定，故对诉讼时效不进行审查。

裁判结论：李某向王某偿还借款本金及利息

释法析理

民法典将诉讼时效的客体明确为抗辩权，诉讼时效期间届满的直接效果是义务人取得抗辩权。抗辩权属于私权的一种，可以选择行使，也可以选择不行使。义务人对时效利益的处分不违反法律的规定，也没有侵犯国家、集体及他人的合法权益，法院不应当主动干预。诉讼时效抗辩权本质上是义务人的一项民事权利，义务人是否行使，司法不应过多干预，这是民法意思自治原则的根本要求；义务人主张抗辩，属于自由处分权利的范畴，司法也不应过多干涉，这是民事诉讼处分原则的应有之意。因此，遵循上述意思自治原则和处分原则，在义务人不提出诉讼时效抗辩的情形下，法院不应主动援引诉讼时效的规定进行裁判，这也与法院居中裁判的地位相适应。

相关法条

《中华人民共和国民法典》第一百九十三条 人民法院不得主动适用诉讼时效的规定。

遗产继承人能否以诉讼时效为由抗辩债权人追债

◆（第 194 条）◆

📄 基本案情

徐某某和曾某某于1984年登记结婚，婚后生育了两个儿子，2009年和2010年徐某某两次向林某某借款共22万元。2011年3月3日，徐某某向林某某出具了一张22万元的借条。在此之后，林某某向徐某某催款，找不到徐某某，找徐某某的丈夫即曾某某催款，曾某某避而不见。徐某某和曾某某于2011年9月16日协议离婚，2011年9月27日徐某某服毒自杀身亡。2019年2月26日，林某某将曾某某及其两个儿子诉至法院，请求判令曾某某偿还借款本金22万元及利息，两个儿子在遗产继承范围内偿还债务。庭审中，作为被告的曾某某和两个儿子辩称，徐某某于2011年9月27日因赌博债台高筑自杀身亡，此事当时人尽皆知，原告至今才提起诉讼，依照法律规定，原告的起诉已经超过诉讼时效。

🔍 问题描述

债务人死亡后，继承人以所得遗产实际价值为限清偿被继承人依法应当缴纳的税款和债务。本案的争议焦点是，对于继承的债务，继承人能否主张诉讼时效抗辩。

裁判情况

法院经审查认为，徐某某于 2011 年 9 月 27 日已经死亡，《中华人民共和国继承法》第 33 条①规定，继承遗产应当清偿被继承人依法应当缴纳的税款和债务，缴纳税款和清偿债务以他的遗产实际价值为限。超过遗产实际价值部分，继承人自愿偿还的不在此限。继承人放弃继承的，对被继承人依法应当缴纳的税款和债务可以不负偿还责任。故被告曾某某及儿子只在继承徐某某遗产的范围内承担偿还原告债务的法律责任。关于三被告辩称原告的债权发生时间均在 2009 年至 2011 年期间，至今已达八九年，超出法律规定的诉讼时效期间，依法不予保护。《中华人民共和国合同法》第 206 条②规定，"借款人应当按照约定的期限返还借款。对借款期限没有约定或者约定不明确，依据本法第六十一条的规定仍不能确定的，借款人可以随时返还；贷款人可以催告借款人在合理期限内返还"。案涉借款并没有约定借款期限，依据上述规定，出借人可以随时在给予合理的催告期后要求借款人偿还案涉借款。徐某某于 2011 年 9 月 27 日死亡后，三被告至今未确定继承人或遗产管理人，根据《中华人民共和国民法总则》第 194 条第 1 款第 3 项③的规定，林某某的债权处于诉讼时效中止状态。被告辩称原告请求人民法院保护民事权利超过诉讼时效的意见不能成立，不予支持。

裁判结论：曾某某及其儿子在继承徐某某遗产实际价值的范围内承担偿还原告债务的责任。

---

① 现《中华人民共和国民法典》第 1161 条。——编者注
② 现《中华人民共和国民法典》第 675 条。——编者注
③ 现《中华人民共和国民法典》第 194 条第 1 款第 3 项。——编者注

释法析理

诉讼时效的中止，是指在普通或特殊短期时效期间的最后6个月内，因发生了债权人不能主张债权的客观障碍，停止计算诉讼时效期间，从中止时效的原因消除之日起，一律继续计算6个月的时效期间。债务人死亡，在未确定继承人时，被继承人的债权人不知道向谁主张权利，被暂时划定在继承财产中的他人的财产权利也无法主张，这属于非因主观原因而由于权利人、义务人不存在的客观障碍导致权利无法行使，符合诉讼时效中止制度的要求。

相关法条

1.《中华人民共和国民法典》第一百九十四条　在诉讼时效期间的最后六个月内，因下列障碍，不能行使请求权的，诉讼时效中止：

（一）不可抗力；

（二）无民事行为能力人或者限制民事行为能力人没有法定代理人，或者法定代理人死亡、丧失民事行为能力、丧失代理权；

（三）继承开始后未确定继承人或者遗产管理人；

（四）权利人被义务人或者其他人控制；

（五）其他导致权利人不能行使请求权的障碍。

自中止时效的原因消除之日起满六个月，诉讼时效期间届满。

2.《中华人民共和国民法典》第六百七十五条　借款人应当按照约定的期限返还借款。对借款期限没有约定或者约定不明确，依据本法第五百一十条的规定仍不能确定的，借款人可以随时返还；贷款人可以催告借款人在合理期限内返还。

3.《中华人民共和国民法典》第一千一百六十一条　继承人以所得遗产实际价值为限清偿被继承人依法应当缴纳的税款和债务。超过遗产实际价值部分,继承人自愿偿还的不在此限。

继承人放弃继承的,对被继承人依法应当缴纳的税款和债务可以不负清偿责任。

微信催债是否可以构成诉讼时效中断
（第 195 条）

基本案情

范某因经营周转需要向刘某借款 15 万元，并出具借条，载明借款金额及借款时间。刘某认为范某与张某系夫妻关系，该借款用于家庭共同生活和经营，此债务为夫妻共同债务。范某和张某一直未偿还借款，其间刘某多次通过微信要求范某回复电话，范某未予回应。故起诉至法院，请求法院判决范某和张某连带偿还刘某借款本金 15 万元及利息。

问题描述

本案的争议焦点是，微信聊天是否可以作为证据使用，通过发微信方式催要借款是否构成诉讼时效中断。

裁判情况

本案经过一审、二审。二审法院经审理认为，本案中，刘某多次通过微信要求范某回复电话，综合本案的实际情况，能够认定刘某发微信的目的是主张债权，范某应当知晓其目的，刘某主张债权的意思表示已实际到达，此时诉讼时效发生中断，故刘某向法院提起诉讼，并未超过诉讼时效。

裁判结论：范某偿还刘某借款本金 15 万元及利息。

释法析理

诉讼时效期间中断，是指诉讼时效期间进行过程中，出现了权利人积极行使权利的法定事由，从而使已经经过的诉讼时效期间归于消灭，重新计算期间的制度。《中华人民共和国民法典》第195条规定，引起诉讼时效中断的情形主要有：一是权利人向义务人提出履行请求；二是义务人同意履行义务；三是权利人提起诉讼或者申请仲裁；四是与提起诉讼或者申请仲裁具有同等效力的其他情形。在第一种情形中，提出履行请求本身就意味着权利人在积极行使自己的权利，应当发生诉讼时效中断的结果。请求有诉讼请求和诉外请求两种，诉讼请求主要是起诉，诉外请求是权利人对其义务人在诉外行使权利的意思表示。这种意思表示可以表现为催促义务人履行义务，如最高人民法院《关于审理民事案件适用诉讼时效制度若干问题的规定》第8条第1款规定，"具有下列情形之一的，应当认定为民法典第一百九十五条规定的'权利人向义务人提出履行请求'，产生诉讼时效中断的效力：（一）当事人一方直接向对方当事人送交主张权利文书，对方当事人在文书上签字、盖章、按指印或者虽未签字、盖章、按指印但能够以其他方式证明该文书到达对方当事人的；（二）当事人一方以发送信件或者数据电文方式主张权利，信件或者数据电文到达或者应当到达对方当事人的；（三）当事人一方为金融机构，依照法律规定或者当事人约定从对方当事人账户中扣收欠款本息的；（四）当事人一方下落不明，对方当事人在国家级或者下落不明的当事人一方住所地的省级有影响的媒体上刊登具有主张权利内容的公告的，但法律和司法解释另有特别规定的，适用其规定"。这种意思表示也可以表现为权利人主动抵消债权、行使同时履行抗辩权等情形。规定权利人向义务人提出履行请求作为诉讼时效中止的情形，符合我国社会避讼的法律文化传统，契合我国熟人社会的社会实践，能够减轻当事人的诉累和人民法院的压力。

📖 相关法条

1. **《中华人民共和国民法典》第一百九十五条** 有下列情形之一的，诉讼时效中断，从中断、有关程序终结时起，诉讼时效期间重新计算：

（一）权利人向义务人提出履行请求；

（二）义务人同意履行义务；

（三）权利人提起诉讼或者申请仲裁；

（四）与提起诉讼或者申请仲裁具有同等效力的其他情形。

2. **最高人民法院《关于审理民事案件适用诉讼时效制度若干问题的规定》第八条** 具有下列情形之一的，应当认定为民法典第一百九十五条规定的"权利人向义务人提出履行请求"，产生诉讼时效中断的效力：

（一）当事人一方直接向对方当事人送交主张权利文书，对方当事人在文书上签名、盖章、按指印或者虽未签名、盖章、按指印但能够以其他方式证明该文书到达对方当事人的；

（二）当事人一方以发送信件或者数据电文方式主张权利，信件或者数据电文到达或者应当到达对方当事人的；

（三）当事人一方为金融机构，依照法律规定或者当事人约定从对方当事人账户中扣收欠款本息的；

（四）当事人一方下落不明，对方当事人在国家级或者下落不明的当事人一方住所地的省级有影响的媒体上刊登具有主张权利内容的公告的，但法律和司法解释另有特别规定的，适用其规定。

前款第（一）项情形中，对方当事人为法人或者其他组织的，签收人可以是其法定代表人、主要负责人、负责收发信件的部门或者被授权主体；对方当事人为自然人的，签收人可以是自然人本人、同住的具有完全行为能力的亲属或者被授权主体。

所有权人要求返还原物对方能否以诉讼时效抗辩

（第 196 条）

基本案情

2011年5月，S公司与K公司签订了加工合同，约定S公司提供原材料暂定2000吨，K公司负责加工，原材料单价为4756元/吨，加工单价1250元/吨。同年6月19日至7月17日，K公司收到S公司原材料1930.2吨，K公司为S公司加工成品1400吨。2011年12月6日，经K公司确认，K公司尚存有S公司原材料400吨。2014年，S公司向K公司发律师函催要剩余400吨原材料时，被告知该原料已经灭失。2015年6月28日，S公司向法院提起诉讼，请求K公司归还原材料400吨及差价款或支付相应款项2094352.16元，并支付按中国人民银行同期贷款利率计算的利息。K公司以已过诉讼时效为由抗辩。

问题描述

法律规定了物权请求权与物权损害赔偿请求权，当事人或主张物权请求权，或主张物权损害赔偿请求权。本案的争议焦点是，二者在诉讼时效的适用上是否有差别。

裁判情况

本案经过一审、二审、再审。一审法院经审理认为，S公司与K公司双方基于合同而产生了债权。根据法律的规定，当事人主张债权的诉讼时效为2年（现民法典的规定为3年），故S公司的请求超过法律规定的诉讼时效，不能予以支持。S公司不服，提起上诉，二审维持原判。后S公司向最高人民法院申请再审。最高人民法院经审理认为，S公司是原材料的所有权人，其请求K公司返还原材料，是对物请求权，2014年S公司发律师函催要时，才知道剩余原材料已经灭失，至提起本案诉讼向K公司主张赔偿其损失，并未超过2年的诉讼时效。

裁判结论：K公司赔偿S公司相应损失。

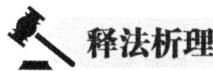

物权请求权不适用诉讼时效规则。诉讼时效的客体为请求权，该请求权为实体意义上的请求权，而非诉讼法意义上的请求权。实体法上的请求权虽在诉讼程序中提起，但并非均受诉讼时效的限制，如物权请求权。物权请求权，是指物上权利遭受侵害或有遭受侵害之虞时，请求恢复其完满状态或防止侵害的权利。《中华人民共和国民法典》第196条规定："下列请求权不适用诉讼时效的规定：（一）请求停止侵害、排除妨碍、消除危险；（二）不动产物权和登记的动产物权的权利人请求返还财产；（三）请求支付抚养费、赡养费或者扶养费；（四）依法不适用诉讼时效的其他请求权。"物权请求权是物权效力的具体体现，是包含在物权权能之中的，只要物权存在，物权请求权就应该存在。物权为支配权，不适用诉讼时效的规定，作为物权权能主要内容的返还原物、停止侵害、排除妨碍、消除危险等物权请求权，也不应当因时效届满而灭失。

物权损害赔偿请求权适用诉讼时效规则。当原物灭失的关键性法律事件发生后，物权请求权即转化为物权损害赔偿请求权。因此，本案基础法律关系从物权请求权转化为物权损害赔偿请求权的过程中，诉讼时效规则的运用也随之发生变化。诉讼时效期间起算，应当从权利人能够请求人民法院保护其请求权时开始计算。根据《中华人民共和国民法典》第188条规定，诉讼时效期间自权利人知道或者应当知道权利受到损害以及义务人之日起计算。本案中，原材料的所有权人S公司无论是主观上知道权利被侵害的事实，还是基于事物的客观发展规律，通过合理的注意义务，应当知道权利已被侵害的事实，至提起本案诉讼，并未超过法定的2年诉讼时效期间，其请求应当得到支持。

相关法条

1.《中华人民共和国民法典》第一百八十八条　向人民法院请求保护民事权利的诉讼时效期间为三年。法律另有规定的，依照其规定。

诉讼时效期间自权利人知道或者应当知道权利受到损害以及义务人之日起计算。法律另有规定的，依照其规定。但是，自权利受到损害之日起超过二十年的，人民法院不予保护，有特殊情况的，人民法院可以根据权利人的申请决定延长。

2.《中华人民共和国民法典》第一百九十六条　下列请求权不适用诉讼时效的规定：

（一）请求停止侵害、排除妨碍、消除危险；

（二）不动产物权和登记的动产物权的权利人请求返还财产；

（三）请求支付抚养费、赡养费或者扶养费；

（四）依法不适用诉讼时效的其他请求权。

双方对诉讼时效起止时间的约定有效吗
（第 197 条）

基本案情

2012年5月13日，赵某某以门窗加工为用途向某小额贷款有限公司借款5万元，月利率2.7分，期限6个月。双方在借款中约定"本合同自各方签字盖章之日起一并生效，至本合同项下借款本金、利息、罚金和其他费用结清之日终止"。赵某某于2013年1月10日及同年1月16日分别偿还3000元、2000元。2015年后半年，赵某某又偿还本金共计3000元，其中，赵某某于2015年12月1日最后一次偿还本金1000元。双方因债务偿还问题发生纠纷，某小额贷款有限公司诉至法院，要求判令赵某某返还借款及利息4.2万元。

问题描述

原告认为，依据合同约定，本案未超过诉讼时效；被告认为，本案已超过诉讼时效。本案的争议焦点是，某小额贷款有限公司起诉赵某某是否超过诉讼时效，原被告双方约定的诉讼时效计算方法是否有效。

裁判情况

法院经审理认为，本案诉讼时效应从双方认可的被告最后一次偿还本金时间，即2015年12月1日起算，已超过2年诉讼时效（现民法典规定为3年)。原告以合同约定的诉讼时效计算方法未超过诉讼时效的理由不能成立，不予支持。

裁判结论：驳回原告某小额贷款有限公司的诉讼请求。

释法析理

《中华人民共和国民法典》第197条第1款规定，"诉讼时效的期间、计算方法及中止、中断的事由由法律规定，当事人约定无效"。本案中，原被告双方约定还款期限为6个月，还款期限届满后，被告分几次偿还借款，其中最后一次偿还本金1000元是2015年12月1日。之后无证据证明原告向被告催要借款，至起诉时止已超过诉讼时效。原告以双方约定"本合同自各方签字盖章之日起一并生效，至本合同项下借款本金、利息、罚金和其他费用结清之日终止"为由提出未超过诉讼时效，不符合法律规定，没有法律效力。

相关法条

1. 《中华人民共和国民法典》第一百八十八条　向人民法院请求保护民事权利的诉讼时效期间为三年。法律另有规定的，依照其规定。

诉讼时效期间自权利人知道或者应当知道权利受到损害以及义务人之日起计算。法律另有规定的，依照其规定。但是，自权利受到损害之日起超过二十年的，人民法院不予保护，有特殊情况的，人民法院可以根据权利人的申请决定延长。

2. 《中华人民共和国民法典》第一百九十七条　诉讼时效的期间、计算方法以及中止、中断的事由由法律规定，当事人约定无效。

当事人对诉讼时效利益的预先放弃无效。

与单位产生劳动争议申请仲裁时效如何计算

(第198条)

基本案情

1999年7月，王某某到某煤业股份有限公司煤矿四区工作，双方未签订书面劳动合同。2004年8月1日，经某市劳动行政部门批准，王某某被某市劳务开发公司招录为城镇合同制职工，并被派遣至某煤业股份有限公司所属煤矿，仍在原岗位从事掘进工作。王某某与某市劳务开发公司签订有书面《劳动合同》，合同期限为3年，即2004年8月1日至2007年7月31日。2006年6月29日，经某市劳动行政部门批准，王某某又被某煤业股份有限公司直接招录为城镇合同制工人，合同期限自2006年6月1日起算。2020年1月17日，王某某向某市劳动人事争议仲裁委员会提起仲裁申请，请求确认自1997年5月至2004年7月与被申请人（本案被告）存在劳动关系。某市劳动人事争议仲裁委员会以申请人的仲裁请求超过仲裁申请时效为由，决定不予受理。王某某不服诉至法院，请求确认自1997年5月至2004年7月与被告存在事实劳动关系。

问题描述

原告认为其申请未超过仲裁时效，被告认为超过仲裁时效。本案的争议焦点是，原告于 2020 年 1 月 17 日向某市劳动人事争议仲裁委员会提起仲裁申请，是否超出仲裁时效。

裁判情况

本案经过一审、二审。二审法院经审理认为，原告于 2020 年 1 月 17 日向某市劳动人事争议仲裁委员会提起仲裁申请，未能举证证明仲裁时效存在中断、中止的法定情形，明显已超过仲裁时效，对原告的诉讼请求不予支持。

裁判结论：驳回王某某的诉讼请求。

释法析理

《中华人民共和国民法典》第 198 条规定，"法律对仲裁时效有规定的，依照其规定；没有规定的，适用诉讼时效的规定"。《中华人民共和国劳动法》第 82 条规定，"提出仲裁要求的一方应当自劳动争议发生之日起六十日内向劳动争议仲裁委员会提出书面申请。仲裁裁决一般应在收到仲裁申请的六十日内作出。对仲裁裁决无异议的，当事人必须履行"。根据特别法优于普通法的法律适用原则，劳动争议案件优先适用仲裁时效的有关规定，本案中原告王某某请求确认其与某煤业股份有限公司在 1997 年 5 月至 2004 年 7 月期间存在劳动关系，应当适用仲裁时效的法律规定，即自劳动争议发生之日起 60 日内向劳动争议仲裁委员会提出书面申请。王某某于 2020 年 1 月 17 日申请仲裁，且未提供证据证明仲裁时效存在中断、中止的法定情形，确已超过 60 日的仲裁时效。

相关法条

1.《中华人民共和国民法典》第一百九十八条 法律对仲裁时效有规定的，依照其规定；没有规定的，适用诉讼时效的规定。

2.《中华人民共和国劳动法》第八十二条 提出仲裁要求的一方应当自劳动争议发生之日起六十日内向劳动争议仲裁委员会提出书面申请。仲裁裁决一般应在收到仲裁申请的六十日内作出。对仲裁裁决无异议的，当事人必须履行。

对业主委员会的决定有异议应当何时主张权利

(第199条)

📄 基本案情

乔某某为X小区业主。2017年7月31日,X小区业主委员会在小区公告栏内张贴《关于选聘物业服务企业的决定》,内容为不予续聘J物业管理有限公司,将重新选聘小区物业服务企业。2017年10月,业主委员会与Y物业管理有限公司签订《物业服务委托合同》。2018年1月12日,该业主委员会在日报刊登通知,内容为X小区业主委员会解除与J物业管理有限公司的物业管理合同,另行选定Y物业管理有限公司为X小区的物业服务单位,2017年11月4日以后的物业管理费、相关物业使用费不需继续向J物业管理有限公司缴纳。2019年9月18日,乔某某将X小区业主委员会诉至法院,请求判令撤销被告作出的不予续聘原物业公司及选聘新物业公司的决定。

🔍 问题描述

本案的争议焦点是,对于业主委员会撤换物业公司的决定,小区业主要求撤销,是否有时间限制。

裁判情况

本案经过一审、二审。二审法院经审理认为,业主行使撤销权的除斥期间为1年。本案中,2018年1月12日,X小区业主委员会在日报刊登通知,内容为X小区业主委员会解除与J物业管理有限公司的物业管理合同,另行选定Y物业管理有限公司为X小区的物业服务单位,2017年11月4日以后的物业管理费、相关物业使用费不需继续向J物业管理有限公司缴纳。乔某某作为该小区业主,其应当知晓以上事实,在该决定形成后一年内行使权利,但其于2019年9月18日才向人民法院起诉请求撤销该决定,超过了1年的除斥期间,依据上述法律规定,其请求撤销权消灭。

裁判结论:驳回原告乔某某的诉讼请求。

释法析理

除斥期间是民法中的一项重要制度,其目的在于促使法律关系早日确定,防止相对人因为消极等待而遭受损害。除斥期间是权利预设期间,以促使法律关系尽早确定为目标,为达制度目的,需要规定除斥期间经过后,权利人的权利即归于消灭,要么使原本不确定的法律关系明确固定,要么使既有的法律关系归于消灭。《中华人民共和国民法典》第280条规定,"业主大会或者业主委员会的决定,对业主具有法律约束力。业主大会或者业主委员会作出的决定侵害业主合法权益的,受侵害的业主可以请求人民法院予以撤销"。《中华人民共和国民法典》第152条第1款第1项规定,民事法律行为自成立时起超过一年当事人才请求撤销的撤销权消灭。故业主撤销权适用除斥期间,业主行使撤销权的除斥期间为1年,自当事人在知道或者应当知道业主大会或业主委员会作出决定之日起一年内行使。且依据《中华人民共和国民法典》第199条的规定,除斥期间不适用有关诉讼时效中止、中断和延长的规定。存续期间届满，撤销权消灭。

相关法条

1. 《中华人民共和国民法典》第一百五十二条　有下列情形之一的，撤销权消灭：

（一）当事人自知道或者应当知道撤销事由之日起一年内、重大误解的当事人自知道或者应当知道撤销事由之日起九十日内没有行使撤销权；

（二）当事人受胁迫，自胁迫行为终止之日起一年内没有行使撤销权；

（三）当事人知道撤销事由后明确表示或者以自己的行为表明放弃撤销权。

当事人自民事法律行为发生之日起五年内没有行使撤销权的，撤销权消灭。

2. 《中华人民共和国民法典》第一百九十九条　法律规定或者当事人约定的撤销权、解除权等权利的存续期间，除法律另有规定外，自权利人知道或者应当知道权利产生之日起计算，不适用有关诉讼时效中止、中断和延长的规定。存续期间届满，撤销权、解除权等权利消灭。

3. 《中华人民共和国民法典》第二百八十条　业主大会或者业主委员会的决定，对业主具有法律约束力。

业主大会或者业主委员会作出的决定侵害业主合法权益的，受侵害的业主可以请求人民法院予以撤销。

民法中期间的具体起算时间如何计算

◆——(第 201 条)◆——

📄 基本案情

2014年1月10日，被告杨某甲、杨某乙向原告应某某出具借条，载明杨某甲、杨某乙向应某某借款80万元，月息3.5%，借款期限自2014年1月10日至2015年1月9日。该借条上有被告杨某丙以连带保证人身份签字担保。杨某甲在此借条下方注明："此借款80万元由两笔组成，第一笔30万元，是二〇一四年元月十日由农行卡转账。第二笔50万元，是二〇一三年八月三十日由应某某农行卡转账（至今未还而转入此借款）。"2013年8月30日，应某某向杨某甲现金交付借款1.5万元、通过银行转账交付借款48.5万元。2014年1月10日，应某某委托其妻周某某向杨某甲转账支付借款30万元。因杨某甲、杨某乙不能按时偿还借款，应某某于2015年7月8日向法院起诉。

🔍 问题描述

本案的争议焦点是，保证人杨某丙在本案中的保证责任期间是否已过。

⚖ 裁判情况

本案经过一审、二审。二审法院经审理认为，杨某甲、杨某乙向应某某借款80万元的事实清楚、证据确实。杨某甲、杨某乙不按约定履行还款的义务，损害了应某某的合法权益，应依法承担民事责任。杨某甲辩称已还借款 30 万元及利息，没有事实法律依据，不予支持。杨某丙辩称借款保证期限已过，而本案受理时间为 2015 年 7 月 8 日，该时间在保证期限内，故该抗辩意见不予采纳。因杨某丙是对 2014 年 1 月 10 日当日的借款承担担保责任，而当日借款本金实际为 30 万元，故杨某丙抗辩只对 30 万元借款承担保证责任予以支持。

裁判结论：（1）被告杨某甲、杨某乙向原告应某某偿还借款 80 万元及利息；（2）被告杨某丙对 30 万元借款负连带清偿责任。

释法析理

法律关系是人为的拟制，法律关系存在于时间结构之中，因此必须通过一定的手段将时间固定下来，否则法律关系便会无所依存、无法量度，所以必须确定度量时间的单位。本案中，杨某丙以连带责任保证人签名，与应某某未约定保证期间，故保证期间应为法定的 6 个月。涉案借条约定的还款日为 2015 年 1 月 9 日，故本案保证期间应自 2015 年 1 月 10 日起计算 6 个月，即 2015 年 7 月 10 日为保证期间的最后一日。原审原告应某某于 2015 年 7 月 8 日起诉，应属在法律规定的保证期间内要求保证人杨某丙承担保证责任，杨某丙的保证责任不能免除。

相关法条

1.《中华人民共和国民法典》第二百零一条　按照年、月、日计算期间的，开始的当日不计入，自下一日开始计算。

按照小时计算期间的，自法律规定或者当事人约定的时间开始计算。

2.《中华人民共和国民法典》第二百零二条　按照年、月计算期间的，到期月的对应日为期间的最后一日；没有对应日的，月末日为期间的最后一日。

3.《中华人民共和国民法典》第二百零三条 期间的最后一日是法定休假日的，以法定休假日结束的次日为期间的最后一日。

期间的最后一日的截止时间为二十四时；有业务时间的，停止业务活动的时间为截止时间。

期间的最后一日是法定休假日期间的最后一日应如何确定

◆（第 203 条）◆

基本案情

2010年2月8日，被告甲公司、某厂从原告王某夫处借款200万元，定于2010年4月7日前归还，由孙某孟、乙公司和案外人何某敏、孙某孟开办的某车料厂担保。借款期限届满后，甲公司、某厂爽约，孙某孟、乙公司等也未尽担保责任。2010年10月8日、2011年12月19日，王某夫委托律师向孙某孟、乙公司分两次邮寄了律师公函，要求其承担担保责任，邮件跟踪查询单显示：孙某孟、乙公司分别于2010年10月9日、2011年12月20日收到了上述邮件，但仍无结果，王某夫遂向法院提起诉讼。

问题描述

甲公司、某厂与王某夫借款合同于2010年4月7日借款期限届满，孙某孟、乙公司为连带责任保证的保证人，与债权人王某夫未约定保证期间，王某夫有权自主债务履行期届满之日起6个月内要求保证人承担保证责任，2010年10月7日为保证期间的最后一日，而2010年10月8日王某夫才向孙某孟、乙公司主张权利。本案的争议焦点是，出借人王某夫主张权利时，保证期间是否已过。

裁判情况

本案经过一审、二审。一审法院经审理认为，连带责任保证的保证人与债权人未约定保证期间的，债权人有权自主债务履行期届满之日起6个月内要求保证人承担保证责任。本案保证期间为约定还款日2010年4月7日的次日起6个月内，即2010年4月8日至10月7日，因2010年10月1日至7日为法定休假日，根据法律规定，期间的最后一日是星期日或者其他法定休假日的，以休假日的次日为期间的最后一天，本案的保证期间最后一天为2010年10月8日。王某夫虽然于2010年10月8日委托律师向乙公司、孙某孟邮寄律师公函要求承担保证责任，但乙公司、孙某孟收到邮件日期均为2010年10月9日，已过保证期间。据此，王某夫并未在保证期间内要求乙公司、孙某孟承担保证责任，乙公司、孙某孟免除保证责任。二审法院经审理认为，王某夫与孙某孟、乙公司未约定保证期间，按照担保法的相关规定，债权人有权自主债务履行期届满之日起6个月内要求保证人承担保证责任，本案所涉借款的保证期间应为2010年4月8日至10月7日。王某夫于2010年10月8日委托律师向孙某孟、乙公司邮寄公函要求其承担保证责任，已过保证期间，孙某孟、乙公司可据此主张免除承担担保责任。保证期间是除斥期间，不因任何事由发生中断、中止、延长的法律后果。原审法院以2010年10月1日至7日为法定休假日为由，认定本案的保证期间最后一天为2010年10月8日有误，但对本案的实体处理并无不当。

裁判结论：甲公司、某厂返还王某夫借款200万元；驳回王某夫对保证人的诉讼请求。

释法析理

本案中，王某夫与甲公司、某厂的民间借贷合法有效，甲公司、某厂应依约履行还款责任，保证人对承担保证责任没有约定，应承担连带责任，连带责任保证的保证人与债权人未约定保证期间的，债权人有权自主债务履行期届满之日起6个月内要求保证人承担保证责任。本案保证期间为约定还款日2010年4月7日的次日起6个月内，即2010年4月8日至10月7日。

相关法条

1. 《中华人民共和国民法典》第二百零三条　期间的最后一日是法定休假日的，以法定休假日结束的次日为期间的最后一日。

期间的最后一日的截止时间为二十四时；有业务时间的，停止业务活动的时间为截止时间。

2. 《中华人民共和国民法典》第二百零四条　期间的计算方法依照本法的规定，但是法律另有规定或者当事人另有约定的除外。

3. 《中华人民共和国民法典》第六百九十二条　保证期间是确定保证人承担保证责任的期间，不发生中止、中断和延长。

债权人与保证人可以约定保证期间，但是约定的保证期间早于主债务履行期限或者与主债务履行期限同时届满的，视为没有约定；没有约定或者约定不明确的，保证期间为主债务履行期限届满之日起六个月。

债权人与债务人对主债务履行期限没有约定或者约定不明确的，保证期间自债权人请求债务人履行债务的宽限期届满之日起计算。

当事人可以自行约定期间的计算方法吗

◆（第 204 条）◆

📄 基本案情

某公司与孙某因劳动争议发生纠纷，某劳动争议仲裁委员会于 2018 年 5 月 25 日作出仲裁裁决：（1）被申请人某公司于本裁决书生效之日起 10 日内支付申请人孙某工资报酬 42200 元；（2）被申请人某公司于本判决生效之日起 10 日内支付申请人孙某 2017 年 6 月至 2018 年 2 月的生活费 7200 元；（3）被申请人某公司于本裁决书生效之日起 10 日内支付申请人孙某解除劳动关系经济补偿金 10700 元；（4）驳回申请人的其他仲裁请求；（5）驳回被申请人的反诉仲裁请求。某公司不服，遂提起诉讼。2018 年 9 月 14 日，法院作出民事调解书：（1）原告某公司一次性支付被告孙某各项补偿共计 53000 元，该款于 2018 年 10 月 1 日前支付。（2）如原告按上述规定全额支付赔偿款后，被告自愿放弃其他权利的主张并以此了结双方因劳动关系而产生的权利义务关系，如原告未按上述规定支付，则被告有权随时要求原告按原仲裁裁决书的各项裁决事项予以支付赔偿款。（3）诉讼费用免予收取。调解书生效后，因被执行人某公司未按时履行生效调解书确定的义务，孙某向法院申请强制执行，后被执行人某公司提出执行异议申请。另，某公司于 2018 年 10 月 8 日向孙某付款 53000 元（系某公司法定代表人罗某某通过个人银行账户网银支付）。

问题描述

本案的争议焦点是，某公司于2018年10月8日支付款项53000元，是否违反民事调解书约定的履行期限。

裁判情况

本案经过一审、二审。二审法院经审理认为，作为本案执行依据的法院民事调解书约定，某公司于2018年10月1日前支付孙某各项补偿53000元，如未按上述规定支付，孙某有权要求某公司按原仲裁裁决书的各项裁决事项予以支付赔偿款。某公司和孙某在民事调解书中约定2018年10月1日前支付53000元，并不违反法律的强制性、禁止性规定，应当尊重其意思自治。因此，某公司于2018年10月8日付款，逾期履行付款义务，明显违反双方当事人履行期间的终点约定，应当依照民事调解书约定承担违约责任。某公司复议提出民事调解书约定2018年10月1日前支付，即包含2018年10月1日本数，进而顺延至2018年10月8日支付款项，其复议理由将当事人另有约定的规则排除在外，没有法律依据，本院不予支持。

裁判结论：驳回某公司的异议请求。

释法析理

民事活动的期间计算方法，当事人另有约定的属于期间除外规则，对特殊民事活动领域需要作出特殊调整的，当事人完全可以自行约定期间。例如，当事人约定以农历计算期间，或者将期间的起、终点约定为法定休假日或者终止日的任意时间等，均应当尊重意思自治。

相关法条

《中华人民共和国民法典》第二百零四条　期间的计算方法依照本法的规定,但是法律另有规定或者当事人另有约定的除外。